Praxis der Kindertageseinrichtungen

Recht für Fachkräfte in Kindertageseinrichtungen, Heimen und der Jugendarbeit

Simon Hundmeyer, Professor für Recht a. D.,
vormals an der Kath. Stiftungsfachhochschule München

21., überarbeitete und zum Teil neu bearbeitete Auflage 2010

Carl Link

Bibliografische Informationen Der Deutschen Bibliothek
Die Deutsche Bibliothek verzeichnet diese Publikation in der Deutschen Nationalbibliografie; detaillierte bibliografische Daten sind im Internet über http://dnb.ddb.de abrufbar.

Verlagsnummer **2331.30** - (ISBN 978-3-556-02892-6)

Das Handbuch „Recht für Fachkräfte in Kindertageseinrichtungen, Heimen und der Jugendarbeit" ist bis zur 19. Auflage bei der TR-Verlagsunion GmbH unter dem Titel „Recht für Erzieherinnen und Erzieher" erschienen.

Verlagsanschrift
Carl Link
Adolf-Kolping-Straße 10, 96317 Kronach

Telefon: 02631 801-2222
Telefax: 02631 801-2223
E-Mail: info@wolterskluwer.de

http://www.wolterskluwer.de
http://www.carllink.de

Printed in Germany – Imprimé en Allemagne, August 2010

Inhaltsverzeichnis

Vorwort zur 21. Auflage

»Recht für Erzieher, das seit der 10. Auflage den Titel »Recht für Erzieherinnen und Erzieher« trug, ist aus dem »Jugendrecht« hervorgegangen. »Jugendrecht« war Begleitmaterial zu einer Hörfunkreihe im Telekolleg für Erzieher des Bayerischen Rundfunks, die 13 Sendungen umfasste. Bei der Auswahl der Themen und hinsichtlich der Darstellungsweise hat sich der Verfasser von folgenden Gesichtspunkten leiten lassen:

Erzieher(innen) müssen sich mit ihrem pädagogischen Handeln, wie andere Bürger auch, im Rahmen der gesetzlichen Regelungen halten. Sie müssen wissen, wann und in welcher Hinsicht solche Regelungen für ihre Arbeit und ihre Entscheidungen von Belang sind. Professionelles sozialpädagogisches Handeln muss sich an unserer Rechtsordnung orientieren. Die Kenntnis der einschlägigen Rechtsformen ist dafür unverzichtbar.

Der Verfasser wollte kein juristisches Lehrbuch schreiben. Dei Auswahl der behandelten Rechtsmaterie ist streng an dem Berufsauftrag und der beruflichen Praxis der Erzieher(innen) orientiert und berücksichtigt die amtlichen Lehrpläne der Fachschulen und Fachakademien für Sozialpädagogik. Bei der Konzeption dieses Buches ließ sich der Verfasser auch nicht von rechtswissenschaftlichen Ambitionen, sondern von seiner Lehrerfahrung an Fachschulen bzw. Fachakademien für Sozialpädagogik und Fachhochschulen für Soziale Arbeit sowie bei der Fortbildung von Erzieher(inne)n leiten. Ferner war die didaktische Überlegung maßgebend, dass den Studierenden die für ihre berufliche Arbeit notwendigen Rechtskenntnisse besser im Zusammenhang mit praktischen Fällen nahegebracht werden. Soweit es die Materie erlaubt, bilden deshalb Fälle und Beispiele aus der Berufspraxis der Erzieher(innen) die Ausgangspunkte der einzelnen Kapitel.

Notgedrungen musst sich der Verfasser dabei auf die Darstellung des geltenden Rechts und, soweit neue Regelungen in Sicht sind, auf die wesentlichen Punkte dieser Neuerungen beschränken. Kritische Anmerkungen waren schon aus Platzgründen nur bei einigen aktuellen Problemen möglich.

Die einzelnen Kapitel sind ohne Zuhilfenahme weiterer Bücher verständlich. Nur die angesprochenen Rechtsbestimmungen sollten unbedingt nachgelesen werden. Als Gesetzessammlung empfiehlt sich das Jugendrecht (»JugR«), Deutscher Taschenbuch-Verlag (dtv Nr. 5008).

Das Buch ist nicht nur für die Studierenden der Fachschulen bzw. Fachakademien für Sozialpädagogik geschrieben. Es kann auch in den Studiengängen Soziale Arbeit sowie Bildung und Erziehung im Kindesalter an den Fachhochschulen verwendet werden, desgleichen an den Universitäten im Studiengang Diplompädagogik.

Nicht zuletzt war der Verfasser auch um Allgemeinverständlichkeit bemüht, damit alle, die sich für Erziehung interessieren, dieses Buch lesen können. Um die Lesbarkeit nicht zu beeinträchtigen, wird nicht die Doppelform, sondern abwechselnd die männliche oder weibliche Form (Erzieherin, Erzieher) gebraucht.

Einige Gesetzesänderungen machten eine Überarbeitung des Lehrbuches notwendig. Mit seiner 21. Auflage entspricht das Buch dem Rechtsstand vom 1. August 2010.

Besonders danken möchte der Verfasser den Rezensenten des Buches für die wertvollen Anregungen und Verbesserungsvorschläge.

Simon Hundmeyer

Kapitel 1

Das Recht als Teil unserer Sozialordnung

Das erste Kapitel will das Recht als eine gesellschaftliche Erscheinung, als einen Teil unserer Sozialordnung begreiflich machen, der neben anderen Ordnungen das Zusammenleben der Menschen in der Gemeinschaft regelt. Außerdem führt dieses Kapitel in wichtige Rechtsbegriffe ein, deren Kenntnis zum Verständnis des Rechts notwendig ist.

Die Studierenden einer Fachakademie für Sozialpädagogik wurden zu Beginn des Unterrichts im Fach »Rechtskunde« befragt, was sie unter »Recht« verstünden, und welche Funktion das Recht habe. Sie gaben Antworten, die verschiedene Gesichtspunkte der Erscheinung »Recht« ansprechen.

»Recht sind staatliche Regeln, an die man sich halten muss«
»Recht kann man an, auf oder zu etwas haben«
»Recht ist notwendig, damit wir miteinander auskommen können, damit nicht der Stärkere die Oberhand gewinnt oder behält«
»Recht ist, was gerecht ist, wenn jeder erhält, was er zum Leben benötigt«
»Recht ist etwas Ähnliches wie Gebräuche und Moral«
»Recht sind die Gesetze«

Ein Teil der Aussagen bezieht sich mehr auf den Begriff und die Funktion des Rechts, ein anderer mehr auf seine Entstehung und auf die Ordnungen, die mit dem Recht in Verbindung stehen. Wir wollen diese Gesichtspunkte jetzt genauer untersuchen.

1. Begriff und Funktion des Rechts

Definition 1

● Unter Recht verstehen wir die Rechtsordnung, das ist die Gesamtheit der Rechtsvorschriften (Rechtsnormen), die das Zusammenleben der Menschen in der Gemeinschaft verbindlich, d. h. notfalls mit staatlicher Hilfe regeln und gestalten. Rechtsordnung

Ohne Recht wäre ein friedliches Zusammenleben in größeren Gesellschaften nicht möglich. Es hieße, die Menschen unzulässig idealisieren, wollte man annehmen, ein Mindestmaß an rechtlicher Ordnung könnte sich irgendwann erübrigen. Ohne eine solche Ordnung wäre niemand vor den Übergriffen anderer geschützt. Zu den Zielen jeder Rechtsordnung gehört also die Gewährleistung der persönlichen Sicherheit und der notwendigen Lebensbedingungen der Menschen.

Definition 2

● Die durch Rechtsnormen geordneten Beziehungen zwischen Personen (z. B. Eltern-Kind-Verhältnis, Mietverhältnis) oder Personen und Sachen (z. B. Eigentumsverhältnis) werden Rechtsverhältnisse genannt. Rechtsverhältnis

Aus Rechtsverhältnissen können Befugnisse, Berechtigungen oder Ansprüche entstehen (z. B. ein Mietzinsanspruch). Auch sie werden als Recht verstanden.

Im Privatrecht sind alle gleichberechtigt

Soweit Rechtsnormen die Rechtsbeziehungen der einzelnen Bürger auf der Grundlage der Gleichberechtigung und Selbstbestimmung regeln, sprechen wir vom Privatrecht oder von der Privatrechtsordnung. Hier bewegen sich also die am Rechtsverkehr teilnehmenden Personen auf gleicher Ebene. Jeder kann seinen privaten Lebensraum grundsätzlich nach seinen Wünschen und Bedürfnissen gestalten, soweit er dadurch nicht die Interessen seiner Mitmenschen oder das Gemeinwohl beeinträchtigt. Das Mittel hierfür ist meist der Vertrag.

Beispiel 1

Jeder ist frei, wem er sein Vermögen vererben will, ob und mit wem er eine Ehe eingehen will; niemand kann einen anderen zwingen, ihm zu einem bestimmten Preis eine Ware abzukaufen oder eine Wohnung zu vermieten, wenngleich der wirtschaftlich Stärkere dazu neigen wird, seine Machtstellung zum Nachteil des Schwächeren auszunützen.

In solchen Fällen ist der Gesetzgeber aufgerufen, entsprechende Schutzbestimmungen zu erlassen. Der wichtigste Bereich des Privatrechts ist das BGB, typisch hier vor allem das Vertrags- und Schadensersatzrecht.

Was regelt das öffentliche Recht?

Kennzeichen: Über- und Unterordnung

Das öffentliche Recht umfasst jenen Teil der Rechtsordnung, der die Beziehungen des Bürgers zu Staat, Gemeinden und anderen öffentlichen Rechtsträgern (z. B. Hochschulen, Sozialversicherung, öffentliche Krankenkassen) und die Beziehungen dieser Rechtsträger untereinander regelt. Das Mittel der Regelung ist meistens der Verwaltungsakt (z. B. Zulassungsbescheid für ein Studium; Ausbildungsförderungsbescheid). Im öffentlichen Recht stehen sich öffentliche Rechtsträger und Bürger nicht gleichberechtigt, sondern im Verhältnis von Über- und Unterordnung gegenüber. Besonders deutlich tritt das im Polizei- und im Strafrecht in Erscheinung. Der Begriff der Über- und Unterordnung gegenüber dem Staatsapparat weckt unangenehme Erinnerungen an Polizei- und Obrigkeitsstaaten und an die Willkür, mit der dort Gesetze und Verordnungen gemacht und angewendet werden. Wie ist die Bundesrepublik Deutschland als Rechtsstaat gegen einen solchen Missbrauch der Macht gesichert?

Grundrechte

Im Grundgesetz, dessen Einhaltung das Bundesverfassungsgericht überwacht, wird den gesetzgebenden Organen des Staates (z. B. dem Bundestag), den Verwaltungsorganen (z. B. der Bundesregierung) und der Rechtsprechung (den Gerichten) die unabdingbare Pflicht auferlegt, die im Grundgesetz festgelegten Grundrechte (Art. 1 bis 19) zu beachten. Das ergibt sich aus Art. 1 Abs. 3 und Art. 20 Abs. 3 GG.

Art. 1 Abs. 3 GG

Die nachfolgenden Grundrechte binden Gesetzgebung, vollziehende Gewalt und Rechtsprechung als unmittelbar geltendes Recht.

Art. 20 Abs. 3 GG

Die Gesetzgebung ist an die verfassungsmäßige Ordnung, die vollziehende Gewalt und die Rechtsprechung sind an Gesetz und Recht gebunden.

Damit binden die Grundrechte die Staatsorgane »Gesetzgebung«, »Verwaltung« (vollziehende Gewalt) und »Rechtsprechung« als unmittelbar geltendes Recht. Ferner ist festgelegt, dass die Verwaltung des Staates (und anderer öffentlicher Rechtsträger) an das Recht gebunden ist. Für die Rechtsbeziehungen zwischen der Verwaltung und den einzelnen Bürgern bestehen Rechtsschranken, deren Einhaltung durch die Gerichte überprüft werden kann.

Rechtsschranken

Anordnungen und Zwang

Das öffentliche Recht kennt dessen ungeachtet einseitige Anordnungen, die mit Zwang durchgesetzt werden können, noch bevor der Bürger Gelegenheit hat, sie auf ihre Rechtmäßigkeit überprüfen zu lassen.
So darf die Polizei an einem Ort, an dem ihm eine unmittelbare Gefahr für das körperliche, geistige oder seelische Wohl droht, einen Jugendlichen auffordern, den Ort zu verlassen. Sie ist berechtigt, den Jugendlichen notfalls auch den Erziehungsberechtigten zuzuführen oder ihn in die Obhut des Jugendamtes zu bringen.
Beispiele für öffentliches Recht sind das Jugendhilferecht, Jugendschutzrecht, Strafrecht, Jugendstrafrecht, Ausbildungsförderungsrecht.

Öffentliches und privates Recht

Die Grenzen zwischen dem öffentlichen und privaten Recht sind fließend. Manchmal finden sich in einem Gesetz privatrechtliche und öffentlich-rechtliche oder sogar beiden Bereichen zugleich angehörende Rechtsvorschriften.

Fließende Grenzen

Bedeutung für den Rechtsweg

Die Unterscheidung zwischen öffentlichem und privatem Recht ist von praktischer Bedeutung, weil davon im Streitfall der Rechtsweg abhängt. Ist das strittige Rechtsverhältnis privatrechtlicher Natur, muss man sich an die ordentlichen Gerichte (in der Regel Amts- oder Landgerichte) wenden, wenn nicht gesetzlich die Zuständigkeit anderer Gerichte festgelegt ist, wie z. B. die Zuständigkeit der Arbeitsgerichte in Arbeitssachen. In allen öffentlich-rechtlichen Streitigkeiten hingegen müssen, soweit gesetzlich nicht ausdrücklich der Weg zu einem anderen Gericht, z. B. zum Sozialgericht, vorgeschrieben ist, die Verwaltungsgerichte angerufen werden.

Ordentliche Gerichte, Verwaltungsgericht, Sozialgericht

Öffentliches Recht ist zwingendes Recht

Ein weiterer wichtiger Unterschied zum Privatrecht liegt darin, dass öffentliches Recht zwingendes Recht ist; seine Anwendung kann von den Beteiligten (das sind die miteinander in Rechtsbeziehung tretenden oder stehenden Personen) nicht ausgeschlossen werden, denn öffentliches Recht wahrt oder schützt öffentliche Interessen.

Vertragsfreiheit

Das Privatrecht ist größtenteils »nachgiebiges« Recht, d. h., es gilt nur insoweit, als die Beteiligten nichts anderes vereinbaren; sie können also vom Gesetz abweichende Regelungen treffen. Diese Tatsache wird auch als Vertragsfreiheit bezeichnet. Danach ist prinzipiell jedermann frei zu entscheiden, mit wem er vertragliche Beziehungen eingeht (Abschlussfreiheit) und wie er diese gestaltet (Gestaltungsfreiheit). Die Vertragsfreiheit ist durch das Allgemeine Gleichbehandlungsgesetz (AGG) eingeschränkt. Mit diesem Gesetz sollen Benachteiligungen aus Gründen der Rasse, oder wegen der ethnischen Herkunft, des Geschlechts, der Religion oder Weltanschauung, einer Behinderung, des Alters oder der sexuellen Identität verhindert bzw. beseitigt werden. Die §§ 305 ff. BGB wollen die Verbraucher besser gegen die Tücken des Kleingedruckten in Verträgen schützen. Den Schwerpunkt dieser Bestimmungen bildet ein Katalog von Klauseln, die wegen unangemessener Benachteiligung des Kunden in den Allgemeinen Geschäftsbedingungen nicht mehr verwendet werden dürfen. Der Katalog wird ergänzt durch eine Generalklausel, die bestimmt, dass Allgemeine Geschäftsbedingungen grundsätzlich unwirksam sind, wenn sie die Interessen der Vertragspartner nicht angemessen ausgleichen. Es wird außerdem bestimmt, dass die Allgemeinen Geschäftsbedingungen nur dann Bestandteil des Vertrages sind, für die Vertragspartner also nur dann verbindlich sind, wenn der Kunde bei Vertragsabschluss in der Regel ausdrücklich auf sie hingewiesen wird, die Möglichkeit zur zumutbaren Kenntnisnahme hat und mit ihrer Geltung einverstanden ist.

Allgemeines Gleichbehandlungsgesetz

Allgemeine Geschäftsbedingungen

Zwingende Vorschriften im Privatrecht

Besondere Schutzbedürftigkeit

Staatliches Interesse

Darüber hinaus findet sich im Privatrecht zwingendes Recht vor allem in den Fällen, wo ein Vertragspartner besonders schutzbedürftig ist, z. B. der Mieter, oder wo es um Rechtsbeziehungen von besonderer Tragweite geht; das gilt besonders für das Familienrecht. So äußert sich das staatliche Interesse an der Familie als der wichtigsten Zelle der sozialen Ordnung in erster Linie darin, dass die Familiengründung, d. h. das Eingehen der Ehe, unter strengen sachlichen Voraussetzungen und unter zwingenden Formvorschriften steht. Auch die Rechtsbeziehungen zwischen den Ehegatten, den Eltern und den Kindern sind zwingend geregelt. Es gibt kein freiwilliges Ausscheiden oder keinen Ausschluss aus der Familie. Ob eine Rechtsnorm zwingendes oder nicht zwingendes Recht ist, muss in der Regel dem Inhalt und dem Zweck der Norm entnommen werden. Lässt ihr Schutzcharakter (z. B. Jugendschutznorm) oder das öffentliche Interesse an dem Rechtsverhältnis (z. B. Eltern-Kind-Verhältnis) für abweichende Regelungen keinen Raum, so handelt es sich um zwingendes Recht; will der Gesetzgeber dem Privatinteresse und Gestaltungswillen der am Rechtsverkehr Teilnehmenden freien Raum lassen, haben wir es mit nachgiebigem Recht zu tun.

2. Natürliche und juristische Personen als Rechtsträger

Nach unserer Rechtsordnung können Berechtigte oder Verpflichtete, d. h. Träger von Rechten und Pflichten, nur Menschen oder juristische Personen sein.

Juristische Personen

Definition 3

● Juristische Personen sind rechtlich anerkannte Vereinigungen von Personen oder Vermögensmassen, die mit eigener Rechtspersönlichkeit ausgestattet sind.

Juristische Person des öffentlichen Rechts

Das Recht unterscheidet dabei zwei Arten von juristischen Personen: juristische Personen des öffentlichen Rechts und solche des privaten Rechts. Die juristischen Personen des öffentlichen Rechts kennen wir als Körperschaften, Anstalten und Stiftungen des öffentlichen Rechts. Sie werden geschaffen, um öffentliche Aufgaben zu erfüllen. Ihre Gründung, Verfassung (Satzung) und Aufgaben sind durch öffentliches Recht geregelt. Als Beispiele seien genannt: der Bund, die Bundesländer, Bezirke, Landkreise, Städte und Gemeinden; ferner Hochschulen, Sozialversicherungsträger und Rundfunkanstalten.

Juristische Person des privaten Rechts

Dagegen verfolgen juristische Personen des privaten Rechts (z. B. eingetragene Vereine, Aktiengesellschaften) private Zwecke. Ihre Gründung und ihre Satzungen sind privatrechtlich geregelt.

Die Träger von Rechten und Pflichten sind bei diesen Vereinigungen nicht etwa die Mitglieder, sondern die juristische Person als solche, so als handele es sich gleichsam um einen Menschen.

Beispiel 2

Die Landeshauptstadt München, vertreten durch den Oberbürgermeister, kann ein Rechtsgeschäft abschließen, ohne dass dadurch der einzelne Bürger zu etwas verpflichtet wird.

Aus diesem Beispiel ist zu ersehen, warum die Rechtskonstruktion »juristische Person« notwendig ist. Wenn die Stadt München nicht selbst Rechtsträger sein könnte, müssten ihre Bürger einzeln die jeweils notwendigen Rechtshandlungen vornehmen. Das wäre praktisch nicht durchführbar.

Anders ist es meist bei Kindergärten oder Heimen einer Stadt oder eines eingetragenen Vereins. Sie haben als Rechtsträger die Stadt bzw. den Verein und sind rechtlich unselbstständige Einrichtungen ihres Rechtsträgers, also selbst keine juristische Person.

Teilzusammenfassung

Das Recht ist der wesentliche Teil unserer Sozialordnung. Es regelt die Beziehungen der einzelnen Personen untereinander; insofern spricht man von Privatrecht. Als öffentliches Recht werden Rechtsnormen bezeichnet, welche die Beziehungen der einzelnen Personen zum Staat oder anderen öffentlichen Rechtsträgern und deren Verhältnis zueinander regeln. Während das Privatrecht zum größten Teil nachgiebiges Recht ist, ist das öffentliche Recht zwingend. Öffentliches Recht gilt auch gegen den erklärten Willen der Beteiligten.
Träger von Rechtsbeziehungen und der damit verbundenen Rechte und Pflichten können Menschen – das Gesetz bezeichnet sie als natürliche Personen – und juristische Personen des öffentlichen oder privaten Rechts sein.

3. Recht soll gerecht sein

Recht als Machtinstrument

Das Recht wird weitgehend durch Zweckmäßigkeitserwägungen bestimmt. Es spiegelt die Herrschaftsstrukturen einer Gesellschaft wider und legitimiert sie. Aber andererseits erschöpft es sich nicht darin, der Macht zu dienen, sondern ist zugleich ein Instrument, Macht zu beschränken, die Freiheit des einzelnen zu schützen und das soziale Leben gerecht zu gestalten.

Forderungen der Gerchtigkeit

Keine Rechtsordnung wird aber je die vollkommene Verwirklichung der Gerechtigkeit sein. Die Gerechtigkeit fordert, jedem das Seine zu geben und alle gleich zu behandeln. Diese Forderungen stehen in einem Spannungsverhältnis zueinander. Sie sind gleichsam die Pole, zwischen denen die Gerechtigkeit gesucht werden muss. Je geringer der Abstand zwischen der Gerechtigkeit und der bestehenden Rechtsordnung ist, umso mehr wird das Recht von den einzelnen anerkannt und von ihrer Überzeugung getragen sein. Wo Menschen eine Rechtsordnung freiwillig anerkennen und von ihrer Notwendigkeit überzeugt sind, dort unterscheidet sich das Recht von einer bloßen Machtäußerung im Gewand von Gesetzen. In diesem Sinne waren z. B. die Rassengesetze des »Dritten Reiches« nicht Recht, sondern Unrecht.

4. Rechtsordnungen und andere Ordnungen der Gesellschaft

Die Rechtsordnung erfasst die gesellschaftliche Wirklichkeit nur unvollkommen und lückenhaft. Neben ihr gibt es noch andere Ordnungen, die mit ihr in Verbindung stehen und auf die das Recht immer wieder verweist: die Ordnungen von Sitte und Moral.

Allen drei Ordnungen ist ihre Funktion gemein, das menschliche Zusammenleben zu regeln. In unserer heutigen Gesellschaft kann aber nur das Recht notfalls mit der Hilfe staatlicher Instanzen durchgesetzt werden.

Sitten

- Die in einer Gesellschaft geltenden Anstandsregeln, Umgangsformen und Gebräuche bezeichnen wir mit dem Begriff Sitte.

Beachtung nicht erzwingbar

Die Sitte bestimmt, wie das Recht, das Verhalten von Menschen zueinander. Sie beruht meist auf Tradition und findet ihre Anerkennung in der gemeinsamen vertrauten Übung. Im Unterschied zum Recht ist die Beachtung der Sitte aber nur erzwingbar, soweit dies von Rechtsvorschriften gefordert wird. So ist z. B. in den §§ 157 und 242 BGB bestimmt, dass der Grundsatz von Treu und Glauben und die Verkehrssitte im gesellschaftlichen Leben Beachtung finden müssen. Aber auch ohne rechtlichen Zwang kann die Missachtung der Sitte nicht unerhebliche wirtschaftliche oder gesellschaftliche Nachteile zur Folge haben.

Moral

Im Gegensatz zu Recht und Sitte regelt die Moral (Sittlichkeit, Ethik) nicht direkt das Verhalten der Menschen zueinander, sondern wendet sich vielmehr an ihre Gesinnung und gibt Motive für ein Verhalten, das an gesellschaftlichen, religiösen

oder philosophischen Normen orientiert ist. Vor allem die Beziehungen der Ehegatten und Kinder untereinander sind von sittlichen Geboten geprägt. Das Recht tritt hier vielfach erst in Erscheinung, wenn der sittliche Bereich gestört ist.
Trotz des grundsätzlichen Unterschiedes besteht zwischen Recht und Moral ein enger Zusammenhang. Rechtsnormen, die ihre Wurzeln nicht in den sittlichen Wertvorstellungen haben oder ihren Normen zuwiderlaufen, können auf die Dauer keinen Bestand haben. Die Autorität einer Rechtsordnung hängt u. a. auch davon ab, ob sie mit den sittlichen Wertvorstellungen vereinbar ist. Das Einhalten von sittlichen Geboten ist nur erzwingbar, sofern diese Eingang in die Rechtsordnung gefunden haben, wenngleich Verstöße gegen die Moral eine gesellschaftliche Achtung nach sich ziehen können.

Recht und Moral

Teilzusammenfassung

Neben der Rechtsordnung beeinflussen die Sittenordnung und die Moral das menschliche Zusammenleben.
Während die Rechts- und Sittenordnung direkt das Verhalten der Menschen zueinander regeln, spricht die Moral die Gesinnung des Menschen an und motiviert ein Verhalten, das an sittlichen Werten und Normen orientiert ist. Die Rechtsordnung kann, falls erforderlich, mit der Hilfe staatlicher Behörden durchgesetzt werden. Verstöße gegen Sitten- und Moralgebote haben in der Regel nur gesellschaftliche oder wirtschaftliche Folgen.
Die Autorität der Rechtsordnung hängt von ihrer Vereinbarkeit mit den anerkannten sittlichen Wertvorstellungen ab, aber auch davon, ob und inwieweit sie der Idee der Gerechtigkeit entspricht.

5. Rechtsquellen

Wir unterscheiden geschriebenes Recht und Gewohnheitsrecht. Beides sind Rechtsnormen, d. h. für eine unbestimmte Vielzahl von Personen geltende, allgemeinverbindliche Regelungen. Die älteste und ursprüngliche Rechtsquelle ist das Gewohnheitsrecht. Im Lauf der Geschichte ist es in den meisten Rechtsordnungen in den Hintergrund getreten. Das geltende deutsche Recht beruht zum weitaus größten Teil auf geschriebenen Rechtssätzen (Rechtsnormen), die in der Form von Gesetzen, Rechtsverordnungen und autonomen Satzungen niedergelegt sind.

Was ist ein Gesetz?

Gesetz hat Vorrang

Die wichtigste Rechtsquelle sind die Gesetze. Sie haben Vorrang vor den anderen Formen des geschriebenen Rechts und können auch wieder nur durch Gesetz aufgehoben oder geändert werden. Soweit eine Rechtsverordnung oder eine autonome Satzung einem Gesetz oder mehreren Gesetzen widerspricht, ist sie ungültig. Der besondere Rang des Gesetzes drückt sich darin aus, dass ein Eingriff in die Rechte einer Person (z. B. Freiheitsentzug, Herausnahme eines Kindes aus der Familie gegen den Willen der Eltern) nur aufgrund eines verfassungsmäßig zustande gekommenen Gesetzes möglich ist.

Definition 4

● Als Gesetz gelten Rechtsvorschriften, die von den gesetzgebenden Organen (z. B. vom Bundestag und Bundesrat oder von den Landtagen) in einem verfassungsrechtlich festgelegten Verfahren und in der dort vorgeschriebenen Form erlassen worden sind.

Bundes- und Landesgesetz

Ob und in welchen Lebensbereichen der Bund oder die Länder zur Rechtsetzung berufen sind, ist im Grundgesetz bestimmt. Dementsprechend kennen wir Bundesgesetze und Landesgesetze.
Für den Erlass jugendrechtlicher Vorschriften, soweit sie nicht hauptsächlich den Bildungsbereich betreffen, liegt die Zuständigkeit (Gesetzgebungskompetenz) nach dem Grundgesetz beim Bund. Häufig begnügt sich der Bundesgesetzgeber jedoch mit grundsätzlichen Regelungen und ermächtigt die Länder, in Ausführungsgesetzen Näheres zu bestimmen.

Rechtsverordnungen der Verwaltungsbehörden

Durch Gesetz ermächtigt

Ähnlich wie der Bundesgesetzgeber die Länder ermächtigen kann, Ausführungsgesetze zu einem Bundesgesetz zu erlassen, können Bundes- und Landesgesetzgeber Verwaltungsbehörden (z. B. ein Ministerium) zum Erlass von Rechtsverordnungen (VO) ermächtigen. Anders als Gesetze sind Rechtsverordnungen verhältnismäßig schnell zu beschließen, zu ändern oder aufzuheben und können deshalb den wirtschaftlichen Verhältnissen und den Anschauungen in der Gesellschaft rasch angepasst werden. Oft will der Gesetzgeber dadurch das Gesetz auch nur von Einzelbestimmungen entlasten oder Raum für die Berücksichtigung örtlicher Bedürfnisse lassen.

Beispiel 3
Durch § 28 SGB XII werden die Landesregierungen ermächtigt, durch Rechtsverordnung die Höhe der monatlichen Regelsätze zur Deckung des notwendigen Lebensunterhalts der Leistungsberechtigten festzulegen.

Streng genommen wird mit der VO das rechtsstaatliche Prinzip der Gewaltenteilung durchbrochen, wonach die drei Staatsgewalten Gesetzgebung, Verwaltung und Rechtsprechung zu trennen sind und sich gegenseitig zu kontrollieren haben. Um den Machtzuwachs der Verwaltung in Grenzen zu halten, schreibt deshalb Art. 80 GG vor, dass eine VO nur erlassen werden darf, wenn ein Gesetz die betreffende Behörde dazu ermächtigt. Die ermächtigende Gesetzesvorschrift muss außerdem Inhalt, Zweck und Ausmaß der VO festlegen; sie muss also spezielle Angaben darüber enthalten, was in der VO geregelt werden soll. Zu allgemein und unbestimmt gehaltene Ermächtigungsnormen sind verfassungswidrig. Letztlich hat es also der Gesetzgeber in der Hand, ob und in welchem Umfang die Verwaltung Rechtsvorschriften erlassen darf.

Autonome Satzungen

Definition 5
● Unter autonomer Satzung versteht man Rechtsvorschriften, die von juristischen Personen des öffentlichen Rechts mit Selbstverwaltungsrecht zur Regelung ihres Aufgabenbereichs erlassen werden.

Die Satzungsbefugnis (Autonomie) wird durch ein Gesetz verliehen. Sie kann nur im Rahmen des konkreten Aufgabenbereichs der juristischen Person ausgeübt werden.

Beispiel 4
Die Sozialversicherungsträger und die Hochschulen können im Rahmen ihrer gesetzlichen Aufgabenstellung die Rechtsbeziehungen zu ihren Mitgliedern regeln.
Gemeinden sind befugt, Satzungen für den Wasser- und Strombezug, die Müllabfuhr oder die Friedhofsbenutzung zu erlassen.

Gewohnheitsrecht

Im Gegensatz zum geschriebenen Recht lässt sich der Entstehungszeitpunkt des Gewohnheitsrechts nicht festlegen. Diese Art des Rechts ist das Ergebnis einer Entwicklung, einer langjährigen gleichmäßigen Übung, verbunden mit der Überzeugung, dass diese Übung notwendig und richtig ist.

Langjährige Übung

Beispiel 5
Es war bis zum Ende des vorigen Jahrhunderts gewohnheitsrechtlich anerkannt, dass Eltern das Recht haben, ihre Kinder auch körperlich zu bestrafen, vorausgesetzt, dass ein begründeter Anlass bestand, die Bestrafung maßvoll war und zu Erziehungszwecken geschah. Der Gesetzgeber hat dieses Gewohnheitsrecht aufgehoben, indem er nunmehr im § 1631 Abs. 2 BGB bestimmt, dass körperliche Bestrafungen, seelische Verletzungen und andere entwürdigende Maßnahmen unzulässig sind.
Für Lehrer und Berufserzieher wurde schon lange vorher das Recht auf körperliche Bestrafung verneint.

In Gemeinschaften, deren Mitglieder schreiben und lesen können, bildet sich Gewohnheitsrecht nur noch selten. Hier tritt meist der Gesetzgeber auf, wenn sich die Notwendigkeit einer verbindlichen Regelung ergibt. In unserer Rechtsordnung sind Eingriffe in die Rechte eines Bürgers ohnehin nur aufgrund eines Gesetzes erlaubt.
Praktisch entsteht heute Gewohnheitsrecht nur noch durch die Rechtsprechung und in beschränktem Maße durch die Rechtslehre, wenn zugleichbleibenden Entscheidungen einer Rechtsfrage durch oberste Gerichte die allgemeine Überzeugung von der Richtigkeit dieser Entscheidung hinzukommt. Das heißt aber nicht, die Gerichtsurteile – auch nicht die oberster Gerichte, mit Ausnahme der Entscheidungen des Bundesverfassungsgerichts und der Länderverfassungsgerichte – seien Rechtsquellen, also verbindliche Rechtssätze. Daran ändert auch die Tatsache nichts, dass in der gleichen Rechtsfrage untere Gerichte nur selten von den Entscheidungen oberer Gerichte abweichen.

Gewohnheitsrecht durch Rechtsprechung

Naturrecht

Dem geschriebenen Recht wird vielfach das Naturrecht gegenübergestellt.

Definition 6
● Naturrecht ist ein überpositives, dem geschriebenen Recht vorausliegendes (BVerfG), mit dem Wesen des Menschen untrennbar verbundenes Recht, das dem Gesetzgeber Grenzen setzt.

Der Gesetzgeber muss sich an das Naturrecht halten, sonst schafft er gesetzliches Unrecht, wie es z. B. die Rassengesetze des »Dritten Reiches« waren. Das Wesen des Naturrechts ist in der Rechtslehre umstritten. Sicher scheint heute nur, dass es in einer bestimmten Kultur und in einer bestimmten Zeit Grundwerte gibt, die eine Rechtsordnung nicht missachten darf. Die in unserer Zeit anerkannten Grund-

In der Rechtslehre umstritten

Anerkannte Grundwerte

werte sind in der »Römischen Konvention zum Schutz der Menschenrechte und Grundfreiheiten«, in der »Allgemeinen Erklärung der Menschenrechte« und in der »Konvention über die Rechte des Kindes« der Vereinten Nationen, ferner in den Grundrechten des Grundgesetzes und in den Verfassungen der Länder enthalten.

6. Auslegung und Anwendung des Rechts

Jeder wendet im täglichen Leben Recht an, z. B. wenn er sich an eine Verkehrsregel hält. Auch die Erzieherin, die ihre Gruppe beaufsichtigt, wendet Recht an. Allgemein ausgedrückt heißt Recht anwenden, einen Sachverhalt einer abstrakten Norm (Rechtsbestimmung, Rechtsregel) unterordnen und prüfen, ob er mit ihr in Deckung zu bringen ist. Die Schlussfolgerung ergibt dann das für den Einzelfall maßgebende Recht. Diesen Vorgang nennt man Subsumtion (Beispiele – Aufgaben und Lösungen dieser Aufgaben – für eine solche Subsumtion sind in den folgenden Kapiteln zu finden).

Häufig ist die anzuwendende Vorschrift unklar. Dann muss erst der Sinn der Vorschrift klargestellt werden, d. h., man muss die Vorschrift auslegen. Jede Auslegung geht vom Wortlaut der Vorschrift aus. Der Wortsinn wird nach dem gesetzlichen Sprachgebrauch und im Zusammenhang mit anderen gesetzlichen Vorschriften ermittelt. Führt die Wortauslegung zu keinem befriedigenden Ergebnis, muss nach dem Sinn und Zweck der Rechtsnorm gefragt werden. Die Begründung, die jedem Gesetzentwurf beigegeben ist, die Beratungsprotokolle des Bundestags oder des betreffenden Landtags leisten dabei oft gute Dienste.

Zusammenfassung

Das Recht ist der wesentliche Bestandteil unserer Gesellschaftsordnung. Es soll ein friedliches Zusammenleben der Bürger gewährleisten. Man unterscheidet öffentliches und privates Recht. Öffentliches Recht ist zwingend, privates Recht ist nachgiebiges Recht, d. h., es gilt nur, insofern die Beteiligten nichts anderes vereinbart haben. Das heutige Recht ist überwiegend geschriebenes Recht. Seine Quellen sind Gesetze und Rechtsverordnungen. Gesetze müssen nach einem in der Verfassung festgelegten Verfahren verabschiedet werden und mit der Verfassung übereinstimmen. Rechtsverordnungen dürfen nur erlassen werden, wenn eine bestimmte Behörde durch Gesetz dazu ermächtigt ist. Außerdem können Körperschaften des öffentlichen Rechts, die das Selbstverwaltungsrecht haben, Satzungen erlassen. Über dem geschriebenen Recht steht das mit dem Wesen der Menschen untrennbar verbundene Naturrecht. In ihm spiegeln sich die in einer bestimmten Zeit und in einer bestimmten Kultur anerkannten Werte wider. Das Grundgesetz hat in den Grundrechten die wichtigsten Normen des Naturrechts als geschriebenes Recht über alle Gesetze gestellt.

Kapitel 2

Rechtsstellung des jungen Menschen

Bereits dem Minderjährigen gesteht unsere Verfassung Grundrechte zu. Er hat auch andere Rechte, die er aber – ebenso wie jeder andere – nicht schrankenlos ausüben darf. Dass Minderjährige Rechte haben, nicht nur Pflichten, ist nicht allgemein bekannt. Deshalb geht dieses Kapitel der Frage nach, welche Rechtsstellung dem Minderjährigen von der Verfassung und von der übrigen Rechtsordnung zugewiesen wird. Besonders wichtig ist das Spannungsverhältnis zwischen dem von der Verfassung garantierten Elternrecht und dem ebenfalls in der Verfassung verankerten Recht des Minderjährigen auf freie Entfaltung seiner Persönlichkeit.

Der Begriff der Minderjährigkeit ist im Bürgerlichen Gesetzbuch (BGB) definiert. Im § 2 BGB wird als minderjährig bezeichnet, wer das 18. Lebensjahr noch nicht vollendet hat. Mit 18 volljährig

1. Rechte der Minderjährigen in der Verfassung

Unsere Verfassung, das Grundgesetz (GG), enthält einen sogenannten Katalog der Grundrechte, die Gesetzgebung, vollziehende Gewalt und Rechtsprechung binden (Art. 1 Abs. 3 GG). Gelten diese Grundrechte auch für Minderjährige?

In den Art. 1 bis 19 GG, die sich mit den Grundrechten befassen, ist über die Grundrechtsfähigkeit der Minderjährigen, d. h. über die Frage, ob die Grundrechte auch für sie gelten, ausdrücklich nichts gesagt. Aus Art. 6 Abs. 2 GG lässt sich jedoch entnehmen, dass zumindest bestimmte Gruppen von Minderjährigen, nämlich die minderjährigen Mütter, Grundrechtsträger sein können. Das Recht auf freie Wahl des Berufes und der Ausbildungsstätte (Art. 12 Abs. 1 S. 1 GG) wird sogar in der Regel nur Minderjährigen zukommen. Grundrechtsfähigkeit

> Art. 6 Abs. 2 GG
> Pflege und Erziehung der Kinder sind das natürliche Recht der Eltern und die zuvörderst ihnen obliegende Pflicht. Über ihre Betätigung wacht die staatliche Gemeinschaft.

> Art. 12 Abs. 1 S. 1 GG
> Alle Deutschen haben das Recht, Beruf, Arbeitsplatz und Ausbildungsstätte frei zu wählen.

Aus solchen Gründen und aus der Erkenntnis, dass allein das Menschsein und die damit verbundene Menschenwürde, nicht aber Alter und Reife entscheidend für die Zuerkennung der Grundrechte sein können, sagt das Bundesverfassungsgericht in seiner Entscheidung vom 29.7.1968, das Kind sei »ein Wesen mit eigener Menschenwürde und mit eigenem Recht auf Entfaltung seiner Persönlichkeit im Sinne der Art. 1 Abs. 1 und Art. 2 Abs. 1 GG« und somit auch Grundrechtsträger. Kind ist Grundrechtsträger

> Art. 1 Abs. 1 GG
> Die Würde des Menschen ist unantastbar. Sie zu achten und zu schützen ist Verpflichtung aller staatlichen Gewalt.

Art. 2 Abs. 1 GG

Jeder hat das Recht auf die freie Entfaltung seiner Persönlichkeit, soweit er nicht die Rechte anderer verletzt und nicht gegen die verfassungsmäßige Ordnung oder das Sittengesetz verstößt.

Fragen, die die Grundrechte Minderjähriger berühren

Grundrechtsmündigkeit

Fraglich ist aber, ob und gegebenenfalls in welcher Weise Minderjährige ihre Grundrechte selbst geltend machen können, d. h., ob sie auch grundrechtsmündig sind oder ob bei Minderjährigen die Eltern über die Ausübung der Grundrechte entscheiden. Da jede Maßnahme der Eltern, die die Entfaltungsfreiheit des Minderjährigen gegen seinen Willen beeinträchtigt, auch in dessen Grundrechte eingreift, müssen wir schließlich noch klären, ob der Minderjährige sich auch gegenüber seinen Eltern auf seine Grundrechte berufen kann.

Um die Tragweite dieser Fragestellung deutlich zu machen, werden hier einige Probleme genannt, deren Lösung in diesem und dem nächsten Kapitel vorbereitet und die endgültig im übernächsten Kapitel geklärt werden sollen:

- Kann ein Jugendlicher seine Kleidung und Frisur selbst bestimmen?
  Darf ein Vater Einfluss auf die Entscheidung des Sohnes nehmen, den Wehrdienst zu verweigern?
  Ist es einem Vater erlaubt, den Artikel seines Sohnes für die Schülerzeitung zu zensieren?
  Können Jugendlichen Meinungsäußerungen in politischen Versammlungen oder Tageszeitungen verboten werden?
  Können Eltern der minderjährigen Tochter den Umgang mit ihrem Freund untersagen?
  Können die Eltern ihrem minderjährigen Sohn verbieten, einer Gewerkschaft beizutreten?
  Ist eine Handykontrolle durch die Eltern zulässig?
  Können die Eltern den Schulwechsel ihres Sohnes verhindern?
  Inwieweit können Eltern die Berufswahl des Kindes bestimmen?
  Dürfen Eltern ihrem Sohn jugendgefährdende DVDs oder Computerspiele wegnehmen?
  Dürfen Eltern Arbeits- oder Vermögenseinkünfte des Kindes für sich abzweigen?

Wenn die Eltern bestimmen dürfen, ob und auf welche Weise das Kind von seinen Grundrechten Gebrauch machen kann, die ihrer Entstehung nach Freiheitsrechte und Abwehrrechte gegen den Staat sind, und in welchem Umfang sie die Handlungsfreiheit ihrer Kinder gegen sich selbst einschränken, dann muss unser Grundgesetz ihnen ebenfalls ein Grundrecht einräumen, das zumindest den gleichen Rang hat wie die Grundrechte der Minderjährigen.

2. Das Elternrecht in der Verfassung

Das Grundrecht der Eltern, das den Grundrechten der Minderjährigen entgegensteht, ist in Art. 6 GG enthalten.

> Art. 6 Abs. 1 bis 3 GG
> (1) Ehe und Familie stehen unter dem besonderen Schutz der staatlichen Ordnung.
> (2) Pflege und Erziehung der Kinder sind das natürliche Recht der Eltern und die zuvörderst ihnen obliegende Pflicht. Über ihre Betätigung wacht die staatliche Gemeinschaft.
> (3) Gegen den Willen der Erziehungsberechtigten dürfen Kinder nur aufgrund eines Gesetzes von der Familie getrennt werden, wenn die Erziehungsberechtigten versagen oder wenn die Kinder aus anderen Gründen zu verwahrlosen drohen.

Familie als Lebensgemeinschaft

Dieser Artikel ist die grundlegende Verfassungsbestimmung für den Lebensbereich der Familie. Gegenstand des Art. 6 GG in seinen Absätzen 1 bis 3 ist die Familie als Lebensgemeinschaft zwischen Eltern und Kindern. Art. 6 Abs. 1 GG enthält ein umfassendes, an die Adresse des Staates gerichtetes Schutzgebot. Die Verfassung garantiert damit die Einrichtung, das Institut der Familie. Sie räumt ihr das Grundrecht auf Schutz vor störenden Eingriffen des Staates ein.

Institutgarantie

Wertentscheidende Grundsatznorm

Darüber hinaus ist diese Bestimmung gemäß einer Entscheidung des Bundesverfassungsgerichts (BVerfG) eine wertentscheidende Grundsatznorm für das gesamte die Ehe und Familie betreffende Recht. In allen diesen Bestimmungen ist die Familie als ein geschlossener, eigenständiger Lebensbereich zu verstehen. Die Verfassung verpflichtet den Staat, diese Einheit und Selbstverantwortlichkeit der Familie zu respektieren und zu fördern.

»Demgegenüber betreffen Art. 6 Abs. 2 und 3 GG als speziellere Bestimmungen die Eltern-Kind-Beziehung und bestimmten zugleich die Funktion des Staates und ihre Grenzen in diesem Bereich. Abs. 2 S. 1 hebt den Vorrang der Eltern bei der Erziehung und Pflege der Kinder hervor und garantiert ihn verfassungsrechtlich; jedoch lässt schon das Wort ›zuvörderst‹ erkennen, dass neben den Eltern auch der Staat die Funktion des Erziehungsträgers mit entsprechenden Pflichten hat«, z. B. die Schule. »Darüber hinaus legt Abs. 2 S. 2 dem Staat das Amt auf, über die Pflege und Erziehung der Kinder durch die Eltern zu wachen.« In diesem Zusammenhang wird oft vom »Wächteramt« des Staates gesprochen. »Abs. 3 enthält schließlich einen speziellen Eingriff des Staates in die Pflege und Erziehung«, indem er festlegt, dass Kinder gegen den Willen der Eltern nur aufgrund einer gesetzlichen Bestimmung von der Familie getrennt werden dürfen und dies nur, wenn die Eltern versagen oder wenn die Kinder aus anderen Gründen zu verwahrlosen drohen.

Wächteramt des Staates

Abs. 2 und 3 des Art. 6 GG grenzen also den Freiheitsraum der elterlichen Betätigung im Verhältnis zum Staat ab. Sie »garantieren den Vorrang der Eltern, ihre Eigenständigkeit und Selbstverantwortlichkeit bei der Pflege und Erziehung der Kinder, bestellen aber zugleich die staatliche Gemeinschaft zum Wächter« (BVerfG).

Pflege und Erziehung als natürliches Recht der Eltern

Verfassungsschranken des Elternrechts

Die im Zusammenhang mit unserer Fragestellung interessierende Verfassungsnorm ist Art. 6 Abs. 2 GG. Sie garantiert den Eltern das natürliche Recht der Pflege und Erziehung der Kinder (d. h. nicht ein vom Staat geschaffenes Recht, sondern familiäres Urrecht und Menschenrecht vorstaatlichen Charakters). Die Eltern können also die Entwicklung und Lebensrichtung ihrer Kinder nach ihren eigenen Vorstellungen frei bestimmen und gestalten, sofern sie dadurch nicht gegen die Rechte anderer, das Sittengesetz oder die verfassungsmäßige Ordnung verstoßen (Art. 2 Abs. 1 GG).

Beispiel 1
Wenn die Eltern ihre Kinder zu Verbrechern erziehen, verstoßen sie gegen das Sittengesetz im Sinne des Art. 2 Abs. 1 GG.
Die Eltern können sich auch nicht auf ihr Elternrecht berufen, wenn sie ihre Kinder zu offener Tätigkeit gegen die verfassungsmäßige Ordnung anleiten.

Elternrecht ist pflichtgebundenes Recht

Das BVerfG hat zu Art. 6 Abs. 2 GG festgestellt: »Dieser Grundrechtsschutz darf außerdem nur für ein Handeln in Anspruch genommen werden, das bei weitester Anerkennung der Selbstverantwortlichkeit der Eltern noch als Pflege und Erziehung gewertet werden kann.« Das wird von der Verfassung durch die »Verknüpfung des Rechts zur Pflege und Erziehung mit der Pflicht zu dieser Tätigkeit« ausgedrückt.

Elternverantwortung

- »Die Pflichtbindung unterscheidet das Elternrecht von allen anderen Grundrechten. Recht und Pflicht sind von vornherein unlöslich miteinander verbunden. Die Pflicht ist ein wesensbestimmender Bestandteil des Elternrechts, das insoweit treffender als Elternverantwortung bezeichnet werden kann« (BVerfG).

»Kindesrecht«

Ein dem Elternrecht entsprechendes Recht des Kindes auf Pflege und Erziehung kennt die Verfassung nicht. Die Sicherung von Pflege und Erziehung geschieht nicht durch die Gewährung eigener Rechte, sondern durch die Pflichtbindung des Elternrechts. Man spricht in diesem Zusammenhang auch von einem Reflexrecht des Kindes und meint damit, dass das Kind durch die Pflichtbindung des Elternrechts zwar begünstigt ist, aber keinen eigenen einklagbaren Rechtsanspruch gegen die Eltern hat.

In einer Entscheidung aus dem Jahre 1988 führt das BVerfG aus, dass die den Eltern auferlegte Pflicht zur Pflege und Erziehung der Kinder nicht allein gegenüber dem Staat, sondern auch gegenüber den Kindern bestehe. Mit dieser elterlichen Pflicht korrespondiere das Recht der Kinder auf Pflege und Erziehung durch die Eltern. Der Gesetzgeber habe dieses zu sichern und auszugestalten.

Am Wohl des Kindes orientieren

Elternpflicht

Das pflichtgebundene Elternrecht findet seine über Art. 2 Abs. 1 GG hinausgehende Beschränkung im Wohl des Kindes. Die Bestimmung des Kindeswohls bleibt dabei normalerweise der Entscheidung der Eltern überlassen. Erst wenn ihr Verhalten in der gegenwärtigen Gesellschaftsordnung als nicht mehr tragbar angesehen werden kann, greift der Staat aufgrund seines Wächteramtes ein.

»Nicht jedes Versagen oder jede Nachlässigkeit berechtigt also den Staat, die Eltern von der Pflege und Erziehung des Kindes auszuschalten oder gar selbst die Aufgabe zu übernehmen. Vielmehr muss der Staat dem grundsätzlichen Vorrang der Eltern Rechnung tragen. Zudem gilt auch hier der Grundsatz der Verhältnismäßigkeit. Art und Ausmaß des Eingriffs bestimmen sich nach dem Ausmaß des Versagens der Eltern und danach, was im Interesse des Kindes geboten ist. Der Staat muss daher nach Möglichkeit versuchen, durch helfende, unterstützende, auf Herstellung oder Wiederherstellung eines verantwortungsgerechten Verhaltens der natürlichen Eltern gerichtete Maßnahmen sein Ziel zu erreichen« (BVerfG).

So muss das Familiengericht nach § 1631 Abs. 3 BGB die Eltern auf ihren Antrag hin bei der Erziehung unterstützen. Gemäß § 27 SGB VIII haben Eltern einen Anspruch auf Hilfe zur Erziehung, wenn eine dem Wohl des Kindes oder Jugendlichen entsprechende Erziehung nicht gewährleistet ist und die Hilfe für seine Entwicklung geeignet und notwendig ist.

»Der Staat ist aber nicht darauf beschränkt, sondern kann, wenn solche Maßnahmen nicht genügen, den Eltern die Erziehungs- und Pflegerechte vorübergehend oder sogar dauernd entziehen. In diesen Fällen muss er zugleich positiv die Lebensbedingungen für ein gesundes Aufwachsen der Kinder schaffen« (BVerfG).

Folgen der Pflichtverletzung

Der Minderjährige hat also zwar kein eigenes einklagbares Recht gegen seine Eltern. Wenn diese aber ihre verfassungsmäßigen Pflichten ihm gegenüber verletzen, hat er als Grundrechtsträger einen Anspruch auf den Schutz des Staates (Art. 6 Abs. 2 S. 2 GG). Die entsprechenden Schutzbestimmungen ergeben sich aus den Gesetzen.

Beispiel 2

Bei einer Gefährdung des Kindeswohls kann gemäß § 1666 BGB den Eltern die elterliche Sorge eingeschränkt oder entzogen werden.

Teilzusammenfassung

Jeder Mensch ist unabhängig von Alter und Reife Grundrechtsträger. Den Grundrechten des Minderjährigen, vor allem seinem Grundrecht auf freie Entfaltung der Persönlichkeit, steht das Grundrecht der Eltern auf Pflege und Erziehung ihrer Kinder gegenüber. Dieses Recht ist unlöslich mit der Pflicht der Eltern verbunden, ihre Kinder zu erziehen. Die Sicherung dessen, wessen das Kind bedarf, geschieht also durch die Pflichtbindung des Elternrechts. Das Elternrecht muss sich am Wohl des Kindes orientieren. Den Eltern ist hinsichtlich der Erziehung ein weiter Ermessensspielraum eingeräumt. Nur wenn ihre Erziehungsmaßnahmen generell ungeeignet sind oder wenn die Eltern die Pflege der Kinder erheblich vernachlässigen, ist der Staat berechtigt und verpflichtet, sein Wächteramt auszuüben und einzugreifen.

Die UN-Konvention über die Rechte des Kindes

Die UN-Kinderrechtskonvention betrachtet Kinder (Menschen, die noch nicht volljährig sind) als gleichwertige und gleichberechtigte Mitglieder der menschlichen Gemeinschaft. Als eigenständige Rechtssubjekte (Persönlichkeiten) sind sie Träger eigener persönlicher, politischer, sozialer, wirtschaftlicher und kultureller Rechte. Deutschland muss wie alle anderen Vertragsstaaten alle geeigneten Gesetzgebungs-, Verwaltungs- und sonstigen Maßnahmen zur Verwirklichung der Rechte treffen. Soweit das nationale Recht hinter diesen Rechten zurückbleibt, ist

Deutschland zur Angleichung seiner Rechtsordnung an die Standards der Konvention verpflichtet. Die Umsetzung der UN-Konvention in nationales (deutsches) Recht wird derzeit auf den politischen und gesellschaftlichen Ebenen diskutiert.

Maßstab für die Ausfüllung des unbestimmten Rechtsbegriffs »Wohl des Kindes« kann die Konvention mit ihren Kindesrechten heute schon sein.

3. Erziehung und Erziehungsziele

Durch das GG nicht festgelegt

Das Grundgesetz stellt mit »Pflege und Erziehung« zwar die Kernbereiche der den Eltern zustehenden Befugnisse und Pflichten heraus, es definiert sie aber nicht. Auch die Bestimmungen des Bürgerlichen Gesetzbuches zur elterlichen Sorge (§§ 1626 ff. BGB) schweigen sich darüber aus. Die Bestimmung dieser Begriffe obliegt daher im Wesentlichen den zuständigen Wissenschaften, z. B. der Rechtswissenschaft und den Sozialwissenschaften. Es wäre auch unzweckmäßig, Begriffe wie Pflege, Erziehung, Wohl des Kindes usw. durch Gesetz zu definieren. Die Auffassungen über Erziehung und vor allem über die Erziehungsziele sind von den Sitten und Wertvorstellungen der jeweiligen Gesellschaft abhängig und ändern sich auch im Laufe der Zeit. Außerdem würde der weite Ermessensspielraum eingeschränkt, den die Verfassung den Eltern bei der Ausübung ihres Rechts garantiert. Da aber andererseits die Grundrechtsmündigkeit mit den Erziehungszielen zusammenhängt, soll hier versucht werden, die Begriffe Pflege und Erziehung und die Erziehungsziele genauer zu bestimmen.

Pflege

Erziehung

Als Pflege im Sinne des Art. 6 Abs. 2 GG verstehen Rechtslehre und Rechtsprechung die Sorge für die körperliche Existenz und für die angemessene geistige und seelische Entwicklung. In der Pädagogik sind mit Erziehung alle seelischen und geistigen Einwirkungen gemeint, die von einem erwachsenen Erzieher auf das Kind bewusst, planvoll und methodisch ausgeübt werden, um es zur geistigen Selbstständigkeit und Selbstbestimmung zu befähigen. Beide Begriffe gehen ineinander über.

Erziehungsziele

Erziehung in diesem Sinne schließt das allgemeine Erziehungsziel, »den mündigen Menschen«, mit ein, das selbst wieder eine Vielzahl von Teilzielen umfasst. Danach wird als Ziel der Erziehung der Mensch angesehen, der vernünftig, sachkundig und sozial verantwortlich über sich selbst bestimmen kann. Ähnliche Versuche, Leitbilder der Erziehung und Erziehungsziele zu formulieren, finden sich in § 1626 Abs. 2 BGB sowie in den §§ 1 Abs. 1 und 22 Abs. 1 SGB VIII.

> § 1626 Abs. 2 BGB
> Bei der Pflege und Erziehung berücksichtigen die Eltern die wachsende Fähigkeit und das wachsende Bedürfnis des Kindes zu selbstständigem verantwortungsbewusstem Handeln. Sie besprechen mit dem Kind, soweit es nach dessen Entwicklungsstand angezeigt ist, Fragen der elterlichen Sorge und streben Einvernehmen an.

> § 1 Abs. 1 SGB VIII
> Jeder junge Mensch hat ein Recht auf Förderung seiner Entwicklung und auf Erziehung zu einer eigenverantwortlichen und gemeinschaftsfähigen Persönlichkeit.

> § 22 Abs. 2 Nr. 1 SGB VIII
> Tageseinrichtungen für Kinder und Kindertagespflege sollen die Entwicklung des Kindes zu einer eigenverantwortlichen und gemeinschaftsfähigen Persönlichkeit fördern.

4. Gesetzlich normierte Rechte des heranwachsenden Menschen

Auch aus der Erkenntnis, dass dem heranwachsenden Menschen, entsprechend den gerade skizzierten Erziehungszielen, zunehmend Rechte eingeräumt werden müssen, wenn er sich zu einer eigenverantwortlichen Persönlichkeit entwickeln soll, hat der Gesetzgeber den Minderjährigen in bestimmten Fällen die selbstständige Ausübung von Rechten bereits vor Erlangung der Volljährigkeit zuerkannt. So setzt bereits mit Vollendung des 12. Lebensjahres das Recht des Kindes auf religiöse Selbstbestimmung ein. Nach § 5 S. 2 des Gesetzes über die religiöse Kindererziehung (RelKErzG) kann nach diesem Zeitpunkt ein Kind nicht mehr gegen seinen Willen in einem anderen Bekenntnis als bisher erzogen werden. Mit Vollendung des 14. Lebensjahres steht einem Kinde auch die Entscheidung darüber zu, ob und an welches religiöse Bekenntnis es sich halten will (§ 5 S. 1 RelKErzG); als minderes Recht ferner die Befugnis zu entscheiden, ob es am Gottesdienst seines Bekenntnisses teilnehmen und den Religionsunterricht besuchen will (in Bayern ist dem jungen Menschen die Teilnahme am Religionsunterricht und an kirchlichen Handlungen und Feierlichkeiten erst mit Vollendung des 18. Lebensjahres zur freien Entscheidung überlassen, Art. 137 Abs. 1 BV). Nach dem Gesetz über das Verfahren in Familiensachen und in den Angelegenheiten der freiwilligen Gerichtsbarkeit (FamFG) ist ebenfalls ab Vollendung des 14. Lebensjahres dem Jugendlichen ein selbstständiges Beschwerderecht in persönlichen Angelegenheiten (§ 60 FamFG) eingeräumt.

Selbstständige Ausübung von Rechten

Religiöses Bekenntnis

In Bayern haben erst Achtzehnjährige das Recht, über ihre Teilnahme am Gottesdienst selbst zu bestimmen.

Aus der Tatsache, dass der Gesetzgeber dem Minderjährigen in einigen Fällen die selbstständige Ausübung von Rechten eingeräumt hat, kann aber nun nicht geschlossen werden, dass der Minderjährige auch seine Grundrechte selbstständig geltend machen könnte.

Beschwerderecht

5. Selbstständige Wahrnehmung von Grundrechten durch Minderjährige

Wir haben am Anfang des Kapitels zu dieser Frage lediglich festgestellt, dass ein Minderjähriger bereits alle Grundrechte besitzt, aber bezweifelt, ob er diese auch selbstständig wahrnehmen kann – vielleicht sogar gegen seine Eltern, die ihrerseits, wie wir gesehen haben, ein verfassungsmäßiges Recht auf Erziehung haben.

Die Frage der Grundrechtsmündigkeit

Dass sich nicht jeder Mensch auf die ihm zustehenden Grundrechte berufen kann, ist selbstverständlich. So etwa ist es für ein Kleinkind ausgeschlossen, schon seinen Beruf frei zu wählen. Anders beim Minderjährigen. Hier würde es sich nicht mit dem Erziehungsziel der Mündigkeit vertragen, sollte der Minderjährige seine Grundrechte erst mit dem Erreichen der Volljährigkeit ausüben können. Das geltende Recht lässt den Minderjährigen zunehmend Teilmündigkeit erlangen.

Meinungen zur Grundrechtsmündigkeit

Aus solchen Gründen verknüpft ein Teil der Rechtsmeinungen die Frage der Grundrechtsmündigkeit mit bestimmten Altersstufen und will die Grundrechtsmündigkeit entweder an die Regelung des BGB zur Geschäftsfähigkeit (§§ 104 ff. BGB) binden oder an das 14. oder 16. Lebensjahr, mit deren Vollendung das geltende Recht häufig Teilmündigkeiten erreichen lässt. Feste Altersgrenzen lassen sich aber weder aus der Verfassung herleiten, noch sind sie immer mit dem Erziehungsziel der Mündigkeit vereinbar. Die Rechtsprechung, die bisher eine allgemeine Grundrechtsmündigkeit ablehnt, hat für einige Teilbereiche eine selbstständige Entscheidungsbefugnis des Minderjährigen (z. B. Einwilligung in einen ärztlichen Eingriff) anerkannt, sofern der Minderjährige nach seiner geistigen und sittlichen Reife (Einsichts- und Urteilsfähigkeit) die Bedeutung und Tragweite seiner Entscheidung zu ermessen vermag. Aber auch das befriedigt nicht, denn diese Rechtsauffassung will die Ausübung der Grundrechte in einer Weise beschränken, die aus der Verfassung nicht herausgelesen werden kann.
Im konkreten Rechtsfall ist dieses Problem nur zu lösen, wenn man eine Interessenabwägung zwischen dem grundsätzlich ranggleichen Elternrecht und den Grundrechten des Minderjährigen vornimmt. Dabei ist die wesensmäßige Funktion der einzelnen Grundrechte zu berücksichtigen, die bei den gegeneinander abzuwägenden Grundrechten der Kinder und der Eltern erhalten bleiben muss. Es wäre also in jedem Fall zu prüfen, welche Beschränkungen der Grundrechte ein Minderjähriger hinnehmen muss, wenn das Elternrecht nicht ausgehöhlt werden soll. Eine für alle Grundrechte gleiche Antwort wird dabei nicht zu finden sein; denn es gibt keinen absoluten Maßstab für die Grundrechtsmündigkeit. Bei den einzelnen Grundrechten erweisen sich verschiedene Einschränkungen als notwendig, wobei auch das Erziehungsziel der Mündigkeit als Richtschnur für den Grad der Einschränkung dienen sollte. Mit anderen Worten: Die Grundrechte sind darauf zu untersuchen, welche Einschränkungen sie sich vom Elternrecht her gefallen lassen müssen. Bei dieser Abwägung muss man zwei Gruppen von Grundrechten unterscheiden:

Kein absoluter Maßstab

- Grundrechte, deren Ausübung oder Aufgabe schwerwiegende Folgen haben können (Folgen rechtlicher oder tatsächlicher Art), und
- andere Grundrechte, bei denen solche Folgen zu den Ausnahmen gehören.

Nach der Rechtsprechung des BVerfG haben die Eltern die Pflicht, Jugendliche bei einer Ausübung von Grundrechten, die schwerwiegende Folgen haben kann, vor Schaden zu bewahren.

Grundrechte der ersten Gruppe sind vor allem das Grundrecht der körperlichen Unversehrtheit (Art. 2 Abs. 2 GG), der freien Berufswahl (Art. 12 Abs. 1 GG) und das Eigentum (Art. 14 Abs. 1 GG). Entscheidungen dieser Art können erhebliche Folgen nach sich ziehen und weit in die Zukunft hinein wirken. Wegen der möglichen Folgen dieser Entscheidungen müssen die Eltern kraft ihres Elternrechts darauf sehen, dass der Jugendliche die genannten Grundrechte nicht zu seinem Schaden gebraucht. Die Interessenabwägung zwischen Elternrecht und Minderjährigen-Grundrecht führt hier zu dem Ergebnis, dass das Grundrecht des Minderjährigen zugunsten des Elternrechts zurücktreten muss. Das kann natürlich nur dort gelten, wo dem Minderjährigen wirklich Schaden droht. Mit steigendem Lebensalter wird er die Folgen seiner Handlungen immer mehr übersehen können, sodass sich das Elternrecht immer weniger bestimmend äußern wird. Eine feste Altersgrenze lässt sich dafür nicht setzen. Bei einigen anderen Grundrechten wird man zur gegenteiligen Vermutung kommen: Meinungsäußerungen (Art. 5 Abs. 1 S. 1, 1. Halbsatz GG), Teilnahme an Versammlungen (Art. 8 GG), Geheimhaltung des Briefwechsels (Art. 10 GG) werden meist keine schwerwiegenden Folgen nach sich ziehen. In der Regel wird der Minderjährige bei der Ausübung von Grundrechten, deren Ausübung keine schwerwiegenden Folgen hat, des elterlichen Schutzes nicht bedürfen und deshalb insoweit grundrechtsmündig sein. Ausnahmen sind aber auch hier möglich, sobald im konkreten Einzelfall ein Schaden droht. So ergeben sich aus dem elterlichen Pflegerecht (Schutz vor Schadensersatzprozessen, vor Strafverfolgung und vor sonstigen Nachteilen) Beschränkungsmöglichkeiten etwa bei beleidigenden Meinungsäußerungen des Jugendlichen und bei der Teilnahme an jugendgefährdenden oder verfassungsfeindlichen Veranstaltungen.

Entscheidungen mit erheblichen Folgen

Elterlicher Schutz

Schutz der Kinder bei Grundrechtsverletzungen

Wenn die Eltern ihr pflichtgebundenes Elternrecht missbrauchen und die Ausübung der Grundrechte durch den Minderjährigen ohne Rücksicht auf das Kindeswohl beschränken und dabei sachlich nicht begründet ihre eigenen Interessen einseitig hervorheben, kann der Minderjährige zwar gegen seine Eltern rechtlich nicht unmittelbar vorgehen. Er hat aber die Möglichkeit, vom Staat Schutz zu verlangen. Das Familiengericht wird dann nach § 1666 BGB die dafür erforderlichen Maßnahmen treffen.

Zusammenfassung

> Jeder Mensch ist grundrechtsfähig. Eine an feste Altersstufen geknüpfte Grundrechtsmündigkeit kennt unser Grundgesetz nicht. Ob ein Minderjähriger selbst ein Grundrecht wahrnehmen kann, hängt von der Abwägung des Elternrechts gegen das einzelne Grundrecht des Minderjährigen ab. Dabei ist zu prüfen, ob die Ausübung des Grundrechts für den Minderjährigen schwerwiegende Folgen haben kann oder ob solche Folgen nur ausnahmsweise eintreten. Im ersten Fall muss das Grundrecht des Minderjährigen gegenüber dem Elternrecht zurücktreten. Sind solche Folgen aber nicht zu erwarten und verstößt die Beschränkung des Minderjährigen-Grundrechts erheblich gegen die Pflege- und Erziehungspflicht der Eltern, die sich am Wohl des Kindes und am Erziehungsziel der Mündigkeit zu orientieren haben, so muss das Familiengericht in die Rechte der Eltern eingreifen. Der Minderjährige hat darauf als Grundrechtsträger einen Anspruch.

Anhang

Zusammenstellung der rechtlichen Entwicklungsstufen

Zeitpunkt	*Entwicklungsstufe*	*Rechtsquelle*
Vollendung der Geburt	Beginn der Rechtsfähigkeit, auch der Grundrechtsfähigkeit	§ 1 BGB
Vollendung des 5. oder 6. Lebensjahres	Beginn der Schulpflicht	Schul- oder Schulpflichtgesetze der Länder
	Zulassung zu Filmveranstaltungen, die für solche Kinder freigegeben sind (Ende 20 Uhr)	§ 11 Abs. 3 Nr. 2 JuSchG
Vollendung des 7. Lebensjahres	Beschränkte Geschäftsfähigkeit	§§106–113 BGB
	Beginn der bedingten Schadenshaftung bei unerlaubten Handlungen (bedingte Deliktsfähigkeit)	§ 828 BGB
Vollendung des 10. Lebensjahres	Recht auf Anhörung bei Religionswechsel	§ 2 Abs. 3 RelKErzG
Vollendung des 13. Lebensjahres	Möglichkeit der Beschäftigung von Kindern über 13 Jahre mit leichten und für Kinder geeigneten Hilfeleistungen in der Landwirtschaft, beim Sport und Zeitungsaustragen	§ 5 Abs. 3 JArbSchG
Vollendung des 14. Lebensjahres	Bedingte Strafmündigkeit (Verantwortlichkeit)	§ 19 StGB, § 1 Abs. 2, § 3 JGG
	Zulassung zu Filmveranstaltungen, die für solche Jugendliche freigegeben sind (Ende 22 Uhr)	§ 11 Abs. 3 Nr. 3 JuSchG
	Recht auf Anhörung in einem Verfahren, das die elterliche Sorge betrifft	§ 159 Abs. 1 FamFG
	Eigenes Beschwerderecht bei allen die Person betreffenden Angelegenheiten	§ 60 Fam FG
	Widerspruchsrecht, wenn Eltern getrennt leben und ein Elternteil mit Zustimmung des anderen den Antrag stellt, ihm allein die elterliche Sorge zu übertragen	§ 1671 BGB

Zeitpunkt	*Entwicklungsstufe*	*Rechtsquelle*
	Abgrenzung zwischen Kindern und Jugendlichen im Jugendarbeitsschutz, sofern nicht Vollschulpflicht besteht	§ 2 JArbSchG
Vollendung des 15. Lebensjahres	Recht, Anträge auf Sozialleistungen zu stellen, diese zu verfolgen sowie entgegenzunehmen	§ 36 Abs. 1 SGB l
Vollendung des 16. Lebensjahres	Beginn der Eidesfähigkeit	§§ 393, 455 ZPO und § 60 Nr. 1 StPO
	Möglichkeit der Befreiung vom Erfordernis der Volljährigkeit für die Eheschließung	§ 1303 Abs. 2 BGB
	Mindestalter für die Erteilung der Fahrerlaubnis für die Klassen A1, M, S, L und T	§ 10 Abs. 1 Nr. 4 FeV
	Pflicht zum Besitz eines Personalausweises	§ 1 Gesetz über Personalausweise
	Zulassung zu Filmveranstaltungen, die für solche Jugendliche freigegeben sind (Ende 24 Uhr)	§ 11 Abs. 3 Nr. 4 JuSchG
	Bedingte Zulassung zu öffentlichen Tanzveranstaltungen bis 24 Uhr	§ 5 Abs. 1 JuSchG
	Ende des Verbots zum Aufenthalt in Gaststätten bis 24 Uhr	§ 4 Abs. 1 S. 2 JuSchG
	Ende des absoluten Verbots zur Verabfolgung von alkoholischen Getränken außer Branntwein	§ 9 Abs. 1 Nr. 2 JuSchG

Zeitpunkt	*Entwicklungsstufe*	*Rechtsquelle*
Vollendung des 18. Lebensjahres	Eintritt der Volljährigkeit	§ 2BGB
	Deliktsfähigkeit (volle Verantwortlichkeit für angerichteten Schaden)	§ 828 Abs. 2 BGB
	Unbedingte Strafmündigkeit (Verantwortlichkeit)	§ 1 i. V. m. § 3 JGG
	Aktives und passives Wahlrecht für den Betriebsrat	§ 7 BetrVG
	Aktives und passives Wahlrecht für den Bundestag	Art. 38 Abs. 2 GG
	Ende des Verbots, sich in Nachtbars oder Nachtclubs und vergleichbaren Vergnügungsbetrieben aufzuhalten	§ 4 Abs. 3 JuSchG
	Ende des Verbots, nach 24 Uhr an öffentlichen Tanzveranstaltungen teilzunehmen	§ 5 Abs. 1 JuSchG
	Ende des Verbots, an Filmveranstaltungen nach 24 Uhr teilzunehmen	§ 11 Abs. 1, 3 Nr. 4 JuSchG
	Ende des Verbots, nicht freigegebene Videokassetten und vergleichbare Bildträger zugänglich zu machen	§ 12 Abs. 1, 3 Nr. 1 JuSchG

Zeitpunkt	*Entwicklungsstufe*	*Rechtsquelle*
Vollendung des 18. Lebensjahres	Ende des Verbots, Spielhallen zu besuchen und an Glücks- und Bildschirm-Unterhaltungsspielen teilzunehmen	§ 6 JuSchG
	Ende des Verbots der Verabreichung und des Genusses von Branntwein	§ 9 Abs. 1 Nr. 1 JuSchG
	Aufhören des Schutzes gegen Gefahren an jugendgefährdenden Orten	§ 8 JuSchG
	Grundsätzlich Ende des Jugendarbeitsschutzes	§ 2 Abs. 2 JArbSchG
	Mindestalter für die Fahrerlaubnis für die Klassen A bei stufenweisem Zugang, B, BE, C, C1, CE und C1E	§10 Abs. 1 Nr. 3 FeV
	Ende des Schutzes gegen jugendgefährdende Trägermedien	§ 15 JuSchG

Kapitel 3

Das Eltern-Kind-Verhältnis

Das Grundgesetz bezeichnet die Pflege und Erziehung der Kinder als natürliches Recht der Eltern und die zuvörderst ihnen obliegende Pflicht. Worin die Pflichten und Rechte der Eltern im Einzelnen bestehen, ist durch Vorschriften des BGB geregelt. Für Erzieherinnen sind vor allem die Bestimmungen von Interesse, die sich mit der Pflicht und dem Recht der Eltern beschäftigen, ihre Kinder zu betreuen und zu erziehen; es ist nämlich ihre Aufgabe, dies anstelle der Eltern zu tun.

Familienrecht

Artikel 6 Abs. 2 GG schützt das Recht der Eltern, ihre Kinder selbst zu erziehen, und verpflichtet sie, dies auch zu tun. Die nähere Ausgestaltung des Rechtsverhältnisses zwischen Eltern und Kindern regelt das BGB in seinem vierten Buch, das »Familienrecht« überschrieben ist.

Das BGB trat am 1. Januar 1900 in Kraft. Manche seiner Bestimmungen mussten im Laufe der Zeit den geänderten Verhältnissen, der durch das Grundgesetz neu geschaffenen Verfassungssituation und unserem heutigen Grundrechtsverständnis angepasst werden. Das betrifft z. B. die Vorschriften zur elterlichen Sorge und zum Umgangsrecht mit den Kindern.

1. Das Wesen der elterlichen Sorge

Der wichtigste Begriff, den das BGB für das Rechtsverhältnis zwischen Eltern und Kind gebraucht, ist der Begriff der elterlichen Sorge.

> § 1626 BGB
> (1) Die Eltern haben die Pflicht und das Recht, für das minderjährige Kind zu sorgen (elterliche Sorge). Die elterliche Sorge umfasst die Sorge für die Person des Kindes (Personensorge) und das Vermögen des Kindes (Vermögenssorge).
> (2) Bei der Pflege und Erziehung berücksichtigen die Eltern die wachsende Fähigkeit und das wachsende Bedürfnis des Kindes zu selbstständigem verantwortungsbewusstem Handeln. Sie besprechen mit dem Kind, soweit es nach dessen Entwicklungsstand angezeigt ist, Fragen der elterlichen Sorge und streben Einvernehmen an.
> (3) Zum Wohl des Kindes gehört in der Regel der Umgang mit beiden Elternteilen. Gleiches gilt für den Umgang mit anderen Personen, zu denen das Kind Bindungen besitzt, wenn ihre Aufrechterhaltung für seine Entwicklung förderlich ist.

Elterliche Sorge anstatt elterliche Gewalt

Der Gesetzgeber hat den Ausdruck »elterliche Gewalt« in »elterliche Sorge« abgeändert, weil der Begriff Gewalt den ursprünglich einmal in ihm enthaltenen verpflichtenden und fürsorgenden Anteil verloren hat. Nach unserem Sprachverständnis entspricht elterliche Sorge besser dem heutigen Rechtszustand. Danach ist das Rechtsverhältnis zwischen Eltern und Kind ein dem Interesse des Kindes dienendes Schutzverhältnis. Elternrecht ist Elternverantwortung! Die Eltern haben ihre Rechte zum Wohl des Kindes, d. h. zum Nutzen seiner Entwicklung zur selbstständigen und eigenverantwortlichen Persönlichkeit auszuüben (§ 1627 BGB). Dazu gehört auch, dass sie ihm mit zuneh-

Mitspracherecht

mendem Alter in Angelegenheiten der elterlichen Sorge ein Mitspracherecht einräumen und ihm die Möglichkeit zu selbstständigem verantwortungsbewusstem Handeln geben (§ 1626 Abs. 2 BGB). Die Eltern sollen das Kind also an Entscheidungen teilnehmen lassen (z. B. in Fragen des Taschengeldes, der Berufswahl, der Wahl des Ausbildungsplatzes, des Umgangs mit Verwandten und Freunden, der Gestaltung der Freizeit).

§ 1618 a BGB verlangt aber auch, dass die Kinder auf die Interessen und Bedürfnisse der Eltern Rücksicht nehmen. Gegenseitige Rücksichtnahme

Halten sich Eltern und Kinder nicht an diese Verpflichtungen, wird das – mit Ausnahme der Fälle, in denen das Familiengericht wegen einer Gefährdung der Entwicklung des Kindes einschreiten muss (§ 1666 BGB) – keinen Eingriff in das Recht der elterlichen Sorge rechtfertigen.

Was dürfen nun die Eltern aufgrund ihrer elterlichen Sorge und was dürfen sie nicht? Wir wollen uns das am Beispiel eines Streits der Eltern über den Berufsweg ihrer Tochter klarmachen.

> Beispiel 1 (Aufgabe)
> Die Eltern der 17-jährigen Sabine sind sich darüber nicht einig, ob sie dem Wunsch ihrer Tochter nachkommen und sie die Fachschule für Sozialpädagogik besuchen lassen sollen. Sabines Vater meint, die mittlere Reife wäre genug Bildung für Mädchen. Er habe Sabine auf die Realschule geschickt, damit sie möglichst bald Geld verdiene.
> Die Mutter ist dagegen der Auffassung, Sabine habe durch ihre bisherigen Schulleistungen bewiesen, dass sie für ein Studium die notwendigen Voraussetzungen besitze. Außerdem seien die Berufsaussichten für Erzieherinnen eher günstig.

Was geschieht, wenn sich die Eltern nicht einigen? Bevor wir das beantworten können, müssen wir noch einige weitere Bestimmungen des BGB kennenlernen.

2. Inhaber der elterlichen Sorge

Die Bestimmungen des BGB zum Eltern-Kind-Verhältnis sind überschrieben mit »Elterliche Sorge«. Die bisherige Unterscheidung in elterliche Sorge für eheliche und nichteheliche Kinder ist aufgegeben worden. Das Gesetz spricht jetzt von der elterlichen Sorge für Kinder, deren Eltern miteinander verheiratet sind, und für Kinder, deren Eltern nicht miteinander verheiratet sind. Außerdem trifft es Regelungen zur elterlichen Sorge bei Trennung und Scheidung der Eltern.

Elterliche Sorge miteinander verheirateter Eltern

Gemeinsame elterliche Sorge

Verheiratete Eltern haben gemeinsam die Pflicht und das Recht, für ihr minderjähriges Kind zu sorgen (§ 1626 Abs. 1 S. 1 BGB). Sind die Eltern bei der Geburt des Kindes bereits verheiratet, haben sie die gemeinsame Sorge von Anfang an. Heiraten sie später, steht ihnen die elterliche Sorge erst ab dem Tag der Eheschließung zu (§ 1626 a Abs. 1 Nr. 2 BGB). Wenn ein Elternteil gestorben ist, steht gemäß § 1680 Abs. 1 BGB dem Überlebenden die elterliche Sorge allein zu.

Elterliche Sorge nicht miteinander verheirateter Eltern

Nicht miteindander verheiratete Eltern konnten bislang die gemeinsame elterliche

Sorge erlangen, wenn beide Elternteile öffentlich beurkundete Sorgeerklärungen zum Standesamt abgegeben haben (§§ 1626 a Abs. 1 Nr. 1, 1626 d Abs. 1 BGB). Andernfalls hatte nur die Mutter elterliche Sorge (§ 1626 a Abs. 2 BGB).

§ 1626 a Abs. 1 Nr. 1 verfassungswidrig

Das Bundesverfassungsgericht hat nun mit seiner Entscheidung vom 21. Juli 2010 § 1626 a Abs. 1 Nr. 1 BGB für verfassungswidrig erklärt und weiter entschieden, dass bis zum Inkrafttreten einer gesetzlichen Neuregelung das Familiengericht den Eltern auf Antrag eines Elternteils die elterliche Sorge oder einen Teil der elterlichen Sorge gemeinsam übertragen kann, soweit zu erwarten ist, dass die gemeinsame elterliche Sorge dem Kindeswohl entspricht. Ob der Gesetzgeber dieses »Antragsmodell« des Bundesverfassungsgerichts zum Gesetz macht oder dem Vater mit der Anerkenntnis der Vaterschaft das Sorgerecht zuspricht, sofern die Mutter dem nicht widerspricht (»Widerspruchsmodell«), wird derzeit noch diskutiert.

Im Fall des Widerspruchs der Mutter müsste auch hier das Familiengericht entscheiden, ob das gemeinsame Sorgerecht dem Wohl des Kindes entspricht. Nach der Entscheidung des Bundesverfassungsgerichts wäre auch das »Widerspruchsmodell« verfassungsmäßig.

Beistandschaft des Jugendamtes

Als allein Sorgeberechtigte kann die Mutter gemäß § 1712 BGB für ihr Kind die Beistandschaft des Jugendamtes zur Vaterschaftsfeststellung und zur Geltendmachung von Unterhaltsansprüchen beantragen.

Stirbt die Mutter, dann überträgt das Familiengericht dem Vater die elterliche Sorge, wenn dies dem Wohl des Kindes dient (§ 1680 Abs. 2 S. 2 BGB).

Elterliche Sorge bei Trennung und Scheidung der Eltern

Gemeinsame elterliche Sorge

Trennen sich die Eltern, denen die elterliche Sorge gemeinsam zusteht oder lassen sie sich scheiden, bleibt es über die Trennung und Scheidung hinaus bei der gemeinsamen elterlichen Sorge.

Alleinige elterliche Sorge nach Entscheidung des Familiengerichts

Jeder Elternteil kann aber beantragen, dass ihm das Familiengericht die elterliche Sorge oder einen Teil davon allein überträgt. Das Familiengericht muss dem Antrag entsprechen, wenn der andere Elternteil zustimmt und das betroffene Kind, sofern es bereits 14 Jahre alt ist, der Übertragung nicht widerspricht (§ 1671 Abs. 1 Nr. 1 BGB). Wenn der andere Elternteil nicht zustimmt oder das schon 14-jährige Kind widerspricht, dann darf das Familiengericht die elterliche Sorge auf den Antragsteller nur übertragen, wenn zu erwarten ist, dass die Aufhebung der gemeinsamen elterlichen Sorge und die Übertragung auf den Antragsteller dem Wohl des Kindes am besten entspricht (§ 1671 Abs. 1 Nr. 2 BGB).

Gemeinsames Konzept mit Hilfe des Jugendamtes

Das Jugendamt hat im Fall der Trennung oder Scheidung die Aufgabe, die Eltern und die Beteiligung des Kindes oder Jugendlichen bei der Entwicklung eines gemeinsamen Konzepts für die Wahrnehmung der elterlichen Sorge zu unterstützen (§17 Abs. 2 SGB VIII).

Kommen wir auf die Frage zurück, wer entscheidet, wenn sich Eltern, die beide sorgeberechtigt sind, nicht einig sind.

Die Eltern müssen die elterliche Sorge in gegenseitigem Einvernehmen ausüben; bei Meinungsverschiedenheiten müssen sie versuchen, sich zu einigen (§1627 BGB). Gelingt ihnen das nicht und handelt es sich um eine Angelegenheit, deren Regelung für das Kind von erheblicher Bedeutung ist, kann das Familiengericht angerufen werden (§ 1628 BGB).

Das Familiengericht darf aber nicht anstelle der Eltern entscheiden. Es kann zunächst nur den Standpunkt eines Elternteils gutheißen. Wenn die Uneinigkeit dann noch bestehen bleibt, muss es dem Elternteil, dessen Meinung es beitritt, die Entscheidung in der strittigen Angelegenheit übertragen. Die Entscheidung bleibt also letztlich in der Familie.

Anrufung eines Familiengerichts

Ausübung der elterlichen Sorge bei Getrenntleben

Leben die Eltern, die gemeinsam die elterliche Sorge haben, nicht zusammen, ist bei Entscheidungen, deren Regelung für das Kind von erheblicher Bedeutung ist, ihr gegenseitiges Einvernehmen erforderlich (§ 1687 Abs. 1 S. 1 BGB). In Angelegenheiten des täglichen Lebens und der tatsächlichen Betreuung entscheidet der Elternteil allein, bei dem das Kind lebt. Entscheidungen in Angelegenheiten des täglichen Lebens sind solche, die häufig vorkommen und die keine schwer abzuändernden Auswirkungen auf die Entwicklung des Kindes haben (§ 1687 Abs. 1 S. 2 bis 4 BGB).

Bagatellangelegenheiten

Beispiel 2

Angelegenheiten, deren Regelung für das Kind von erheblicher Bedeutung ist:
Schulwahl, Berufswahl, Fremdunterbringung eines Kindes in einer Pflegefamilie oder in einem Heim, aufschiebbare medizinische Behandlung;
Angelegenheiten des täglichen Lebens:
Regelung der Abholung eines Kindes vom Kindergarten, Einverständniserklärung für eine Klassenfahrt.
Bei Gefahr im Verzug (z. B. bei einem Unfall) ist jeder Elternteil berechtigt, alle Rechtshandlungen vorzunehmen, die zum Wohl des Kindes notwendig sind (§ 1687 Abs. 1 letzter Satz BGB i. V. mit § 1629 Abs. 1 S. 4 BGB).

3. Inhalt und Umfang der elterlichen Sorge

§ 1626 BGB

(1) Die Eltern haben die Pflicht und das Recht, für das minderjährige Kind zu sorgen (elterliche Sorge). Die elterliche Sorge umfasst die Sorge für die Person des Kindes (Personensorge) und das Vermögen des Kindes (Vermögenssorge).

Die elterliche Sorge besteht also in der Pflicht und in dem Recht, für die Person und für das Vermögen des Kindes zu sorgen. Das Gesetz spricht hier von der Personensorge und der Vermögenssorge der Eltern.

Personensorge
Vermögenssorge

Zur Personensorge gehört die Vertretung des Kindes in persönlichen Angelegenheiten, zur Vermögenssorge die Vertretung in Vermögensangelegenheiten (§ 1629 Abs. 1 BGB).

- Die direkte Beziehung zwischen den Eltern und den Kindern wird tatsächliche Personensorge genannt,

Tatsächliche Personensorge

Gesetzliche Vertretung

- die Vertretung des Kindes in persönlichen Angelegenheiten und in Vermögensangelegenheiten gegenüber Außenstehenden – das Gesetz sagt »Dritten« – heißt gesetzliche Vertretung.

Beispiele für die tatsächliche Personensorge sind: Pflege, Betreuung, Erziehung, Aufsicht, Aufenthaltsbestimmung, Bestimmung des Umgangs (§§ 1631,1632 BGB).
Beispiele für die gesetzliche Vertretung in persönlichen Angelegenheiten sind: Abschluss eines Ausbildungsvertrages; Einwilligung zu einer Operation.
Weniger üblich ist es, von der tatsächlichen Vermögenssorge zu sprechen, weil die Vermögenssorge meist eine Vertretungshandlung erfordert.
Beispiele für die gesetzliche Vertretung in Vermögensangelegenheiten: Abschluss eines Sparvertrages für das Kind; Abschluss eines Mietvertrages für ein dem Kind gehörendes Haus.

Vermögensverwaltung

Alles, was in Geld ausdrückbaren Wert hat, ist Vermögen. Unter Vermögenssorge ist Vermögensverwaltung zu verstehen, d. h., alle Handlungen haben der Erhaltung und Vermehrung – nicht dem Verbrauch! – des Kindesvermögens zu dienen. Das gilt auch für einen eventuellen Arbeitsverdienst des Kindes.

Teilzusammenfassung

Die Betreuung und Erziehung der Kinder sind nach unserem Grundgesetz das Recht und die Pflicht der Eltern. Das BGB bestimmt in § 1626 Abs. 1, dass die Eltern für ihr minderjähriges Kind gemeinsam die elterliche Sorge haben. Das gilt auch, wenn sie nicht verheiratet sind, aber Sorgeerklärungen abgegeben haben; andernfalls hat die Mutter die elterliche Sorge. Die gemeinsame elterliche Sorge dauert auch bei Trennung und Scheidung der Eltern fort, wenn das Familiengericht diese oder Teile davon nicht einem Elternteil allein übertragen hat. In Bagatellangelegenheiten und bei Gefahr im Verzuge entscheidet der Elternteil, bei dem das Kind lebt. Die elterliche Sorge ist ein den Interessen und dem Wohl des Kindes dienendes Schutzverhältnis. Sie beinhaltet die Personensorge und die Vermögenssorge sowie die gesetzliche Vertretung in beiden Angelegenheiten.

4. Der Umfang der Personensorge

Wir wollen uns nun der Personensorge, welche die tatsächliche Personensorge und die gesetzliche Vertretung in persönlichen Angelegenheiten einschließt, näher zuwenden. Das Gesetz versteht unter tatsächlicher Personensorge vor allem:

> § 1631 BGB
> (1) Die Personensorge umfasst insbesondere die Pflicht und das Recht, das Kind zu pflegen, zu erziehen, zu beaufsichtigen und seinen Aufenthalt zu bestimmen.

Erziehung

Gesetzliches Leitbild

Der Gesetzgeber überlässt die Definition des Begriffes Erziehung den Erziehungswissenschaften. Er sagt auch nicht, wie Eltern ihre Kinder erziehen sollen. Als gesetzliches Leitbild will er jedoch verstanden wissen, dass Eltern bei der Pflege und Erziehung die wachsende Fähigkeit und das wachsende Bedürfnis des Kindes zu selbstständigem verantwortungsbewusstem Handeln berücksichtigen und dass sie Fragen der elterlichen Sorge mit dem Kind besprechen und eine Einigung anstreben (§ 1626 Abs. 2 BGB).

Er schreibt damit letztlich den Eltern demokratische Verhaltensweisen gegenüber ihren Kindern vor.
Als unzulässig bezeichnet das Gesetz ausdrücklich körperliche Bestrafungen, seelische Verletzungen und andere entwürdigende Maßnahmen (§ 1631 Abs. 2 BGB).

Körperliche Bestrafungen unzulässig

Ausbildung und Beruf

§ 1631 a BGB hebt als besonders wichtig hervor, dass die Eltern bei der Ausbildungs- und Berufswahl auf die Eignung und Neigung des Kindes Rücksicht nehmen müssen. Tun sie das nicht und ist zu befürchten, dass dadurch die Entwicklung des Kindes nachhaltig und schwer beeinträchtigt wird, hat das Familiengericht gemäß § 1666 BGB (s. Abschnitt 7 unten) die erforderlichen Maßnahmen zu treffen. Es kann dann z. B. entscheiden, dass die Eltern nicht das Recht haben, das Kind in einen bestimmten Beruf zu drängen, für den es weder geeignet ist noch Neigung verspürt. Oder es kann die erforderliche Unterschrift der Eltern oder eines Elternteils bei einem Ausbildungsvertrag ersetzen. In jedem Fall soll im Zweifel der Rat eines Lehrers oder einer anderen geeigneten Person eingeholt werden.

Rücksicht auf Eignung und Neigung

Beaufsichtigung

Die Beaufsichtigung des Kindes umfasst zweierlei:

Schutz des Kindes und anderer vor dem Kind

- Das Kind vor Schaden zu bewahren und
- andere, Dritte, vor Schädigungen durch das Kind zu schützen.

Zur Aufsichtspflicht gehören auch das Überwachen des Schulbesuchs, das Beachten der dem Wohl des Kindes dienenden gesetzlichen Bestimmungen, z. B. des Jugendschutzgesetzes.

Aufenthaltsbestimmung

Das Recht, den Aufenthalt des Kindes zu bestimmen, bedeutet, dass Eltern über den Ort des tatsächlichen Aufenthalts des Kindes befinden, wo es wohnt. Die Eltern dürfen das Kind z. B. bei Verwandten, in einem Kinderheim, einem Internat usw. unterbringen. Umgekehrt können sie ein ausgerissenes Kind nach Hause zurückholen und dazu notfalls vom Jugendamt oder der Polizei Unterstützung verlangen.

Tatsächlicher Aufenthalt

Herausgabe des Kindes

Nach § 1632 Abs. 1 BGB umfasst die Personensorge der Eltern auch das Recht, die Herausgabe des Kindes von jedem zu verlangen, der es ihnen ohne Recht vorenthält.

Anspruch auf Herausgabe

Wenn ein Kind aber längere Zeit bei Pflegeeltern gelebt hat und die Herausnahme des Kindes aus der Pflegefamilie die Entwicklung des Kindes gefährden würde, kann das Familiengericht anordnen, dass das Kind in der Pflegefamilie verbleibt (§ 1632 Abs. 4 BGB).

Verbleib in der Pflegefamilie

Umgangsbestimmung

Aufgrund ihres Personensorgerechts können die Eltern auch bestimmen, mit welchen Personen und in welchem Umfang das Kind Umgang hat (§ 1632 Abs. 2 BGB). Sie müssen dabei aber die wachsende Fähigkeit und das wachsende Bedürfnis des Kindes zu selbstständigem und verantwortungsbewusstem Handeln achten. Die absoluten Grenzen des Bestimmungsrechts liegen dort, wo dadurch das körperliche, geistige oder seelische Wohl, also die Entwicklung des Kindes, gefährdet würde (§ 1666 BGB, s. 6. Abschnitt).

Entscheidung über den Berufsweg

Jetzt haben wir genügend Kenntnisse, um den Fall zu untersuchen, der in Beispiel 1 dargestellt wurde, und die Frage zu beantworten, was geschieht, wenn sich die Eltern über den Berufsweg ihres Kindes nicht einigen können.

> Beispiel 1 (Lösung)
>
> Sabines Eltern haben gemeinsam die elterliche Sorge für ihre Tochter. Die elterliche Sorge umfasst die Personensorge (§ 1626 Abs. 1 BGB), die auch die Entscheidung über die Ausbildung und den Beruf einschließt (§ 1631 Abs. 1 BGB). Die Entscheidung über die Berufsausbildung darf wegen ihrer Bedeutung für Sabines Zukunft nicht aufgeschoben werden. Wenn eine Einigung der Eltern, zu der sie nach § 1627 BGB verpflichtet sind, nicht gelingt, können der Vater oder die Mutter oder beide das Familiengericht anrufen (§ 1628 BGB).
> Das Familiengericht soll vor einer Entscheidung darauf hinwirken, dass sich die Eltern auf eine dem Wohl des Kindes entsprechende Regelung einigen. Kommt keine Einigung zustande, wird das Familiengericht den Standpunkt der Mutter unterstützen und ihr das alleinige Entscheidungsrecht in dieser Angelegenheit einräumen, da sie auf die Eignung und Neigung ihrer Tochter für den angestrebten Beruf mehr Rücksicht nimmt. Sabine hat durch ihre bisherigen schulischen Leistungen gezeigt, dass sie die angestrebte Ausbildung schaffen kann. Der Vater hingegen ist nur daran interessiert, dass Sabine möglichst bald ihren Unterhalt selbst verdient und ihm nicht länger auf der Tasche liegt.

5. Das Umgangsrecht

In § 1626 Abs. 3 BGB ist festgestellt, dass der Umgang (Kontakt) des Kindes mit beiden Eltern und anderen wichtigen Personen zum Wohl des Kindes gehört.

Recht des Kindes

§ 1684 Abs. 1 BGB geht einen entscheidenden Schritt weiter und sagt, dass das Kind ein Recht auf Umgang mit seinen Eltern hat. Mit diesem Recht korrespondieren die Pflicht und das Recht jedes Elternteils auf Umgang mit dem Kind, unabhängig davon, ob ihm die elterliche Sorge zusteht (z. B. nach einer Scheidung).

Pflicht und Recht der Eltern

Auch Großeltern, Geschwister, Stiefeltern, frühere Stiefeltern sowie frühere Pflegeeltern haben ein Umgangsrecht (§ 1685 BGB).

Umgangsrecht anderer Bezugspersonen

Beide Eltern sind verpflichtet, alles zu unterlassen, was das Verhältnis des Kindes zum anderen beeinträchtigt oder die Erziehung erschwert. Das gilt auch für die anderen Umgangsberechtigten (§§ 1684 Abs. 2, 1685 Abs. 3 BGB). Auch sie dürfen sich nicht zwischen das Kind und dessen Eltern stellen.

Beschränkung des Umgangs

Falls Streit darüber herrscht, wie der persönliche Umgang gehandhabt werden soll, muss das Familiengericht nähere Regelungen über den Besuch und den Briefverkehr treffen. Wenn es zum Wohl des Kindes erforderlich ist, kann das Umgangsrecht auch eingeschränkt oder ganz ausgeschlossen werden (§ 1684 Abs. 3 und 4, § 1685 Abs. 3 BGB).

Sowohl der Minderjährige als auch die Umgangsberechtigten haben gemäß § 18 Abs. 3 SGB VIII Anspruch auf Beratung und Unterstützung bei der Ausübung des Umgangsrechts durch das Jugendamt.

Beratung und Unterstützung des Jugendamtes

6. Ruhen und Beendigung der elterlichen Sorge

Die elterliche Sorge des Elternteils, der nicht voll geschäftsfähig ist, also geschäftsunfähig oder beschränkt geschäftsfähig ist (§§ 104, 106 BGB), ruht, d. h., dieser Elternteil ist nicht berechtigt, sie auszuüben (§§ 1673, 1675 BGB). Lediglich die tatsächliche Personensorge erhält oder behält er, falls seine elterliche Sorge nur wegen beschränkter Geschäftsfähigkeit ruht.

Rechtliches Hindernis

Vormundschaft und Pflegschaft

Für den Fall, dass Minderjährige keine Eltern mehr haben oder Eltern zwar vorhanden sind, aber die elterliche Sorge nicht ausüben dürfen, hat der Staat in der Vormundschaft und Pflegschaft Ersatzeinrichtungen geschaffen. Der Unterschied zwischen Vormundschaft und Pflegschaft ist folgender:

- Die Vormundschaft kann alle Rechte und Pflichten umschließen, die bei den Eltern zur elterlichen Sorge gehören. — Vormundschaft
- Die Pflegschaft erstreckt sich immer nur auf einzelne Rechte und Pflichten. — Pflegeschaft

Der Vormund steht also anstelle der Eltern, während der Pfleger neben den Eltern oder dem Vormund nur für bestimmte Aufgaben, z. B. die Aufenthaltsbestimmung des Kindes, zuständig ist.

Ruhen der elterlichen Sorge bei tatsächlichem Hindernis

Die elterliche Sorge kann auch ruhen, weil ein Elternteil tatsächlich für längere Zeit verhindert ist, sie auszuüben, etwa wegen Krankheit oder Strafhaft (§ 1674 BGB). Dass die elterliche Sorge des betreffenden Elternteils ruht, muss vom Familiengericht ausdrücklich festgestellt werden. Elternteile, deren elterliche Sorge ruht, sind dann aber auch nicht mehr berechtigt, sie auszuüben, z. B. wenn sie wieder gesund oder wenn sie aus der Haftanstalt entlassen sind. Das Familiengericht muss förmlich feststellen, dass der Grund des Ruhens nicht mehr besteht. Erst dann lebt die elterliche Sorge wieder auf.

Familiengericht muss feststellen

Ende der elterlichen Sorge

Die elterliche Sorge eines Elternteils endet normalerweise:

Tod, Volljährigkeit

- durch den Tod des Elternteils,
- durch den Tod des Kindes,
- mit der Volljährigkeit des Kindes.

Adoption

Schließlich endet die elterliche Sorge für die leiblichen Eltern auch, wenn jemand ihr Kind adoptiert, d. h. ein Eltern-Kind-Verhältnis zu Adoptiveltern hergestellt wird.

Mündigkeit

Endet die elterliche Sorge wegen der Volljährigkeit des Kindes, so ist das Kind mündig.

Heirat macht nicht mündig

Wenn ein minderjähriges Mädchen oder ein minderjähriger Mann heiratet, erlischt die tatsächliche Personensorge der Eltern des Minderjährigen. Dieses Recht lebt auch nicht wieder auf, falls die Ehe aufgelöst wird. Die gesetzliche Vertretung in persönlichen Angelegenheiten und die Vermögenssorge bleiben aber den Eltern des verheirateten minderjährigen Kindes erhalten, bis es volljährig ist (§ 1633 BGB).

Teilzusammenfassung

Die Personensorge umfasst neben der Pflege und der Betreuung des Kindes vor allem die Erziehung, Beaufsichtigung und Aufenthaltsbestimmung. Ein Elternteil, dem die Personensorge nicht mehr zusteht, bleibt verpflichtet und berechtigt, mit dem Kind persönlichen und brieflichen Kontakt zu haben. Auch nahe Bezugspersonen haben ein Umgangsrecht. Ist ein Elternteil tatsächlich verhindert, die elterliche Sorge auszuüben, kann das Familiengericht feststellen, dass die elterliche Sorge dieses Elternteils ruht. Der geschäftsunfähige oder beschränkt geschäftsfähige Elternteil ist nicht berechtigt, die elterliche Sorge auszuüben. Dem beschränkt Geschäftsfähigen verbleibt lediglich die tatsächliche Personensorge. Abgesehen vom Tod des Kindes oder der Eltern, endet die elterliche Sorge, wenn das Kind volljährig wird. Heiratet ein minderjähriges Mädchen oder ein minderjähriger Mann, so erlischt lediglich die tatsächliche Personensorge.

7. Familiengerichtliche Maßnahmen bei Gefährdung des Kindeswohls

Wir haben zu Anfang dieses Kapitels festgestellt, dass die elterliche Sorge kein uneingeschränktes Herrschaftsrecht der Eltern ist, sondern sich am Wohl des Kindes zu orientieren hat. Gefährden die Eltern das körperliche, geistige oder seelische Wohl des Kindes oder sein Vermögen und sind sie nicht gewillt oder in der Lage, die Gefahr von ihrem Kinde abzuwenden, so hat das Familiengericht gemäß § 1666 Abs. 1 BGB die Maßnahmen zu treffen, die zur Abwendung der Gefahr erforderlich sind. Unter Kindeswohlgefährdung verstehen Lehre und Rechtsprechung ein Handeln oder Unterlassen, das mit hoher Wahrscheinlichkeit zu erheblichen körperlichen, geistigen oder seelischen Beeinträchtigungen der Persönlichkeitsentwicklung des Kindes oder Jugendlichen führt. Anhaltspunkte für eine solche Gefährdung können sein: Vernachlässigung (mangelnde Ernährung, unzureichende Gesundheitsfürsorge), Misshandlung, sexueller Missbrauch, Konflikte der Eltern mit erheblicher Auswirkung auf das Kind. Als familiengerichtliche Maßnahmen führt § 1666 Abs. 3 BGB je nach Art und Grad der Gefährdung z. B. auf, dass Eltern aufgefordert werden können, Leistungen der Kinder- und Jugendhilfe (s. Kapitel 9) und der Gesundheitsfürsorge in Anspruch zu nehmen und für die Einhaltung der Schulpflicht zu sorgen. Eltern kann auch der Kontakt zum Kind verboten werden. Letztlich kann die teilweise oder vollständige Entziehung der elterlichen Sorge angeordnet werden.

Die gesamte Personensorge darf das Familiengericht jedoch nur entziehen, wenn andere Maßnahmen erfolglos geblieben sind oder wenn anzunehmen ist, dass sie zur Abwendung der Gefahr nicht ausreichen (§ 1666 a Abs. 2 BGB). Auch eine Trennung des Kindes von der Familie ist nur dann zulässig, wenn der Gefahr für die Entwicklung des Kindes nicht auf andere Weise, auch nicht durch wirtschaftliche Hilfen oder Leistungen der Jugendhilfe begegnet werden kann (§ 1666 a Abs. 1 BGB).

Entzug der Personensorge

Trennung von der Familie

Das Eingreifen des Familiengerichts kann von einem Elternteil, vom Jugendamt, vom Kinde selbst oder von jedem Dritten veranlasst werden.

8. Abgeleitetes Recht des Erziehers

- Die elterliche Sorge ist als natürliches Recht der Eltern an deren Person gebunden. Die Eltern können darauf nicht verzichten.

Erzieherin übt tatsächliche Personensorge aus

Die Eltern sind nicht gehalten, ihre mit der elterlichen Sorge verbundenen Rechte und Pflichten persönlich zu erfüllen. Sie können ihre Befugnisse und Pflichten ganz oder teilweise auf andere Personen, wie z. B. Verwandte, Pflegeeltern, einen Heimoder Internatsleiter oder eine Kindergartenleiterin übertragen. Meist wird das nur für die tatsächliche Personensorge mit Ausnahme der Aufenthaltsbestimmung infrage kommen. Am weitesten geht diese Übertragung, wenn ein Kind zu einer Pflegefamilie oder in ein Heim gegeben wird. In diesem Fall überlassen die Eltern den Pflegeeltern oder dem Heim die Erziehung, die Aufsichtspflicht und Umgangsbestimmung nahezu im vollen Umfang. Weniger weit reicht die Übertragung, wenn ein Kind den Kindergarten besucht.

Übertragung der Ausübung

Dauer und Umfang der Übertragung

- Erzieherinnen in Kindertageseinrichtungen und Heimerzieher haben also kein eigenes Erziehungsrecht, sondern die Ausübung des Erziehungsrechts wird ihnen von den Eltern oder den Trägern der Einrichtungen übertragen.

Wie lange und in welchem Umfang Erzieher anstelle der Eltern oder des Vormunds die tatsächliche Personensorge ausüben, hängt davon ab, welche Vereinbarung mit den Eltern bzw. dem Vormund getroffen wurde. Ist das nicht ausdrücklich (schriftlich oder mündlich) geschehen, so ergibt sich das (stillschweigend) daraus, welche Befugnis und Pflichten üblicherweise mit der Überlassung eines Kindes verbunden sind.

Pflegeperson und Heim dürfen Eltern vertreten

Wenn ein Minderjähriger für längere Zeit bei einer Pflegeperson (Familienpflege) lebt, ist die Pflegeperson berechtigt, in Angelegenheiten des täglichen Lebens (zum Begriff s. Abschnitt 2, letzter Absatz) zu entscheiden und den Inhaber der elterlichen Sorge diesbezüglich zu vertreten. Sie ist auch befugt, den Arbeitsverdienst des Minderjährigen zu verwalten sowie Unterhalts-, Versicherungs-, Versorgungs- und sonstige Sozialleistungen (z. B. Krankenversicherungsleistungen) geltend zu machen und zu verwalten (§ 1688 Abs. 1 BGB). Das Gleiche gilt gemäß § 1688 Abs. 2 BGB für Personen, die im Rahmen der Hilfe zur Erziehung gemäß §§ 34,

35, 35 a Abs. 1 Satz 2 Nr. 3 und 4 SGB VIII einen Minderjährigen erzieherisch betreuen (vor allem Heimerzieher).

Diese Berechtigungen und Befugnisse gelten nicht, wenn die Inhaber der elterlichen Sorge etwas anderes erklären. Auch das Familiengericht kann Einschränkungen beschließen, falls dies zum Wohl des Minderjährigen erforderlich ist (§ 1688 Abs. 3 BGB).

Zusammenfassung

Vater und Mutter haben gemeinsam die elterliche Sorge für ihr minderjähriges Kind, sofern sie miteinander verheiratet sind oder ihnen das Familiengericht auf Antrag eines Elternteils die gemeinsame elterliche Sorge übertragen hat, sonst die Mutter. Auch für den Fall, dass sie sich trennen oder scheiden lassen, behalten sie gemeinsam solange die elterliche Sorge, bis das Familiengericht auf Antrag eines Elternteils ihm die Alleinsorge zuweist.

Die elterliche Sorge ist ein Fürsorgeverhältnis, das dem Wohl des Kindes dient. Sie umfasst die Personensorge, die Vermögenssorge und die gesetzliche Vertretung.

Die elterliche Sorge kann vom Familiengericht eingeschränkt oder ganz entzogen werden, falls dies zum Schutz der Entwicklung oder des Vermögens des Kindes erforderlich ist.

Das Recht zum persönlichen Umgang mit dem Kind hat grundsätzlich auch der Elternteil, dem die Personensorge nicht zusteht. Nahe Bezugspersonen haben in der Regel ebenfalls ein Umgangsrecht. Die Ausübung der mit der elterlichen Sorge verbundenen Rechte und Pflichten kann ganz oder teilweise auf andere Personen, z. B. Erzieher, übertragen werden. Erzieher haben also kein eigenes Erziehungsrecht, sondern nur ein vom Inhaber der elterlichen Sorge zur Ausübung übertragenes Recht. Pflegeeltern und Heimerzieherinnen sind sogar berechtigt, in Angelegenheiten des täglichen Lebens für den Minderjährigen zu entscheiden und die Eltern diesbezüglich zu vertreten.

Kapitel 4

Konflikte zwischen Eltern und Kindern

Die elterliche Sorge ist kein uneingeschränktes Bestimmungsrecht der Eltern über ihre Kinder. Sie findet ihre Grenzen in den verfassungsmäßigen Rechten der Kinder und in der erzieherischen Verantwortung der Eltern. Aber wo liegen diese Grenzen? Was dürfen die Eltern und die von ihnen beauftragten Erzieher, was dürfen sie nicht? Das wird in diesem Kapitel anhand von Konfliktfällen zwischen Minderjährigen einerseits und Eltern und Erziehern andererseits besprochen.

In den Kapiteln 2 und 3 wurden die verfassungsrechtliche Stellung des Minderjährigen und sein Rechtsverhältnis zu den Eltern behandelt. Die Erkenntnisse, die wir dabei gewonnen haben, sollen nun auf Einzelfälle von Konflikten zwischen Eltern oder den von ihnen beauftragten Erzieherinnen und Minderjährigen angewandt werden.

1. Leitsätze für die Behandlung von Konflikten zwischen Eltern und Kindern

- Der junge Mensch ist ein Wesen mit eigener Menschenwürde. Er hat ein Recht auf die Entfaltung seiner Persönlichkeit. Seine von den Grundrechten gewährleistete Handlungsfreiheit ist aber durch das verfassungsmäßige Elternrecht eingeschränkt. Grundrechte

- Im privaten Bereich – zwischen Eltern und Kindern – entfalten die Grundrechte des Minderjährigen ihre Wirkung nur insofern, als sie ihren Niederschlag in der übrigen Rechtsordnung, z. B. im Strafrecht, gefunden haben. Außerdem sind die in den Grundrechten zum Ausdruck kommenden Wertentscheidungen bei der Auslegung privatrechtlicher Normen und hier besonders bei der Auslegung der Generalklauseln, wie »Sittenwidrigkeit« oder »Treu und Glauben«, und unbestimmter Rechtsbegriffe, wie z. B. »Wohl des Kindes«, zu beachten. Generalklauseln

- Überschreiten die Eltern die Grenzen der elterlichen Sorge, können strafrechtliche Folgen eintreten. Ferner schützt § 1666 BGB den Minderjährigen, wenn die Eltern sein körperliches, geistiges oder seelisches Wohl gefährden, indem sie z. B. ohne Grund und Anlass in die grundrechtlich gewährte Selbstbestimmung und Handlungsfreiheit des Minderjährigen eingreifen.

- Wenn die Kinder ihre Grundrechte auch nicht unmittelbar gegen ihre Eltern geltend machen können, so setzen die in den Grundrechten zum Ausdruck kommenden Wertentscheidungen doch Maßstäbe, an denen der Gebrauch der elterlichen Sorge gemessen werden kann. Wertmaßstäbe
  Orientierung und Maßstab ist auch die UN-Konvention über die Rechte des Kindes (s. Kap. 2 Abs 5)

2. Einzelne Konfliktfälle

Sanktionen

Die Ausübung des Elternrechts muss dem Wohl des Kindes dienen. Gesetzliche Folgen, Sanktionen, können sich für die Eltern aber nur ergeben, wenn die einzelne elterliche Entscheidung erheblich gegen das Wohl des Kindes verstößt.
Wir wollen uns nun den Fragen zuwenden, die wir im Kapitel 2, Abschnitt 1 aufgeworfen haben, d. h., es geht um die Grenzen zwischen erlaubter und nicht mehr zulässiger Ausübung der elterlichen Sorge. Diese Grenzen sind in § 1666 BGB aufgezeigt.

> § 1666 Abs. 1 BGB
> (1) Wird das körperliche, geistige oder seelische Wohl des Kindes oder sein Vermögen gefährdet und sind die Eltern nicht gewillt oder nicht in der Lage, die Gefahr abzuwenden, so hat das Familiengericht die Maßnahmen zu treffen, die zur Abwendung der Gefahr erforderlich sind.

Normen

Die Einschränkung oder der Entzug der elterlichen Sorge ist eine einschneidende Maßnahme. Deshalb ist vielfach der Wunsch aufgetaucht, Begriffe wie z. B. Gefährdung des Wohls des Kindes sollten vom Gesetzgeber konkretisiert werden. Gerade das aber ist nicht möglich. Die Vielfalt der Lebensumstände lässt sich nicht in generelle Normen pressen, die zugleich der Eigenart jedes Einzelfalls voll entsprächen. Das wird auch deutlich, wenn wir jetzt die einzelnen Fragen beantworten.

Kann ein Minderjähriger seine Kleidung und Frisur selbst bestimmen?

Kleidung

Die Eltern oder auch andere von ihnen für längere Zeit mit der Betreuung und Erziehung beauftragte Personen haben grundsätzlich das Recht und die Pflicht, sich um Kleidung und Frisur des Kindes zu kümmern (§ 1631 Abs. 1 BGB). Sie müssen dafür sorgen, dass sich das Kind entsprechend der Jahreszeit anzieht.

Geschmacksfrage

Keine Entscheidung von Tragweite

Sofern die Kleidung oder die Haartracht aber lediglich dem Geschmack der Eltern nicht entspricht, der Jugendliche bereits der Pubertät entwachsen ist und man auch nicht befürchten muss, dass er dadurch Nachteile, z. B. in seinem Beruf oder in der Schule erfährt, wird die elterliche Einflussnahme rechtlich nicht mehr abgestützt sein. Es handelt sich dabei auch nicht um eine Entscheidung von großer Tragweite, sodass es gerechtfertigt wäre, hier das elterliche Bestimmungsrecht über das Recht des Jugendlichen auf Entfaltung seiner Persönlichkeit zu stellen. Wenn Eltern den Jugendlichen in dieser Hinsicht allzu sehr gängeln, wird eine Beschränkung des elterlichen Bestimmungsrechts durch das Familiengericht dennoch nicht infrage kommen, weil durch die Einflussnahme auf Kleidung und Haartracht das Wohl des Jugendlichen nicht dadurch gefährdet wird. Eine solche Einflussnahme wäre kein grober Verstoß gegen die elterlichen Pflichten, der einen staatlichen Eingriff rechtfertigte.

Die Einflussnahme der Mutter auf die Höhe des Rocksaumes bei ihrer der Pubertät entwachsenen Tochter gefährdet nicht das Wohl der Tochter.

Dürfen die Eltern ihr Kind körperlich bestrafen?

Bis in die jüngere Zeit herauf war es gewohnheitsrechtlich anerkannt, dass Eltern das Recht haben, ihre Kinder auch körperlich zu züchtigen, vorausgesetzt, dass ein begründeter Anlass dafür bestand, die Bestrafung maßvoll war und zu Erziehungszwecken geschah.

Mit der Änderung des BGB vom 6. Juli 2000 ist damit Schluss. Wörtlich lautet die entsprechende Bestimmung:

> § 1631 Abs. 2 BGB
> Kinder haben ein Recht auf gewaltfreie Erziehung. Körperliche Bestrafungen, seelische Verletzungen und andere entwürdigende Maßnahmen sind unzulässig.

Gewaltverbot in der Erziehung

Der Gesetzgeber folgt mit dem Gewaltverbot in der Erziehung humanwissenschaftlichen Erkenntnissen, dass derartige Erziehungsmethoden die gesunde körperliche, seelische und geistige Entwicklung eines Kindes schädigen, dass sie häufig Angst, Mutlosigkeit und Verstörtheit hervorrufen, zu Verlogenheit führen und nicht selten die Bildung von Neurosen und Perversionen bewirken. Untersuchungen belegen auch einen eindeutigen Zusammenhang zwischen in der Familie erlittener Gewalt und vom Jugendlichen ausgeübter Gewalt.

Folgen der Missachtung des Gewaltverbots

Das Gesetz will in erster Linie eine Bewusstseins- und Verhaltensänderung bei den Erwachsenen bewirken. Eltern, die ihr Kind – aus welchem Grund und aus welchem Anlass auch immer – schlagen, sollen ihr Tun nicht mehr rechtfertigen können. Sie sollen aber auch nicht in ihren Schwierigkeiten und in ihrer Hilflosigkeit alleingelassen werden.

Hilfsangebot der Jugendhilfe

- § 16 SGB VIII verpflichtet die Jugendhilfe, Angebote zu machen, die „Wege aufzeigen, wie Konfliktsituationen in der Familie gewaltfrei gelöst werden können".

Hilfsangebote dieser Art schließen natürlich im schlimmeren Fall Sanktionen gegen die Eltern nicht aus. Als solche kommen in Frage:

Sanktionen

- Strafe wegen Körperverletzung nach §§ 223 ff. StGB (s. dazu Kapitel 11, Abschnitt 3).
- Einschränkung oder Entzug der Personensorge oder Herausnahme des Kindes aus der Familie gemäß §§ 1666, 1666 a BGB. Da solche Maßnahmen eine Gefährdung des Kindeswohls voraussetzen, müssen vereinzelt bleibende Verstöße gegen das Gewaltverbot nicht notwendigerweise Sanktionen dieser Art zur Folge haben.

Die Verbote im Einzelnen

Körperliche Bestrafung

Unter körperlichen Bestrafungen versteht das Gesetz vor allem Prügel, sonstige Schläge, Einsperren u. a., aber auch festes oder die eigenen Körperbewegungen des Kindes längere Zeit behinderndes Zupacken. § 1631 Abs. 2 BGB verbietet auch die Delegation körperlicher Bestrafungen an Lehrer und Erzieher.

Seelische Verletzung

Seelische Verletzungen werden vor allem durch Äußerungen der Nichtachtung und Verachtung verursacht. Das Kind wird von den Eltern abwertend behandelt, psychisch unter Druck gesetzt, geängstigt, verängstigt, überfordert oder zurückgewiesen. In familiengerichtlichen Verfahren ist diese Form der Bestrafung besonders schwer nachzuweisen.

Entwürdigende Maßnahmen

Entwürdigende Maßnahmen sind in der Regel die bereits eben genannten Strafformen. Das Gesetz meint wohl ergänzend seelische Maßnahmen, die das Kind dem Gespött oder der Verachtung anderer Menschen, insbesondere Freunde und Klassenkameraden aussetzen oder die Selbstachtung und das Selbstwertgefühl in besonderem Maße und besonders nachhaltig beeinträchtigen.

Züchtigungsverbote auch für Ausbildende, Lehrer und Erzieher

Ein gesetzliches Züchtigungsverbot kennt auch das Jugendarbeitsschutzgesetz.

> § 31 JArbSchG
> (1) Wer Jugendliche beschäftigt oder im Rahmen eines Rechtsverhältnisses im Sinne des § 1 beaufsichtigt, anweist oder ausbildet, darf sie nicht körperlich züchtigen.
> (2) Wer Jugendliche beschäftigt, muss sie vor körperlicher Züchtigung und Misshandlung und vor sittlicher Gefährdung durch andere bei ihm Beschäftigte und durch Mitglieder seines Haushalts an der Arbeitsstätte und in seinem Haus schützen. Er darf Jugendlichen unter 16 Jahren keine alkoholischen Getränke und Tabakwaren, Jugendlichen über 16 Jahren keinen Branntwein geben.

Kein Gewohnheitsrecht mehr

Auch Lehrern und Erziehern wurde bis in die sechziger Jahre des vorigen Jahrhunderts ein maßvolles und vom Erziehungsgedanken getragenes Züchtigungsrecht zuerkannt. Die in ministeriellen Anordnungen, in Anstellungsverträgen oder in Dienstanweisungen schon lange vorher ausgesprochenen Züchtigungsverbote konnten daran nichts ändern, da sie keine Rechtsnormen waren. Sie hatten aber doch die Wirkung, dass in Schulen und Heimen die körperliche Züchtigung als verbotswidrige Unsitte angesehen und dienst- oder arbeitsrechtlich (Disziplinarverfahren, Abmahnung, Kündigung) geahndet wurde. Auch als Folge davon ist in der Bevölkerung die Überzeugung geschwunden, dass ein solches Tun von Lehrern und Erziehern rechtens und notwendig ist. Damit waren die Voraussetzungen für eine gewohnheitsrechtliche Rechtfertigung der körperlichen Züchtigung für Berufspädagogen entfallen. Mittlerweile verbieten Landesgesetze den Lehrern ausdrücklich jedwede körperliche Züchtigung.

Wachsamkeit bei Kindesmisshandlung

Jeder ist aufgerufen, Kindesmisshandlungen zu verhindern oder zu unterbinden. Am besten wendet man sich an das Jugendamt, wenn einem solches Tun oder Anzeichen dafür bekannt werden. Das Jugendamt wird sich dann der Angelegenheit annehmen, notfalls Strafanzeige erstatten oder dem Familiengericht den Vorfall melden, je nach Lage des Falles, oder sogar beides tun.

Teilzusammenfassung

Körperliche Bestrafungen, seelische Verletzungen und andere entwürdigende Maßnahmen sind unzulässig. Sie können – gleich ob sie von Eltern, Pflegeeltern, Lehrern oder Erziehern begangen werden, bestraft werden. Eltern kann deswegen auch die Personensorge eingeschränkt oder entzogen werden. Ein ausdrückliches Verbot der Züchtigung kennt auch das JArbSchG für Auszubildende.

Können Eltern den Umgang ihrer Kinder regeln?

Mit der Frage, ob Eltern den Umgang ihrer Kinder regeln dürfen, kann zugleich auch die Frage beantwortet werden, ob Eltern den Internetzugang, das Handy ihres Kindes kontrollieren dürfen.

Grundsätzlich ja, da Erziehungsrecht

Gemäß § 1632 Abs. 2 BGB können die Personensorgeberechtigten grundsätzlich entscheiden, mit welchen Personen und in welchem Umfang der Minderjährige Umgang und Telefonverkehr haben soll.

Nur in den Grenzen des § 1666 BGB

Ob sie dieses Recht zum Wohl des Kindes ausüben, unterliegt der Kontrolle in den Grenzen des § 1666 Abs. 1 BGB, d. h. Eltern dürfen eingreifen, wenn sie Anhaltspunkte für die Gefährdung des Kindes sehen. Die Eltern selbst können das Wohl ihres Kindes gefährden, und zwar:

- durch Duldung schädlicher Einflüsse;
- durch Abschirmung vor förderlichen Einflüssen.

Gefährdung durch Duldung

Die Eltern gefährden das Wohl ihres Kindes, wenn sie einen Umgang oder eine Telemediennutzung dulden, der seiner Entwicklung schaden kann.

Beispiel 3
Eltern unternehmen nichts dagegen, dass sich ihre 15-jährige Tochter nächtelang in Gastwirtschaften oder Discotheken aufhält oder dass ihr 14-jähriger Sohn mit Rauschgiftsüchtigen verkehrt.

Wenn die Kinder bereits der Pubertät entwachsen sind, wird man den Eltern, die den Umgang und die Telemediennutzung (Handy, Internetnutzung) nicht mehr überwachen, allerdings kaum noch den Vorwurf machen können, dass sie die Kinder vernachlässigen oder ihr Elternrecht missbrauchen.

Gefährdung durch Abschirmung

Eltern können das Wohl ihres Kindes aber auch gefährden, wenn sie es von der sozialen Umwelt abschirmen. Der Mensch ist naturgegeben ein gesellschaftliches Wesen, das zur gesunden sozialen Entwicklung auf Beziehungen und Umgang mit seinen Mitmenschen angewiesen ist. Das gilt unabhängig vom Alter des Kindes.

Seine Freunde selbst aussuchen

Mit zunehmendem Alter hat der Jugendliche – wie der Erwachsene – ein Recht darauf, sich nach seinen Anlagen und Fähigkeiten zu entfalten und Kontakte zu Mitmenschen zu pflegen (§ 1626 Abs. 2 BGB). Dementsprechend kann nach der Pubertät ein Verbot freundschaftlicher Beziehungen nur gerechtfertigt sein, wenn konkrete Anhaltspunkte für eine körperliche, geistige oder sittliche Gefährdung durch diese Beziehungen vorhanden sind. Die Gefährdung muss dabei über das Risiko hinausgehen, das jede Lösung von den Eltern und jedes Eingehen von neuen Bindungen mit sich bringt.

Dürfen Eltern Briefe öffnen?

Ähnliches muss auch für den Briefverkehr gelten. In der ausgehenden Post sind meist keine besonderen Gefahren für das Kind zu vermuten. Es besteht daher auch so gut wie kein Anlass, sie zu öffnen. Nach der Pubertät dürfen Eltern eingehende Briefe nur noch öffnen, wenn der konkrete Verdacht einer Fehlentwicklung des Minderjährigen oder einer unzulässigen oder schädlichen Beeinflussung durch den Briefpartner besteht.

Konkreter Anhaltspunkt für eine unzulässige Einflussnahme auf den Jugendlichen.

Verletzung des Briefgeheimnisses

Das unbefugte Öffnen von Briefen oder Kontrollieren des Handy wäre nicht nur ein Missbrauch des Elternrechts, sondern auch eine strafbare Handlung. Art. 10 GG, der das Brief-, Post- und Fernmeldegeheimnis schützt, hat seine strafrechtliche Ausformung in § 202 f StGB erhalten.

> § 202 Abs. 1 StGB: Wer unbefugt
> 1. einen verschlossenen Brief. . . öffnet oder. . . wird mit Freiheitsstrafe bis zu einem Jahr oder mit Geldstrafe bestraft, . . .

Was hier über den Umgang und den Briefverkehr der Kinder gesagt wurde, gilt grundsätzlich auch für Erzieher, die ihr Recht von den Personensorgeberechtigten ableiten.

Können Eltern ihrer Tochter den Umgang mit einem Freund verbieten?

Die Personensorge ist ein Recht, das nicht nur gegenüber dem Kinde, sondern auch gegenüber jedem anderen wirkt und von jedem anderen beachtet werden muss (§ 1632 Abs. 2 BGB). Der Umgang des Freundes mit der Tochter gegen den Willen der Eltern stellt grundsätzlich einen widerrechtlichen Eingriff in die Personensorge der Eltern dar und gibt ihnen das Recht, vom Freund die Unterlassung des Umgangs zu verlangen.

Unterlassungsanspruch der Eltern

Für den Unterlassungsanspruch der Eltern genügt es allerdings nicht, dass ihnen der Umgang bloß unerwünscht ist. Sie haben die elterliche Sorge nicht in ihrem Interesse, sondern im richtig verstandenen Interesse oder zum Schutz ihrer Tochter auszuüben. Dabei müssen sie den Entwicklungsstand der Tochter berücksichtigen (§ 1626 Abs. 2 BGB).

Voraussetzungen des Unterlassungsanspruchs

Nur bei triftigen Gründen

Teilzusammenfassung

> Eltern können aufgrund ihres Personensorgerechts den persönlichen und brieflichen Kontakt ihrer Kinder zur Außenwelt bestimmen. Dulden sie einen Umgang, der für die Entwicklung der Kinder schädlich ist, so missbrauchen sie ihr Elternrecht; desgleichen wenn sie ihr Kind ohne triftigen Grund von der sozialen Umwelt oder von seinem Freundeskreis abschirmen. In beiden Fällen muss das Familiengericht Abhilfe schaffen. Eltern, die ohne konkrete Verdachtsmomente die Briefe ihrer Kinder öffnen, können sich strafbar machen. Das Recht der Eltern, über den Umgang ihrer Kinder zu bestimmen, gibt ihnen auch die Befugnis, auf Unterlassung störender Einflüsse zu klagen. Von den Eltern beauftragte Erzieher haben grundsätzlich die gleichen Rechte wie die Eltern.

Gegen den Willen des Vaters den Wehrdienst verweigern?

Art. 4 Abs. 3 GG gewährt jedermann das Grundrecht, aus Gewissensgründen den Wehrdienst mit der Waffe zu verweigern. Er geht dem in Art. 6 Abs. 2 GG verankerten Elternrecht vor.
Ein Vater ist also nicht berechtigt, die Entscheidung seines Sohnes in dieser Hinsicht zu bestimmen.

Grundrecht auf Wehrdienstverweigerung

Meinungsfreiheit für Minderjährige

Darf der Vater den Artikel seines Sohnes für die Schülerzeitung oder eine Tageszeitung zensieren? Darf er ihm den Besuch von politischen Versammlungen und Meinungsäußerungen dort verbieten?
Die Interessenabwägung zwischen dem Grundrecht des Minderjährigen, seine Meinung in Wort, Schrift und Bild frei zu äußern (Art. 5 Abs. 1 S. 1 GG), und dem elterlichen Bestimmungsrecht (Art. 6 Abs. 2 GG) wird regelmäßig zugunsten des Grundrechts des Minderjährigen ausfallen, weil solche Äußerungen nur selten schwerwiegende Folgen nach sich ziehen.

Interessenabwägung

Sind jedoch Schulstrafen oder Beleidigungsklagen zu befürchten, dann ist es allerdings Pflicht der Eltern, ihre Kinder davor zu schützen.
Das Gleiche gilt für Äußerungen von Minderjährigen in politischen Versammlungen.

Informations- und Meinungsfreiheit des bald wahlberechtigten Minderjährigen

Keine Beschränkung

Endgültig wird sich die Waage zwischen dem Elternrecht und dem Kindesrecht zugunsten des Minderjährigen senken, wenn er auf die Vollendung des 18. Lebensjahres zugeht und damit wahlberechtigt wird. Er darf auf keinen Fall in seinem Grundrecht beschränkt werden, sich aus allgemein zugänglichen Quellen zu informieren und seine Meinung frei zu äußern. Um sich informieren zu können, muss dem bald wahlberechtigten Minderjährigen auch das Recht zugestanden werden, politische Versammlungen zu besuchen.
Das Recht, sich anderweitig, z. B. durch Lektüre über die zur Wahl stehenden politischen Parteien und deren Programme, zu informieren, wird man ihm ebenfalls schon geraume Zeit vorher einräumen müssen.

Dürfen die Eltern jugendgefährdende Schriften, CDs Videokassetten oder andere Bildträger wegnehmen?

Zum Schutz, zur Erziehung

Obwohl Art. 14 GG das Eigentum garantiert, dürfen Eltern aufgrund des Elternrechts ihrem minderjährigen Kind Gegenstände wegnehmen, wenn dies zu seinem Schutz und zu seiner Erziehung geschieht. Das gilt vor allem für jugendgefährdende Schriften, Videokassetten, CDs und andere Bildträger. Dasselbe Recht haben anstelle der Eltern auch Erzieher und Lehrer.

Dürfen Eltern Arbeits- oder Vermögenseinkünfte des Kindes für sich abzweigen?

Die Eltern haben die Pflicht und das Recht, das Vermögen, die Vermögenseinkünfte sowie die Arbeitseinkünfte ihrer minderjährigen Kinder zu verwalten (§ 1626 Abs. 1 BGB). Dieses Recht missbrauchen sie nicht, wenn sie Einkünfte des Vermögens (z. B. Zinsen) und, wenn diese nicht ausreichen, auch Arbeitseinkünfte des Kindes zum Unterhalt des Kindes selbst verwenden (§ 1649 Abs. 1 BGB). Zu ihrem eigenen Unterhalt und zum Unterhalt der Geschwister dürfen sie diese Einkünfte in der Regel nicht verwenden, schon gleich gar nicht die Substanz (das Vermögens selbst) angreifen (§ 1649 Abs. 2 BGB).

Zusammenfassung

Was über die Grenzen des Elternrechts gesagt wird, gilt auch für Erzieher, die anstelle der Eltern die Personensorge ganz oder teilweise ausüben. Die Kindesmisshandlung ist ein Missbrauch des Erziehungsrechts und darüber hinaus als Körperverletzung strafbar. Eltern dürfen den Umgang sowie den Briefverkehr und die Telemediennutzung ihrer Kinder nur beschränken, um Gefahren von ihnen abzuwenden. Das unbefugte Öffnen von Briefen ist strafbar. Wieweit Beschränkungen des Umgangs des Briefverkehrs und der Telemediennutzung statthaft sind, richtet sich nach dem Alter des Kindes. Auch der Minderjährige ist frei, sich aus allgemein zugänglichen Quellen zu informieren und seine Meinung zu äußern. Dieses Recht darf ihm durch seine Eltern nur beschnitten werden, wenn er sich dadurch schaden würde. Auf keinen Fall kann der auf die Vollendung des 18. Lebensjahres zugehende Minderjährige gehindert werden, sich über die zur Wahl stehenden politischen Parteien und deren Programme zu informieren, Wahlversammlungen zu besuchen und sich dort zu äußern. Das volle Informationsrecht wird ihm schon geraume Zeit vor seinem ersten Gang zur Wahlurne zugestanden werden müssen. Ein Recht des Minderjährigen auf jugendgefährdende Schriften, Videokassetten und andere Bildträger gibt es nicht. Sie können zu seinem Schutz sogar konfisziert werden. Elternrecht ist ein absolutes Recht, das jedermann zu beachten hat. Arbeits- und Vermögenseinkünfte des Kindes dürfen grundsätzlich nur zu seinem Unterhalt verwendet werden.

Kapitel 5

Rechtsgeschäfte Minderjähriger

Jeder von uns nimmt fast täglich am Geschäftsverkehr teil; wir kaufen Lebensmittel, holen Zigaretten aus dem Automaten, bestellen ein Buch oder lösen eine Fahrkarte. Oft wird uns gar nicht bewusst, dass wir dabei rechtlich bedeutsame Handlungen vornehmen. In diesem Kapitel geht es vor allem um die Frage, ob und gegebenenfalls unter welchen Voraussetzungen auch Minderjährige solche Geschäfte tätigen können.

Rechtsfähigkeit

Jeder Mensch ist zwar rechtsfähig (§ 1 BGB), er kann also Rechte und Pflichten haben, z. B. Eigentümer eines Hauses sein; aber das bedeutet nicht, dass er damit auch schon die Fähigkeit hätte, durch eigenes Handeln bestimmte Rechtswirkungen hervorzurufen, etwa ein Buch zu kaufen oder ein Zimmer zu mieten.
Unsere Rechtsordnung gestattet einem Menschen erst dann und nur dann, seine Angelegenheiten mit Rechtsgültigkeit selbstständig zu regeln, wenn er die körperliche und geistige Reife und Erfahrung besitzt, die Folgen seiner Handlungen abzusehen.

Rechtssicherheit

Diese Eigenschaften stehen dem einzelnen aber nicht auf der Stirn geschrieben. Deshalb musste der Gesetzgeber aus Gründen der Rechtssicherheit – die anderen Teilnehmer am Rechtsverkehr haben ein Interesse an einer klaren Regelung – starre Altersgrenzen festlegen, ab wann und in welchen Fällen er einen Menschen für sein Handeln rechtlich verantwortlich sein lässt.
Vor diesem rechtspolitischen Hintergrund, d. h. der Aufgabe, den Minderjährigen einerseits zu schützen und zugleich seiner Entwicklung Rechnung zu tragen, muss die Regelung des BGB zur Rechtsstellung des Minderjährigen im Geschäftsverkehr gesehen werden.
In diese Rechtsmaterie soll uns ein Fall aus der Praxis einführen: Ein Minderjähriger kauft sich von seinem Taschengeld ein Handy mit Prepaid-Card.

Beispiel 1 (Aufgabe)

Der 17-jährige J, der sich in einem Heim in G befindet, kauft in der nahegelegenen Stadt ein Handy mit Prepaid-Card für EUR 80,00. Den Kaufpreis bestreitet er von seinem Taschengeld, das er seit Monaten zu diesem Zweck gespart hat. Als J eines Abends dabei ertappt wird, wie er nach dem Schlafengehen seinem Freund in einem anderen Schlafraum eine SMS schickt, verlangt der Heimleiter, dass J das Gerät und die Karte zurückgibt und das Geld zurückverlangt.
Der Geschäftsinhaber ist damit aber nicht einverstanden. Er ist der Auffassung, dass ein gültiger Kaufvertrag zustandegekommen ist. Ist diese Ansicht richtig?

Bevor wir prüfen, ob ein Minderjähriger einen gültigen Kaufvertrag schließen kann, wollen wir klären, was überhaupt ein Vertrag ist, wie er zustandekommt, was Willenserklärungen und Rechtsgeschäfte sind und welche Mängel sie aufweisen können.

1. Wie ein Vertrag entsteht

Definition 1

- Unter Vertrag wird die erklärte Willensübereinstimmung zweier oder mehrerer Personen mit dem Ziel verstanden, eine einheitliche Rechtswirkung herbeizuführen.

Erklärte Willensübereinstimmung

Je nach dem Inhalt der Erklärungen handelt es sich z. B. um einen Kaufvertrag, Mietvertrag oder Arbeitsvertrag.

Vertragstypus

Der Kaufvertrag hat die Verpflichtung der Vertragsparteien zum Austausch von Waren gegen Geld zum Gegenstand.
Der Mietvertrag begründet die Verpflichtungen, den Gebrauch von Sachen – z. B. Wohnraum – gegen Entgelt, den sogenannten Mietzins, zu überlassen.
Durch den Arbeitsvertrag wird der Arbeitnehmer gegenüber seinem Arbeitgeber zur entgeltlichen Arbeitsleistung verpflichtet.
Aus der Begriffsbestimmung kann man »herauslesen«, dass ein Vertrag durch übereinstimmende, wechselseitige Erklärungen der an ihm beteiligten Personen zustande kommt.

Der Antrag muss genau bestimmt sein

Definition 2

- Die Erklärung einer Person, die einer anderen vorschlägt, einen Vertrag zu schließen, wird Antrag (auch Angebot oder Offerte), die zustimmende Erklärung der anderen Person wird Annahme genannt.

Antrag, Annahme

Der Antrag muss dabei so bestimmt sein, d. h., er muss den Inhalt des abzuschließenden Vertrages so genau angeben, dass der andere Vertragspartner nur noch mit »Ja« zu antworten braucht, um die beabsichtigten Rechtswirkungen herbeizuführen.

Nur »ja« muss genügen

Beispiel 2

Wenn A dem B ein Buch anbietet, so weiß damit B noch nicht, ob er das Buch geschenkt, geliehen oder zum Kauf angeboten bekommt. Bietet A dem B ein Buch zum Kauf an, so fehlen dem Angebot immer noch für einen Kauf wesentliche Aussagen, nämlich um welches Buch es sich handelt und wie viel das Buch kosten soll. Erst wenn A dem B. z. B. die »Beck-Texte JugR, Auflage 2010«, zum Preis von EUR 7,20 anbietet, sind Kaufobjekt und Kaufpreis, also das Kaufangebot, so genau bestimmt, dass B mit »Ja« antworten kann, um das Geschäft zustande zu bringen.

Speisekarte kein Kaufangebot

Der Katalog eines Versandhauses, die in einem Schaufenster ausgezeichneten Waren oder die Speisekarte einer Gastwirtschaft sind danach noch keine konkreten Kaufanträge. Durch sie werden mögliche Kauf Interessenten erst aufgefordert, genau bestimmte Kaufangebote abzugeben.

Das wird sicher klar, wenn wir uns vorstellen: Wir gehen in eine Gastwirtschaft, setzen uns hin und antworten auf die Frage der Bedienung, was wir wünschen, mit »Ja«. Aus der Frage der Bedienung lässt sich schließen, dass sie von uns erst einen bestimmten Antrag erwartet.

Bindung an den Antrag

Ausschluss der Bindung

Dauer der Bindung

Der Antragende ist an seinen Antrag gebunden, wenn er die Bindung nicht ausdrücklich ausgeschlossen hat, was im Geschäftsleben durch Zusätze wie »Angebot freibleibend« oder »ohne Obligo« zum Ausdruck gebracht wird. Aber auch ohne solche Zusätze erlischt die Bindung des Antragenden, wenn der Antrag seitens des anderen Vertragspartners abgelehnt wird, oder die Annahmefrist abgelaufen ist. Eine verspätete Annahme gilt dann als neuer Antrag von Seiten dessen, an den der ursprüngliche Antrag gerichtet war.

Erklärung der Annahme

Oft nicht nötig

Ein Vertrag kommt, wie wir oben gesehen haben, durch die Annahme des Antrags zustande; die Annahme braucht aber ausnahmsweise dem Antragenden gegenüber nicht erklärt zu werden, wenn eine solche Erklärung nach der Verkehrssitte, d. h. nach den Geschäftsgepflogenheiten, nicht zu erwarten ist oder der Antragende auf sie verzichtet hat. Wenn Vertragspartner regelmäßig Geschäftsbeziehungen pflegen, wird häufig keine Annahmeerklärung erwartet, wenngleich auch hier meist Auftragsbestätigungen gegeben werden.

2. Was ist eine Willenserklärung?

- Antrag und Annahme sind Willenserklärungen, d. h. private Willensäußerungen, die auf das Herbeiführen einer Rechtswirkung gerichtet sind.

Willensäußerung mit Rechtswirkung

Nicht jede Willensäußerung ist demnach eine Willenserklärung im rechtlichen Sinn. Wenn z. B. A sagt, er hätte heute genug studiert und wollte jetzt spazieren gehen, so hat diese Äußerung keine rechtliche Bedeutung; wenn aber A seinem Arbeitgeber gegenüber erklärt, er hätte bei ihm lange genug gearbeitet und wollte sich jetzt um eine neue Arbeitsstelle umsehen, dann hat diese Äußerung nach unserer Rechtsordnung die Wirkung, dass das Arbeitsverhältnis nach Ablauf der Kündigungsfrist aufgelöst ist.

Formen der Willensäußerung

Unsere Rechtsordnung misst nur dem erklärten Willen eine rechtliche Bedeutung zu. Der Wille kann dabei durch Sprechen, Schreiben, Zeichen oder durch schlüssiges Handeln, aus dem auf einen Rechtswillen zu schließen ist (konkludentes Handeln), zum Ausdruck gebracht werden. Erklärter Wille

Beispiel 3
Der Händler reicht dem Kunden die gewünschte Tafel Schokolade über den Ladentisch. Dadurch nimmt er das Kaufangebot des Kunden an.

Schweigen kann grundsätzlich nicht als Willenserklärung gewertet werden, wenn das Gesetz nicht ausdrücklich etwas anderes bestimmt. Das ist von Bedeutung, wenn jemand, etwa von einer Buchgemeinschaft, unverlangt Ware zugesandt bekommt. Schweigen keine Willenserklärung

Beispiel 4
Der Briefträger bringt A von einer ihm unbekannten Buchgemeinschaft eine nicht bestellte CD zum Preis von EUR 9,00. In einem beiliegenden Brief heißt es, dass der Kaufpreis binnen acht Tagen zu zahlen ist, es sei denn, dass A das ebenfalls beiliegende Antwortschreiben mit dem Vermerk »kein Interesse« an die Buchgemeinschaft zurückschickt. A legt die CD zur Seite und sendet das Antwortschreiben nicht ab. Unverlangte Ware

Ist in einem solchen Fall ein Kaufvertrag zustande gekommen? Die Antwort lautet: nein. Schweigen auf ein Angebot bedeutet nicht Zustimmung und damit keine Annahme des Angebots, auch dann nicht, wenn der Anbieter der Ware erklärt, der Kaufvertrag gelte auch bei Nichtablehnung oder Nichtrücksendung der Ware als geschlossen. Das ergibt sich aus § 241 a BGB, der bestimmt, dass durch die Lieferung unbestellter Sachen weder vertragliche noch gesetzliche Ansprüche begründet werden. Der Adressat unverlangt zugesandter Waren ist also nicht verpflichtet, die Ware zu bezahlen. Er braucht sie auch nicht aufzubewahren und zur Abholung bereitzuhalten. Er kann sie gebrauchen, verbrauchen oder wegwerfen. Selbst wenn A also die CD in sein CD-Register aufnimmt oder spielt, wird er dadurch zu nichts verpflichtet.

Auslegung der Willenserklärungen

Oft kommt es vor, dass Erklärungen nicht eindeutig sind. In diesem Fall muss man sie »auslegen«, d. h., ihr Sinn muss ermittelt werden. Dabei ist der wirklich geäußerte Wille zu erforschen. Es kommt also nicht darauf an, welchen Sinn der Erklärende seiner Erklärung beilegt, sondern wie die Erklärung unter den gegebenen Umständen als Äußerung eines vernünftigen Menschen allgemein verstanden werden muss.

Beispiel 5
A geht zu einer Auto-Vermietung, um sich für das Wochenende einen Wagen auszuleihen. Selbst wenn er mit dem Vermieter befreundet ist und weder mündlich noch schriftlich ein Vertrag geschlossen wurde, darf er nicht erwarten, dass ihm das Auto unentgeltlich zur Verfügung gestellt wird.

Wenn die Erklärung vom Willen des Erklärenden abweicht und das dem Erklärenden nicht bewusst ist, so muss er sich dennoch an seine Erklärung, wie sie bei Anfechtung objektiver Betrachtung verstanden werden kann, halten. Er kann allerdings die Erklärung anfechten und sie dadurch ungültig machen.

Beispiel 6

Der Heimleiter verschreibt sich und bestellt statt 100 schokoladene Nikolausfiguren 1 000 Stück. Er kann die Bestellung u. U. rückgängig machen.

Jemand kann eine Erklärung auch anfechten, wenn er zu ihrer Abgabe durch arglistige Täuschung bestimmt wurde.

Beispiel 7

A erklärt B, das Auto, das er ihm verkaufen will, sei garantiert unfallfrei, und bestimmt B so zum Kauf. Ist das Auto nicht unfallfrei, kann B den Kaufvertrag anfechten und ihn so ungültig machen.

Wann wird eine Willenserklärung wirksam?

Abgabe

Das BGB unterscheidet zwischen der Abgabe einer Willenserklärung und ihrem Wirksamwerden. Abgegeben ist eine Willenserklärung, sobald ihr Urheber sie vollendet hat, wenn er alles getan hat, um sie wirksam zu machen. Unter Anwesenden ist sie abgegeben, wenn sie ausgesprochen ist, unter Abwesenden, wenn sie abgegangen, also z. B. zur Post gegeben ist.

Mit der Abgabe allein werden aber nur wenige Willenserklärungen auch schon wirksam, so etwa die Erbeinsetzung durch ein Testament.

Zugang

Fast alle Willenserklärungen sind empfangsbedürftig, weil sie für andere Personen bestimmt sind. Solche Willenserklärungen können daher erst wirksam werden, wenn sie dem Empfänger zugegangen sind, d. h. in einer Weise in seinen Verfügungsbereich gelangt sind, dass er unter gewöhnlichen Umständen die Möglichkeit hat, davon Kenntnis zu nehmen.

Unter Anwesenden ist eine Erklärung zugegangen, wenn sie ausgesprochen worden ist und der Empfänger sie hören konnte, unter Abwesenden z. B. wenn der Brief in einen Briefkasten geworfen und unter gewöhnlichen Umständen mit der Leerung zu rechnen ist.

3. Das Rechtsgeschäft

Die Willenserklärung ist notwendiger Bestandteil jedes Rechtsgeschäfts.

Einseitiges Rechtsgeschäft

- Ein Rechtsgeschäft, das aus nur einer Willenserklärung besteht, wird einseitiges Rechtsgeschäft genannt.

Einseitige Rechtsgeschäfte sind z. B. das Testament, die Anfechtung und die Kündigung.

Bei der Kündigung wird durch die einseitige Erklärung des Arbeitnehmers oder Arbeitgebers das Arbeitsverhältnis nach Ablauf der gesetzlichen oder der vereinbarten Kündigungsfrist aufgelöst, es sei denn, es handelt sich um eine fristlose Kündigung. Einigen sich beide Vertragspartner über die Auflösung des Arbeitsverhältnisses (»im gegenseitigen Einvernehmen«), so ist dies ein Aufhebungsvertrag und keine Kündigung. Dasselbe gilt für die Kündigung des Mietvertrages.

- Ein zweiseitiges Rechtsgeschäft, das zwei einander entsprechende Willenserklärungen verschiedener Personen enthält, heißt Vertrag. Vertrag

Mängel eines Rechtsgeschäfts

Eine Willenserklärung und – da die Willenserklärung notwendiger Bestandteil eines jeden Rechtsgeschäfts ist – somit auch ein Rechtsgeschäft können mit Mängeln behaftet sein, die sie nichtig, d. h. von vornherein rechtlich unwirksam sein lassen. Unsere Rechtsordnung kennt auch Fälle, wo ein Rechtsgeschäft, weil es unvollständig ist, keine Rechtswirkungen hervorbringt, bis das fehlende Erfordernis nachgebracht wird. Geschieht das, so wird das Rechtsgeschäft rückwirkend – d. h. von Anfang an – wirksam. Die Rechtslehre spricht in solchen Fällen von schwebender Unwirksamkeit.

Nichtigkeit

Schwebende Unwirksamkeit

Mit Mängeln dieser Art sind auch Willenserklärungen von Personen behaftet, denen das BGB wegen ihrer geistigen und körperlichen Entwicklung oder wegen einer Geistesstörung keine oder keine volle Geschäftsfähigkeit zuerkennt.

Teilzusammenfassung

Im Geschäftsverkehr ist der Vertrag das häufigste Rechtsgeschäft. Er kommt durch Antrag und Annahme zustande. Beides sind Willenserklärungen, Äußerungen, die auf eine bestimmte Rechtswirkung abzielen. Die Willensäußerung kann durch Sprechen, Schreiben, Zeichen oder auch durch schlüssiges Handeln erfolgen. Wirksam wird eine Willenserklärung in der Regel, wenn sie dem Empfänger zugegangen, d. h., so in seinen Verfügungsbereich gelangt ist, dass er bei normalem Ablauf der Dinge von ihr Kenntnis nehmen konnte. Willenserklärungen können Mängel aufweisen, die sie unwirksam machen. Die geistige und körperliche Entwicklung und die Reife eines Menschen beeinflussen die Gültigkeit seiner Willenserklärungen und damit seiner Rechtsgeschäfte.

4. Die Geschäftsfähigkeit

Definition 3

- Rechtslehre und Rechtsprechung verstehen unter Geschäftsfähigkeit die Fähigkeit, selbstständig rechtswirksame Willenserklärungen abgeben oder entgegennehmen zu können. Begriff

Entsprechend dem Alter des Menschen oder dem Grad seiner geistigen Entwicklung oder Störung ist diese Fähigkeit abgestuft.

Wer ist geschäftsunfähig?

Kinder unter sieben Jahren

- Geschäftsunfähig sind Kinder unter sieben Jahren (§ 104 Nr. 1 BGB). Sie sind zwar rechtsfähig, d. h., sie können Rechte und Pflichten haben; rechtswirksam handeln können sie jedoch nicht.

Die von Kindern oder gegenüber Kindern abgegebenen Willenserklärungen sind nichtig (§ 105 Abs. 1 BGB), also rechtlich bedeutungslos. Nicht einmal Geschenke können Kinder unter sieben Jahren rechtswirksam annehmen.

Allenfalls wie Boten anzusehen

Die Willensäußerungen von Kindern unter sieben Jahren können allenfalls wie die eines Boten angesehen werden. Der Bote macht nicht seinen eigenen Rechtswillen geltend, er übermittelt nur die von anderen abgegebenen Willenserklärungen.

> Beispiel 8
> Eine Mutter schickt ihr fünfjähriges Kind zum Einkaufen. Hier schließt nicht das Kind das Geschäft ab; der Kaufvertrag kommt vielmehr zwischen dem Geschäftsinhaber und der Mutter zustande. Das Kind ist nur Erklärungsübermittler. Wenn es nicht bewusst etwas anderes kauft, äußert es selbst keinen Rechtswillen. Aber auch wenn es etwas anderes kauft, würde die Mutter aus dem Kaufvertrag nicht verpflichtet, da sie vom Kind nicht vertreten werden kann. Das Kind selbst kann sich nach § 105 Abs. 1 BGB nicht verpflichten, denn es ist geschäftsunfähig.

Für geschäftsunfähige Kinder können nur ihre gesetzlichen Vertreter handeln, in der Regel also die Eltern.

Hochgradige geistige Störung

- Geschäftsunfähig ist auch ein Volljähriger, wenn er nicht nur vorübergehend an einer geistigen Störung leidet, die so hochgradig ist, dass seine Fähigkeit zu vernünftiger Willensbildung der eines Kindes unter sieben Jahren gleichkommt (§ 104 Nr. 2 BGB).

Auch seine Willenserklärungen sind nichtig (§ 105 Abs. 1 BGB). Tätigt er aber ein Geschäft des täglichen Lebens mit geringwertigen Mitteln (meist Taschengeld), dann gilt der von ihm geschlossene Vertrag als wirksam, sobald er von beiden Seiten erfüllt ist, das heißt Leistung und Gegenleistung erbracht sind (§105 a BGB).

Betreuung

Für ihn kann im Übrigen vom Betreuungsgericht ein Betreuer für die Angelegenheiten bestellt werden, die er nicht mehr selbstständig erledigen kann, z. B. Bankgeschäfte.

Auch Geschäftsfähige können vorübergehend durch Trunkenheit oder Drogeneinfluss eine schwere Störung ihrer Geistestätigkeit erleiden. Willenserklärungen, die sie in diesem Zustand abgeben oder entgegennehmen, sind nach § 105 Abs. 2 BGB ebenfalls ungültig.

5. Der beschränkt geschäftsfähige Minderjährige

- Beschränkt geschäftsfähig sind Minderjährige über sieben Jahren (§ 106 BGB).
- Sie können zwar im Gegensatz zu den Geschäftsunfähigen selbst Willenserklärungen abgeben und entgegennehmen, aber in der Regel nur mit Einwilligung des gesetzlichen Vertreters (§ 107 BGB), wobei das BGB unter Einwilligung die vorherige Zustimmung versteht.

Einwilligung des gesetzlichen Vertreters

Die Einwilligung des gesetzlichen Vertreters bedarf in der Regel keiner besonderen Form. Das gilt auch dann, wenn für das Rechtsgeschäft, zu dem die Einwilligung erforderlich ist, eine bestimmte Form vorgeschrieben ist. Sie kann also schriftlich gegeben werden, was von Geschäftspartnern der leichteren Beweisführung wegen manchmal verlangt wird, aber auch mündlich, durch schlüssiges Handeln oder sogar stillschweigend. Keine besondere Form

Erteilung und Verweigerung der Einwilligung können dem Minderjährigen oder dem Vertragspartner gegenüber erklärt werden. Schutzzweck

Mit der in § 107 BGB geforderten Einwilligung des gesetzlichen Vertreters bezweckt das Gesetz den Schutz des beschränkt Geschäftsfähigen im Geschäftsverkehr. Es will verhindern, dass solche Personen zu ihrem Nachteil Verpflichtungen eingehen, die sie vielleicht nicht überblicken können.

Rechtlicher Vorteil für den beschränkt Geschäftsfähigen

Da bei Willenserklärungen, die dem beschränkt Geschäftsfähigen ausschließlich rechtliche Vorteile bringen, die Gefahr eines Nachteiles nicht besteht, kann er nach § 107 BGB Willenserklärungen diese Art allein wirksam vornehmen. Rechtliche Vorteile sind nur Berechtigungen; Verpflichtungen hingegen sind Rechtsnachteile. Wirtschaftliche Vor- und Nachteile haben dabei keine Bedeutung. Rechtliche Nachteile

Beispiel 9

Ausschließlich rechtliche Vorteile bringen die Annahme einer Schenkung oder der Eigentumserwerb. Sie vermehren nur die Rechte, wenn nicht mit der Schenkung eine Auflage verbunden ist, in bestimmter Weise mit dem Geschenk zu verfahren. Ob das Geschenk wirtschaftlich vorteilhaft ist, ist ohne Belang.

Folgen fehlender Einwilligung

- Fehlt die nach § 107 BGB erforderliche Einwilligung, dann ist ein einseitiges Rechtsgeschäft eines beschränkt Geschäftsfähigen, z. B. eine Kündigung, unwirksam (§ 111 BGB). Einseitiges Rechtsgeschäft

- Schließt ein Minderjähriger hingegen ohne die erforderliche Einwilligung einen Vertrag, dann ist dieses zweiseitige Rechtsgeschäft nicht wie das einseitige schlechthin unwirksam. Es kann durch eine Genehmigung, die vom BGB als nachträgliche Zustimmung verstanden wird, noch von Anfang an wirksam werden (§ 108 Abs. 1 BGB). Vertrag

Bis zur Genehmigung wird der Vertrag mit einem beschränkt Geschäftsfähigen als »schwebend unwirksam« bezeichnet. Die gewollte Rechtswirkung kann grundsätzlich erst eintreten, wenn die Genehmigung des gesetzlichen Vertreters vorliegt. Für die Form der Genehmigung gilt, was oben für die Einwilligung gesagt wurde; es ist also keine besondere Form erforderlich. Bis zur Genehmigung schwebend unwirksam

Die Genehmigung ist an keine Frist gebunden. Will sich der Geschäftspartner eines Minderjährigen versichern, ob der gesetzliche Vertreter das Geschäft genehmigt, und fordert er ihn deshalb auf, sich über die Genehmigung zu erklären, so kann diese Erklärung nur dem Geschäftspartner des Minderjährigen gegenüber erfolgen. Geschäftspartner kann Schwebezustand beenden

Eine dem Minderjährigen bereits erteilte Genehmigung oder deren Verweigerung wird dadurch unwirksam. Nach einer solchen Aufforderung muss die Genehmigung bis zum Ablauf von zwei Wochen nach dem Empfang der Aufforderung erteilt werden. Verstreicht die Frist, ohne dass eine Antwort beim Geschäftspartner eingeht, dann gilt die Genehmigung als verweigert (§ 108 Abs. 2 BGB).

Kein Schutz des guten Glaubens

Wahrheitswidrige Behauptung

Wenn jemand im guten Glauben an die Geschäftsfähigkeit eines Minderjährigen handelt oder in gutem Glauben, dass der gesetzliche Vertreter die Einwilligung erteilt hat oder den Vertrag noch genehmigen wird, so schützt ihn das BGB nicht. Selbst wenn der Minderjährige der Wahrheit zuwider behauptet, er sei volljährig oder sein gesetzlicher Vertreter sei mit dem Geschäft einverstanden, ändert das nichts an der Rechtslage. Das Gesetz schützt den Minderjährigen vorbehaltlos auch gegen seinen Willen.

Der Taschengeldparagraf

Vertrag durch Erfüllung unwirksam

Nach § 110 BGB wird ein Vertrag, den ein Minderjähriger über sieben Jahre ohne die erforderliche Einwilligung seines gesetzlichen Vertreters schließt, auch ohne dessen Genehmigung von Anfang an wirksam, wenn der Minderjährige ihn voll erfüllt. Oder mit den Worten des Gesetzes: Der vom Minderjährigen geschlossene Vertrag wird wirksam, »wenn der Minderjährige die vertragsmäßige Leistung (Vertragsverpflichtung) mit Mitteln bewirkt, die ihm ... überlassen worden sind«.

Taschengeld

Von wem der Minderjährige die Mittel hat – in der Regel werden es Geldmittel sein, aber auch Sachmittel, wie z. B. CDs sind denkbar – ist gleichgültig. Meist werden es Geldbeträge sein, die er von seinen Eltern als Taschengeld bekommen hat. Es können aber auch Mittel sein, die dem Minderjährigen gehören oder Arbeitsverdienst, den ihm die gesetzlichen Vertreter als Inhaber der Vermögenssorge ausdrücklich, durch schlüssiges Handeln oder stillschweigend überlassen.

Eigener Verdienst

Nur Bargeschäfte gültig

Aus den Worten des § 110 BGB, »wird wirksam, wenn ... bewirkt«, ergibt sich, dass diese Bestimmung in der Regel nur Bargeschäfte beschränkt Geschäftsfähiger deckt. Es sind aber auch Ratenkäufe nicht ausgeschlossen. Sie werden allerdings erst gültig, wenn die letzte Rate bezahlt ist. Vorher sind sie schwebend unwirksam.

Verfügungsspielraum

Wie man sieht, gibt § 110 BGB dem Minderjährigen einen Verfügungsspielraum, ohne ihm die Möglichkeit zu eröffnen, dass er sich verschuldet, denn die Geschäfte werden erst mit der Erfüllung gültig.

Wirksamkeit bezüglich einzelner Teilleistungen

Werden sie nicht oder nicht ganz erfüllt, oder tritt der gesetzliche Vertreter während des Schwebezustandes dazwischen, sind sie ungültig mit der Konsequenz, dass etwa anbezahlte Beträge zurückgezahlt werden müssen. Sie müssen aber nicht zurückgezahlt werden, wenn angenommen werden kann, dass die vertragsmäßige Leistung eine teilbare Leistung ist, das Geschäft also für den erfüllten Teil wirksam sein soll.

Beispiel 10

Ein Minderjähriger abonniert eine Zeitung oder Zeitschrift. Diese Geschäfte sind nur soweit gültig, als die Zeitungen oder Zeitschriften bezahlt sind. Eine Bindung für die Zukunft ergibt sich daraus nicht. Bezüglich der noch nicht bezahlten Teilleistungen sind solche Geschäfte schwebend unwirksam. Anders ist es, wenn die Teilleistungen so eng zusammenhängen, dass nur die ganze Leistung einen Sinn hat. Hat ein Minderjähriger einen in mehreren Lieferungen erscheinenden Sprachkurs zum Teil bezogen und bezahlt und ist er einen Teilbetrag noch schuldig, dann ist das ganze Geschäft schwebend unwirksam, weil die Teilleistungen eng miteinander zusammenhängen und einzeln kaum einen Wert haben.

Mittel für bestimmte Zwecke

Praktisch erfasst § 110 BGB nur Geschäfte, die mit den zur freien Verfügung stehenden Mitteln erfüllt werden können.

Werden dem Minderjährigen Mittel zu bestimmten Zwecken überlassen, so ist darin meist eine Einwilligung für die damit gemeinten Geschäfte zu sehen, die dann entgegen dem Wortlaut des § 110 bereits nach § 107 BGB gültig sind. Erst wenn der Minderjährige die Mittel zu anderen als den vorgesehenen Zwecken verwendet, kann § 110 BGB wieder zum Tragen kommen, sofern das Geschäft erfüllt wird.

6. Rechtsgeschäfte in der Ausbildung

Einwilligung für bestimmte Rechtsgeschäfte

Bei Geschäften, die ein in der Ausbildung stehender Minderjähriger im Zusammenhang mit der ihm gestatteten Ausbildung tätigt, liegt die Einwilligung der gesetzlichen Vertreter für diese Rechtsgeschäfte vor. Solche Geschäfte des Minderjährigen sind ebenfalls bereits nach § 107 BGB gültig.

Beispiel 11
Erhält ein minderjähriger Studierender einen Geldbetrag oder wird ihm die Ausbildungsbeihilfe überlassen, damit er seine Aufwendungen und Lebenshaltungskosten bestreiten kann, so liegt darin eine im Voraus erteilte Einwilligung zu allen Geschäften, die ein Studierender üblicherweise abschließt. Er kann also rechtswirksam (§ 107 BGB) ein Zimmer mieten, selbst wenn er die notwendigen Geldbeträge für die nächsten Monate noch nicht zur Verfügung hat.
Tätigt er jedoch Geschäfte, die mit dem Studienzweck nicht zusammenhängen, dann werden diese Geschäfte erst mit deren Erfüllung wirksam (§ 110 BGB).

Bei minderjährigen Studierenden bezweckt § 110 BGB eine gewisse Sicherung des Geschäftsverkehrs.

Die von manchen Juristen vertretene Meinung, dass Geschäfte, die von Minderjährigen zu einem anderen als dem vorgesehenen Zweck vorgenommen werden, selbst mit der Erfüllung nicht wirksam sein können, lässt außer acht, dass § 110 BGB auch eine gewisse Sicherung des Geschäftsverkehrs bei Barzahlung bezweckt, vor allem dann, wenn es sich nach ihrem Wert um relativ geringfügige und übliche Rechtsgeschäfte handelt.

Beispiel 1 (Lösung)

J und der Geschäftsinhaber haben sich darüber geeinigt, dass J gegen Bezahlung von EUR 125,00, Handy und Prepaid-Card erhalten soll. Die Rechtsgültigkeit dieser Einigung, die sich inhaltlich als Kaufvertrag darstellt, ist nicht dadurch beeinträchtigt, dass J nach § 2 BGB noch minderjährig und damit nach § 106 BGB beschränkt geschäftsfähig ist. Zwar kann ein beschränkt Geschäftsfähiger ohne Einwilligung seiner gesetzlichen Vertreter grundsätzlich keine Rechtsverpflichtungen, also auch keine Kaufpreisverpflichtung, eingehen, weil eine Verpflichtung ein Rechtsnachteil ist (§ 107 BGB). Da J aber den Vertrag mit den EUR 125,00 erfüllt hat, die er gespart hatte und die ihm zur freien Verfügung standen, ist der Vertrag nach § 110 BGB wirksam. Die Ansicht des Geschäftsinhabers entspricht also der Rechtslage.

Anmerkung: Da dem Heimleiter die Erziehung des J übertragen ist, kann er J die Benutzung des Handys verbieten, ihm das Gerät sogar wegnehmen. J bleibt aber Eigentümer des Geräts.

Teilgeschäftsfähigkeit

7. Der Minderjährige im Arbeitsleben

§ 113 BGB regelt die Teilgeschäftsfähigkeit des Minderjährigen in Dienst oder Arbeit. Ermächtigen die gesetzlichen Vertreter einen beschränkt Geschäftsfähigen, ein Dienst- oder Arbeitsverhältnis einzugehen, und machen sie keine Einschränkungen dabei, dann ist der beschränkt Geschäftsfähige in dieser Hinsicht unbeschränkt geschäftsfähig. Er kann also alle Rechtsgeschäfte gültig tätigen, die mit dem Eingehen oder Aufheben des Dienst- oder Arbeitsverhältnisses der gestatteten Art zusammenhängen oder die Erfüllung von Verpflichtungen betreffen, wie sie sich aus einem solchen Verhältnis ergeben. Dazu gehören die Vereinbarung der Arbeitsbedingungen, die Verlängerung, Änderung, Ergänzung und auch die Lösung (Kündigung) des Arbeitsvertrages, weiter die Klage auf Zahlung des Lohns sowie natürlich auch die Entgegennahme des Lohnes. Die gesetzlichen Vertreter können die Ermächtigung, ein Arbeitsverhältnis einzugehen, allgemein oder nur für bestimmte Arbeitsverhältnisse erteilen und sie jederzeit für die Zukunft einschränken oder zurücknehmen. Sie müssen dies nach h. A. sowohl dem beschränkt Geschäftsfähigen als auch dem Arbeitgeber gegenüber tun.

- Diese Regelung des § 113 BGB gilt aber nicht für Ausbildungsverträge, da bei ihnen die Auswahl des Vertragspartners wegen des persönlichen Charakters der Ausbildung von besonderer Bedeutung ist.

Zusammenfassung

Es gibt einseitige Rechtsgeschäfte, z. B. das Testament, und zweiseitige Rechtsgeschäfte. Das zweiseitige Rechtsgeschäft heißt Vertrag. Ein Vertrag kommt durch Antrag und Annahme zustande. Beides sind Willenserklärungen. Willenserklärungen werden wirksam, wenn sie dem Empfänger zugegangen sind. Sie können Mängel aufweisen, die sie nichtig machen, z. B. weil ein Vertragspartner nicht geschäftsfähig ist. Das BGB unterscheidet zwischen Geschäftsunfähigkeit und beschränkter Geschäftsfähigkeit. Geschäftsunfähig sind Kinder unter sieben Jahren. Ihre Willenserklärungen sind rechtlich unwirksam. Am Geschäftsverkehr können sie nur durch ihre gesetzlichen Vertreter teilnehmen. Die beschränkt Geschäftsfähigen – das sind Minderjährige über sieben Jahre – können zwar am Geschäftsverkehr teilnehmen; die Gültigkeit der von ihnen vorgenommenen Rechtsgeschäfte hängt aber in der Regel von der vorherigen Zustimmung ihrer gesetzlichen Vertreter ab. Fehlt diese notwendige vorherige Zustimmung, dann sind einseitige Rechtsgeschäfte ungültig; Verträge können durch die nachträgliche Zustimmung der gesetzlichen Vertreter noch wirksam werden. Wenn der Minderjährige den Vertrag mit Mitteln erfüllt, die ihm zur freien Verfügung überlassen sind (z. B. Taschengeld), kann der Vertrag auch ohne vorherige oder nachträgliche Zustimmung der gesetzlichen Vertreter von Anfang an wirksam sein, selbst wenn er rechtlich unvorteilhaft ist. Teilgeschäftsfähig ist ein Minderjähriger, der mit Ermächtigung seiner gesetzlichen Vertreter in Dienst oder Arbeit steht. Er ist unbeschränkt geschäftsfähig für alle Rechtsgeschäfte, die ein Dienst- oder Arbeitsverhältnis der ihm erlaubten Art mit sich bringt, solange die gesetzlichen Vertreter ihre Ermächtigung nicht einschränken oder zurücknehmen.

Kapitel 6

Haftung Minderjähriger und der für sie Verantwortlichen

Wenn jemand einen Schaden angerichtet hat, muss er meist auch dafür einstehen, muss er, wie man sagt, dafür haften; allerdings nicht unter allen Umständen, z. B. nicht, wenn er nicht einsehen konnte, dass seine Handlung unerlaubt war, oder wenn ihn keine Schuld trifft. In diesem Kapitel beschäftigen wir uns mit der Haftung Minderjähriger. Haften sie selbst? Haften andere, etwa die Erziehungsberechtigten, für sie?

Nur Einsichtsfähige haften

- Unsere Rechtsordnung lässt nicht jede Person für einen von ihr angerichteten Schaden einstehen (haften). Fehlt ihr die Fähigkeit, die Unerlaubtheit und die Folgen ihrer Handlung einzusehen, dann wird sie nicht verantwortlich gemacht.

Nur bei Schuldvorwurf

- Die Einsichtsfähigkeit vorausgesetzt, soll nur derjenige für seine Handlung haften, dem der Vorwurf gemacht werden kann, dass er unerlaubt eine schädigende Handlung begangen hat (Schuldvorwurf).

Schutz des Minderjährigen

Grundsätzlich bewahrt das BGB den gleichen Personenkreis vor der Haftung, den es durch die Regelungen der Geschäftsfähigkeit vor der Verantwortung für eigene Rechtsgeschäfte schützt.
Der Schutz geht bei der Haftung aber nicht ganz so weit wie bei der Geschäftsfähigkeit, weil der Gesetzgeber annimmt, dass ein Minderjähriger die Folgen eines unerlaubten Handelns eher abschätzen kann als die Folgen von Handlungen im Geschäftsverkehr, wo in der Regel eine größere Erfahrung notwendig sein wird, um nicht übervorteilt zu werden. Die übrigen Teilnehmer am Geschäftsverkehr können sich außerdem vor Handlungen Minderjähriger, wie etwa der Nichterfüllung vertraglicher Verpflichtungen, verhältnismäßig leicht schützen. Sie brauchen nur mit Minderjährigen keine Rechtsgeschäfte zu tätigen.

Kein absoluter Maßstab für Haftung

Während das Gesetz also aus Gründen der Rechtssicherheit im Geschäftsverkehr für die Geschäftsunfähigkeit einen objektiv bestimmbaren Maßstab, nämlich das Alter, festgelegt hat, hat es hinsichtlich der Haftung zwar auch Altersgrenzen bestimmt; ab dem vollendeten 7. Lebensjahr macht es aber die Haftung von der geistigen Entwicklung des Minderjährigen abhängig. Insofern gibt es keinen absoluten Maßstab für die Haftung von Kindern und Jugendlichen. Die gesetzlichen Regelungen soll hier der praktische Fall eines 15-Jährigen veranschaulichen, der mit dem Fahrrad einen Verkehrsunfall verursacht.

Beispiel 1 (Aufgabe)

Der Heimleiter H schickt den 15-jährigen F, der sich in einem vom eingetragenen Verein »Hilfe für Gefährdete« getragenen Erziehungsheim befindet, mit dem Fahrrad in das nahe gelegene Dorf, um dort ein Ersatzteil für eine Küchenmaschine abzuholen. Das Dorf ist über einen Feldweg oder über eine öffentliche Straße zu erreichen. H ist weder Vorstandsmitglied noch in der Satzung des Vereins als verfassungsmäßig berufener Vertreter genannt.
Um schneller fahren zu können, benutzt F die Straße. Er schneidet eine unübersichtliche Kurve und zwingt dadurch den mit seinem Pkw entgegenkommenden R der ebenfalls nicht auf der äußersten Straßenseite fährt, zu einem Ausweichmanöver. P fährt in den Straßengraben,

nachdem er vorher einen Begrenzungspfahl gestreift hat. Der Pkw wird dabei beschädigt. P schickt die Rechnung über Reparaturkosten in Höhe von EUR 800,00 an das Heim und verlangt, dass sie von F oder dem Heim binnen 14 Tagen beglichen wird.

Muss F den Schaden ersetzen? Oder muss das Heim die Rechnung begleichen? Es ist also zu prüfen, ob ein 15-Jähriger für den Schaden haftet, den er angerichtet hat.

1. Haftung für unerlaubte Handlungen

Vertragliche Haftung, unerlaubte Handlungen

Das BGB kennt neben der vertraglichen auch eine Haftung wegen widerrechtlichen Eingriffs in fremde Rechtspositionen. Das Gesetz nennt diese widerrechtlichen Eingriffe unerlaubte Handlungen.

Vertragsparteien haben nicht nur einen Anspruch auf Erfüllung des Vertrages. Wird ein Vertrag nicht, nicht rechtzeitig oder schlecht erfüllt, dann kann Schadensersatz verlangt werden. Das macht folgendes Beispiel einer Aufsichtspflichtverletzung aus einem Kindergarten deutlich.

Beispiel 2
Wird wegen mangelnder Aufsicht durch die Erzieherin ein Kind verletzt, muss der Träger des Kindergartens Schadensersatz leisten, weil eine Rechtsverpflichtung aus dem Kindergartenvertrag, nämlich das Kind zu beaufsichtigen, verletzt und der Kindergartenvertrag also schlecht erfüllt worden ist.

Da das Kind verletzt worden ist, entsteht zugleich eine Haftung wegen einer unerlaubten Handlung.
Aus beiden Rechtsgründen kann das verletzte Kind, vertreten durch seine Eltern, Schadensersatzansprüche erheben, den Schaden aber selbstverständlich nur einmal ersetzt erhalten.
Ob ein vertraglicher oder ein Anspruch wegen unerlaubter Handlung gegeben ist, ist deswegen praktisch bedeutsam, weil beide Ansprüche rechtlich ungleich behandelt werden (s. u.).

Schadensersatz

Die Haftung für unerlaubte Handlungen drückt sich in der Verpflichtung aus, den durch einen widerrechtlichen Eingriff zugefügten Nachteil auszugleichen, also in der Verpflichtung, Schadensersatz zu leisten. Welche widerrechtlichen Eingriffe Schadensersatzverpflichtungen zur Folge haben, ist im Gesetz genau festgelegt.

Wann Schadensersatz?

Das BGB unterscheidet dabei die Haftung für eigene Unrechtshandlungen, die hier zunächst behandelt werden, die Haftung für fremde Unrechtshandlungen, etwa die Haftung der Eltern oder der Erzieher für die Schadenshandlungen der aufsichtsbedürftigen Kinder, und die Gefährdungshaftung (z. B. Haftung des Kraftfahrzeughalters für den Schaden, der durch den Betrieb eines Kraftfahrzeugs entstanden ist).

2. Haftung für eigene Unrechtshandlungen

Die wichtigste Haftungsnorm bei eigenen Unrechtshandlungen ist § 823 Abs. 1 BGB. Mit dieser Bestimmung wollen wir uns nun näher beschäftigen.

Voraussetzungen des § 823 Abs. 1 BGB

Nach § 823 Abs. 1 BGB macht sich haftbar, wer vorsätzlich oder fahrlässig das Leben, den Körper, die Gesundheit, die Freiheit, das Eigentum oder ein sonstiges Recht eines anderen widerrechtlich verletzt und dadurch einen Schaden verursacht.

Verletzung durch ein Tun oder Unterlassen

Rechtsgüter

Die im Gesetz genannten Rechtsgüter, wie Leben, Gesundheit und die sonstigen Rechte, können durch ein Tun oder ein Unterlassen verletzt werden.

Beispiel 3
Unterlassen: Infolge fehlender Aufsicht durch die Erzieherin verletzt sich ein Kind am Arm.

Sonstige Rechte

Unter sonstige Rechte, die verletzt werden können, fallen nur absolute Rechte, d. h. Rechte, die sich gegen jedermann richten und die deshalb jedermann verletzen kann.

Beispiel 4
Sonstige Rechte: Urheberrecht; Fischereirecht; Ehre; Personensorge.

Eine Forderung, wie z. B. die Kaufpreisforderung, ist nur gegen eine bestimmte Person, den Käufer, gerichtet, also kein sonstiges Recht.

Widerrechtlichkeit

Verletzung durch ein Tun

Die Verletzung eines geschützten Rechtsgutes oder sonstigen Rechts durch ein Tun ist immer rechtswidrig, d. h. verboten, wenn die Handlung nicht ausnahmsweise durch unsere Rechtsordnung gerechtfertigt, d. h. erlaubt ist.

Gerechtfertigte Eingriffe

Gerechtfertigte Handlungen in diesem Sinne sind z. B. Notwehr oder Maßnahmen im Bereich der Personensorge, unter den in Kapitel 4 erörterten Bedingungen. Die Notwehr muss angemessen sein. So darf man natürlich nicht gegen jemanden, der ein gering zu wertendes Rechtsgut verletzt (z. B. einen Bleistift stiehlt), mit Pistolenschüssen oder tödlichen Karateschlägen vorgehen.

Wann ist Unterlassung rechtswidrig?

Die Verletzung, die durch eine Unterlassung verursacht wurde, ist dagegen nur dann rechtswidrig, wenn für den Schädiger eine Rechtspflicht zum Handeln bestand und die Vornahme der gebotenen Handlung den Schaden verhindert hätte. Die Pflicht zum Handeln kann u. a. auf Gesetz oder Vertrag beruhen.

Beispiel 5

Die Eltern haben kraft Gesetzes die Aufsichtspflicht (§ 1631 Abs. 1 BGB), während die Erzieherin vertraglich zur Aufsichtsführung verpflichtet ist.

Eine besondere Rechtspflicht zum Handeln ergibt sich aus den sogenannten Verkehrssicherungspflichten, wobei folgender Grundsatz gilt: Wer eine Gefahrenquelle schafft, hat die nach Lage der Verhältnisse erforderlichen Sicherungsmaßnahmen zum Schutz anderer zu treffen.

Verkehrssicherungspflicht

Beispiel 6

Nach der Rechtsprechung ist ein Bauunternehmer verpflichtet, die Baustelle abzusichern und spielende Kinder von der Baustelle zu weisen. Das Schild »Eltern haften für ihre Kinder« entbindet ihn nicht von dieser Verpflichtung.

Gefährliches Spielgerät darf nur an Kinder in Begleitung Erwachsener ausgehändigt werden.

In einem Kindergarten stellt die Verglasung von Flügeltüren mit einfachem Glas eine Gefahrenquelle dar. Der Träger des Kindergartens haftet für dadurch entstehende Schäden.

Verschulden

Die rechtswidrige Verletzung eines fremden Rechtsgutes oder eines sonstigen Rechts allein reicht – abgesehen von den Fällen, die von der Gefährdungshaftung erfasst sind – nicht aus, um eine Schadensersatzpflicht des Schädigers zu begründen. Sein Handeln muss zusätzlich schuldhaft sein, d. h., es muss ihm der Vorwurf gemacht werden können, dass er sich nicht normgemäß verhalten hat. Das BGB knüpft die Haftung – es spricht meist von Vertreten müssen – also an das Verschulden. Als Verschuldensformen kennt es den Vorsatz und die Fahrlässigkeit.

Vorwurf nicht normgemäßen Verhaltens

Verschulden setzt Zurechnungsfähigkeit voraus

- Das Verschulden setzt die Zurechnungsfähigkeit des Handelnden voraus, von der Rechtslehre und Rechtsprechung auch Deliktsfähigkeit genannt.

Deliktsfähigkeit

Bevor geprüft werden kann, ob die handelnde Person vorsätzlich oder fahrlässig gehandelt hat, ist zu klären, ob sie überhaupt deliktsfähig war. Ähnlich wie bei der Geschäftsfähigkeit unterscheidet das Gesetz auch bei der Deliktsfähigkeit drei Personengruppen:

- die Deliktsunfähigen,
- die bedingt Deliktsfähigen und
- die voll Deliktsfähigen.

Deliktsunfähigkeit

Deliktsunfähig und damit nicht verantwortlich für ihre Unrechtshandlungen sind nach § 828 Abs. 1 BGB Kinder unter sieben Jahren sowie nach § 827 BGB diejenigen – sofern sie den Nachweis dafür erbringen können –, die sich im Augenblick, da sie jemandem Schaden zugefügt haben, im Zustand der Bewusstlosigkeit oder in einem die freie Willensbestimmung ausschließenden Zustand krankhafter Störung der Geistestätigkeit befanden; es sei denn, sie haben sich durch Drogen oder

Kinder unter sieben Jahren

andere Rauschmittel schuldhaft (vorsätzlich oder fahrlässig) in diesen Zustand versetzt. Die Deliktsunfähigkeit muss nachgewiesen werden, in der Regel durch ein ärztliches Attest oder durch ein Sachverständigengutachten.

Deliktsunfähigkeit eines noch nicht siebenjährigen Kindes

Bedingte Deliktsfähigkeit

Zwischen sieben und 18 Jahren

- Bedingt deliktsfähig sind gemäß § 828 Abs. 2 BGB Minderjährige über sieben, aber noch unter 18 Jahren.

Einsichtsfähigkeit

Bedingt Deliktsfähige sind nicht verantwortlich, wenn sie nachweisen können, dass ihnen, als sie die schädigende Handlung begangen haben, die erforderliche Einsicht gefehlt hat, um ihre Verantwortlichkeit zu erkennen (§ 828 Abs. 3 BGB). Bei bedingt Deliktsfähigen kommt es also darauf an, ob sie nach ihrer gesamten Entwicklung das Unrecht (Widerrechtlichkeit) der Handlung erkennen und auch einsehen konnten, dass sie für die daraus entstehenden Folgen in irgendeiner Weise einstehen müssen.

Kenntnis der Gefährlichkeit

Die Kenntnis der Gefährlichkeit einer Handlung lässt auf die erforderliche Einsichtsfähigkeit schließen. Diese ist auch dann zu vermuten, wenn der Handlung Warnungen und Verbote vorausgegangen sind und der Täter die nötige Verstandesreife besitzt, um seine Verantwortung zu erkennen.

Beispiel 7
Ein 10-Jähriger, der mit seinen Spielkameraden ausmacht, dass bei einem Pfeilschießen nicht auf die Köpfe der Gegner gezielt werden darf, erkennt die Gefährlichkeit des Spiels und ist daher für seine Handlung voll verantwortlich.

Ein Kind unter 10 Jahren haftet gemäß § 828 Abs. 2 BGB aber nicht für einen Schaden, den es bei einem Verkehrsunfall im fließenden Verkehr angerichtet hat, sofern es nicht vorsätzlich gehandelt hat.

Volle Deliktsfähigkeit

- Wer das 18. Lebensjahr vollendet hat, ist voll deliktsfähig und damit für einen angerichteten Schaden auch voll verantwortlich. Mit 18 Jahren

Deliktsfähigkeit und Strafmündigkeit (strafrechtliche Verantwortlichkeit)

Die Deliktsfähigkeit darf nicht mit der Strafmündigkeit verwechselt werden. Deliktsfähigkeit ist eine Voraussetzung, aus der sich nach § 823 ff. BGB Schadensersatzpflicht ergibt. Hier geht es also um Wiedergutmachung – in der Regel durch Geldleistung – und nicht um Strafe. Wiedergutmachung
Die Strafmündigkeit ist ein Begriff des Strafrechts. Strafmündigkeit

- Strafrechtlich ist nicht verantwortlich, d. h. strafunmündig, wer zur Zeit der Straftat noch nicht 14 Jahre alt ist.

Ein noch nicht 14-Jähriger, der eine Körperverletzung begeht, hat noch keine strafrechtlichen Sanktionen, etwa Jugendstrafe, zu erwarten, wohl aber kann er schadensersatzpflichtig sein.

Auf einen Minderjährigen über 14 Jahren, der eine Körperverletzung oder eine Sachbeschädigung begeht, können demnach zwei Prozesse zukommen: ein Zivilprozess und ein Strafprozess.

3. Was ist zum Verschulden nötig?

Nun kehren wir zum Verschulden zurück. Das Gesetz lässt den Schädiger nur haften, wenn er eine rechtswidrige Handlung vorsätzlich oder fahrlässig begangen hat.

Definition 1

- Unter Vorsatz versteht man den Willen zum Handeln mit dem Bewusstsein eines für einen anderen schädlichen Erfolges. Vorsatz

Der Handelnde muss die Folgen also voraussehen; zu wünschen oder gar zu beabsichtigen braucht er sie nicht.

Definition 2

- Fahrlässig handelt, wer »die im Verkehr erforderliche Sorgfalt außer Acht lässt« (§ 276 Abs. 2 BGB). Fahrlässigkeit

Der Begriff »im Verkehr erforderlich« darf nicht verwechselt werden mit »im Verkehr üblich«. Die erforderliche Sorgfalt ist nicht auf verkehrsübliches Verhalten beschränkt. Sie geht oft darüber hinaus. Erforderliche Sorgfalt

Beispiel 8

Verkehrsüblich mag es sein, mehr Reparaturaufträge anzunehmen, als in einem bestimmten Zeitraum ausgeführt werden können. Der erforderlichen Sorgfalt entspricht das nicht.

Mögliche Sorgfalt

Welche Sorgfalt erforderlich ist, bestimmt sich nach objektiven Gesichtspunkten, also danach, wie ein gewissenhafter Mensch in der konkreten Situation zu handeln hätte.

Im Gegensatz dazu handelt nach dem Strafrecht fahrlässig, wer diejenige Sorgfalt außer Acht lässt, zu der er nach den Umständen und seinen persönlichen Verhältnissen und Fähigkeiten imstande ist.

Beispiel 9

Fahrlässig handelt, wer mit seinem Fahrzeug zu schnell fährt, weil er sich entweder über die Straßenverhältnisse bei schlechtem Wetter keine Gedanken macht oder nur hofft, dass es gutgehen wird.

Grobe Fahrlässigkeit

Wenn von grober Fahrlässigkeit die Rede ist, meint man ein besonders hohes Maß an Fahrlässigkeit.

Teilzusammenfassung

Unsere Rechtsordnung lässt grundsätzlich nur den für einen Schaden haften, welchen er einer anderen Person zufügt, wenn er die Unerlaubtheit seiner Handlung erkennt und die Folgen absehen kann. Deliktsunfähig, d. h. nicht verantwortlich für ihre unerlaubten Handlungen, sind Kinder unter sieben Jahren, ferner Bewusstlose und Zurechnungsunfähige, sofern sie sich nicht schuldhaft durch geistige Getränke oder andere Rauschmittel in diesen Zustand versetzt haben. Minderjährige über sieben, aber noch unter 18 Jahren sind bedingt deliktsfähig. Sie haften nur, wenn sie nach ihrer gesamten Entwicklung in der Lage sind, das Unrecht ihrer Handlung zu erkennen und einsehen können, dass sie für die daraus entstehenden Folgen in irgendeiner Weise einstehen müssen. Kinder unter 10 Jahren haften bei Verkehrsunfällen nicht.

4. Billigkeitshaftung

Wer für einen Schaden, den er verursacht hat, wegen Deliktsunfähigkeit nicht verantwortlich ist, muss nach § 829 BGB gleichwohl den Schaden insoweit ersetzen, als die Billigkeit nach den Umständen, insbesondere nach den Verhältnissen und den Unterhaltspflichten der Beteiligten, einen Schadensersatz erfordert. Das gilt nicht, wenn der Schadensersatz von einem aufsichtspflichtigen Dritten geleistet wird.

Schadensersatzpflicht trotz Deliktsunfähigkeit

Das hört sich kompliziert an, meint aber im Grunde etwas Einfaches: Mit dieser Bestimmung soll ein Ausgleich in Fällen geschaffen werden, in denen der Geschädigte den Schädiger wegen dessen Deliktsunfähigkeit eigentlich nicht in Anspruch nehmen kann und seinen Schaden auch nicht von einem aufsichtspflichtigen Dritten ersetzt erhält, weil dieser seine Aufsichtspflicht nicht verletzt hat oder weil bei ihm nichts zu holen ist, kann der Geschädigte u. U. Schadensersatz bekommen. Dabei sind nach § 829 BGB die beiderseitigen Vermögensverhältnisse ebenso zu berücksichtigen wie die sonstigen Lebensumstände und die Bedürfnisse, die sich nach dem Schadensereignis ergeben. Es wird also von Bedeutung sein, ob z. B. das Opfer eines Unfalls mit einem Deliktsunfähigen künftig pflegebedürftig ist oder ob es in einen anderen Beruf umgeschult werden muss. Auch die Tatumstände und das Verhalten des Geschädigten spielen eine Rolle.

Konnte das Opfer mit dem Geschehen rechnen oder hat es vielleicht sogar noch versucht, den Deliktsunfähigen vor Schaden zu bewahren und ist es erst dadurch selbst geschädigt worden?

Beispiel 10
Ein Kraftfahrer weicht einem plötzlich auf die Straße laufenden Kind aus und erleidet dadurch einen Unfall. In der Regel wird der Kraftfahrer nicht entschädigt werden, es sei denn, er weist nach, dass er mit dem auf die Straße laufenden Kind keinesfalls rechnen konnte.

Die Gerechtigkeit verlangt eine bessere Lösung

Fälle, in denen deliktsunfähige Kinder anderen Schäden zufügen, schreien geradezu nach einem Ausgleich. Bevor man jedoch den schutzwürdigen Deliktsunfähigen durch die von der Rechtsprechung immer weiter geöffnete Hintertür des § 829 BGB haften lässt, sollte der Gesetzgeber daran denken, eine Möglichkeit zu schaffen, die dem Interesse der Deliktsunfähigen und ihrer möglichen Opfer besser entspricht.

Die Interessen Deliktsunfähiger und ihrer Opfer besser wahren

Haftpflichtversicherungen heutiger Art

Die heute übliche private Haftpflichtversicherung tritt meist nur ein, wenn der Versicherte, sein in seinem Haushalt lebender Ehegatte und die ebenfalls im Haushalt lebenden minderjährigen Kinder haften. Haben die versicherten Eltern ihrer Aufsichtspflicht genügt, ist das schädigende Kind deliktsunfähig und haftet es auch nach § 829 BGB nicht, dann bekommt das Opfer von der Versicherung den Schaden nicht ersetzt. Die Haftpflichtversicherung deckt den Schaden also nur ab, wenn der Versicherte, dessen Ehegatte oder die minderjährigen Kinder an sich haften. Nur für diesen Fall sind sie versichert.

Haftpflichtversicherung deckt häufig nur Schäden, für die jemand haftet

In neuerer Zeit bieten immer mehr Haftpflichtversicherer – einige gegen Prämienaufschlag – Privathaftpflichtversicherungen an, die Zahlungen auch für Schäden vorsehen, die deliktsunfähige Kinder verursachen.

5. Art und Umfang des Schadensersatzes

- Schaden ist jeder Vermögensnachteil. Er schließt z. B. Arztkosten und Medikamente ein, auch Erholung und Rehabilitation.

Vermögensnachteile

Darüber hinaus kann sich der Schadensersatzanspruch auch auf Nachteile erstrecken, die der Verletzte für seinen Erwerb und sein Fortkommen hat (§ 842 BGB), wenn er in seiner Erwerbstätigkeit beeinträchtigt ist. Bei Freiheitsentziehung, Körperverletzung, Gesundheitsschädigung oder Verletzung der sexuellen Selbstbestimmung kann der Verletzte auch eine angemessene Entschädigung für den erlittenen immateriellen Schaden verlangen (§ 253 Abs. 2 BGB). Dieser Anspruch ist unter dem Begriff »Schmerzensgeld« bekannt.

Schmerzensgeld

Im Fall der Tötung muss der Ersatzpflichtige den Unterhaltsberechtigten (den Kindern und dem Ehegatten) des Getöteten Schadensersatz für den entgangenen Unterhalt leisten.

6. Mitverschulden des Geschädigten

Mitwirkendes Verschulden des Geschädigten – sofern er überhaupt haftbar ist – kann den Schadensersatzanspruch mindern oder sogar ganz ausschließen. Wie weit sich die Ersatzpflicht mindert, hängt von den Umständen, vor allem von dem Maß des Verursachens und des Verschuldens von Schädiger und Geschädigtem ab.

7. Wer hat was zu beweisen?

Beweispflicht

Die Frage der Beweispflicht spielt in der Gerichtspraxis eine große Rolle. Es gilt folgender Grundsatz:

- Derjenige, der einen Anspruch gegen einen anderen geltend macht, muss beweisen, dass die Voraussetzungen für den Anspruch gegeben sind.

Beispiel 11

Wer vom anderen einen Kaufpreis verlangt, muss beweisen, dass ein Kaufvertrag geschlossen worden ist.

Wer Schadensersatz wegen einer unerlaubten Handlung begehrt, muss nachweisen, dass der andere ein Rechtsgut oder sonstiges Recht vorsätzlich oder fahrlässig verletzt und ihm damit einen Schaden zugefügt hat.

Erleichterung der Beweisführung

Beweis des ersten Anscheins

Da der Geschädigte diesen Beweis oftmals schwerlich oder gar nicht erbringen kann, wird ihm die Beweisführung durch den von der Rechtsprechung entwickelten Grundsatz über den Beweis des ersten Anscheins erleichtert. Dieser Grundsatz besagt: Weist ein Sachverhalt nach der Lebenserfahrung auf einen bestimmten Geschehensablauf hin, dann kann von einer feststehenden Ursache auf einen bestimmten Erfolg oder von einem feststehenden Erfolg auf eine bestimmte Ursache geschlossen werden. Man sieht die Behauptung, so sei es gewesen, als bewiesen an, falls nicht der Gegner Tatsachen anführt, aus denen sich die ernsthafte Möglichkeit eines anderen Geschehensablaufes ergibt.

Beispiel 12

Bei einem Verkehrsunfall auf einem Zebrastreifen oder beim Einparken spricht der Beweis des ersten Anscheins für ein Verschulden des Fahrers des rollenden Fahrzeugs.

Entkräftigung des Anscheins

Dieser Grundsatz gilt auch, wenn eine aufsichtsbedürftige Person, z. B. ein Kind, einen Schaden erleidet. Auch hier spricht der erste Anschein für mangelnde Aufsichtsführung, denn nach der Lebenserfahrung können Schäden durch ausreichende Aufsichtsführung verhindert werden. Treten solche Schäden auf, muss der Aufsichtspflichtige den Vorwurf entkräften, dass er seine Aufsichtspflicht verletzt hat.

Beweislast

Anders gesagt: Der Aufsichtspflichtige hat im Streitfall die Beweislast, dass er seiner Verpflichtung zur Aufsichtsführung genügt hat. Gelingt ihm dieser Beweis nicht, haftet er für die entstandenen Schäden. Mit diesen Kenntnissen können wir nun den Fall in Beispiel 1 richtig beurteilen.

Beispiel 1 (Lösung)

F hat den dem P gehörenden Pkw widerrechtlich beschädigt. Ihm, dem 15-Jährigen, darf die Einsicht unterstellt werden, dass er einen Unfall heraufbeschwören kann, wenn er auf einer öffentlichen Straße eine unübersichtliche Kurve schneidet. Wenn er die im Straßenverkehr notwendige Sorgfalt beachtet hätte (§ 276 Abs. 2 BGB), wäre P nicht zum Ausweichen gezwungen worden. Da F also widerrechtlich und fahrlässig das Eigentum des P geschädigt hat, muss er den dadurch entstandenen Schaden nach § 823 Abs. 1 BGB ersetzen. P hat aber auch selbst zum Unfall beigetragen. Er ist nicht auf der äußersten rechten Straßenseite gefahren. Deshalb muss er sich eine Minderung seiner Ersatzansprüche gefallen lassen (§ 254 BGB). F wird also nicht den vollen Rechnungsbetrag bezahlen müssen.

Wie steht es aber mit der Frage, ob nicht etwa das Heim die Rechnung begleichen muss?

Wir müssen davon ausgehen, dass P seine Forderungen gegen die Verantwortlichen des Heims, nämlich den Verein und den Heimleiter H, geltend machen will. Der Verein haftet für unerlaubte Handlungen des Vereinsvorstandes und der verfassungsmäßig berufenen Vertreter (§ 31 BGB). Nach der Rechtsprechung haftet er außerdem, wenn dem Vorstand nachgewiesen werden kann, dass er den »falschen Mann«, der seiner Aufgabe nicht gewachsen ist, mit der Leitung des Heims beauftragt hat. H ist weder Vorstandsmitglied noch in der Satzung als sonstiger Vertreter des Vereins bestimmt. Außerdem ist nichts darüber ausgesagt, dass er seiner Aufgabe als Heimleiter nicht gewachsen ist. Auch nach § 831 BGB (Haftung für Verrichtungsgehilfen) haftet der Verein für seinen Heimleiter nicht, weil ihm der Nachweis gelingen wird, dass er bei der Bestellung des Heimleiters die erforderliche Sorgfalt beachtet hat.
H haftet ebenfalls nicht, weil er seine Aufsichtspflicht nicht verletzt hat (vgl. das nächste Kapitel).

Der geschädigte Kraftfahrer kann also Schadensersatz nur von dem minderjährigen Radfahrer bekommen.

Zusammenfassung

Voraussetzung für eine Haftung wegen unerlaubter Handlung ist u. a. die Deliktsfähigkeit. Deliktsunfähig sind Kinder unter sieben Jahren, Bewusstlose und Unzurechnungsfähige. Sie haften nicht. Minderjährige zwischen sieben und 18 Jahren sind bedingt deliktsfähig. Sie haften, wenn sie aufgrund ihrer Entwicklung in der Lage sind, das Unrecht ihrer Handlung zu erkennen und einzusehen, dass sie für die Folgen aufkommen müssen. Trotz fehlender Deliktsfähigkeit kann ein Schädiger haften, wenn die Gerechtigkeit einen Ausgleich erfordert. Der Schadensersatzanspruch umfasst alle Vermögensnachteile infolge einer Beeinträchtigung der Erwerbstätigkeit. Bei Freiheitsentziehung, Körperverletzung oder Gesundheitsschädigung kann der Geschädigte darüber hinaus Schmerzensgeld verlangen. Der Geschädigte muss sich eine Minderung seines Schadensersatzanspruches gefallen lassen, wenn er durch sein Verhalten den Schaden mitverursacht hat, sofern er überhaupt haftbar ist.

Aufsichtspflicht – Aufsichtspflichtverletzung

In diesem Kapitel geht es um die Aufsichtspflicht und um die Konsequenzen, die sich aus ihr, insbesondere für die erzieherische Praxis, ergeben. Eine Aufsichtspflichtverletzung kann für Eltern zivilrechtliche und strafrechtliche, für Erzieher außerdem noch arbeitsrechtliche oder dienstrechtliche Folgen haben. In diesem Zusammenhang muss auch die Frage erörtert werden, wie man sich vor Schadensersatzforderungen schützen kann.

Die Aufsichtspflichtverletzung ist das Schreckgespenst in der erzieherischen Praxis. Unsicherheit und – als Folge davon – Ängstlichkeit sind auf diesem Gebiet weit verbreitet.

Gesetz regelt nur Rechtsfolgen

Das dürfte vor allem daher rühren, dass das Gesetz zwar die Rechtsfolgen der Aufsichtspflichtverletzung – Schadensersatzpflicht, Strafe – herausstellt, Inhalt und Umfang der Aufsichtspflicht aber nicht einmal umreißt. Hinweise, wie die Aufsichtspflicht zu erfüllen ist, könnte das Gesetz bei der Vielfalt der denkbaren Vorkommnisse auch schwerlich geben. Sie müssten entweder sehr allgemein gehalten sein, hätten dann aber kaum Aussagekraft, oder sie würden die Erziehungsarbeit zu stark einschränken und reglementieren.

Der Gesetzgeber überlässt es deshalb der Rechtslehre und der Rechtsprechung, Maßstäbe für die Erfüllung der Aufsichtspflicht zu setzen.

Wahrscheinlich die größte Schwierigkeit liegt in den verschiedenen Betrachtungsweisen begründet: Die Gerichte betonen die Verpflichtung der Erziehungsberechtigten, die Kinder vor Schaden zu bewahren und dafür zu sorgen, dass sie auch anderen keinen Schaden zufügen. Diese Betrachtungsweise ist verständlich; denn einem Richter werden nur Schadensfälle vorgetragen. Der Erzieher hingegen hat es als seine vornehmste Aufgabe zu betrachten, die Entwicklung des Kindes zur Eigenverantwortlichkeit und selbstständigen Persönlichkeit zu fördern. Dazu muss er dem Kind einen »Freiraum« lassen; und dies birgt immer die Gefahr einer Schädigung des Kindes oder einer Schädigung anderer durch das Kind. Den Erziehungszielen Eigenverantwortlichkeit und Selbstständigkeit sind aber auch die Gerichte bei ihrer Gesetzesauslegung verpflichtet, weil es sich um gesetzlich formulierte Erziehungsziele handelt (s. Kapitel 2, Abschnitt 3). Deshalb verschließen sich die Gerichte pädagogischen Argumenten nicht; vor allem verlangen sie keine pädagogisch unvertretbaren Maßnahmen. Aber wo liegen nun die Grenzen zwischen genügender Aufsicht und Aufsichtspflichtverletzung?

Beispiel 1 (Aufgabe)

Die Erzieherin K lässt eine Gruppe von 15 Kindern im Sandkasten spielen. Der Sandkasten ist von der Küche des Kindergartens aus nicht einsehbar. Die Erzieherin geht in die Küche, um der Köchin beim Zubereiten des Essens zu helfen. Während dessen geraten zwei Buben in Streit. Einer von beiden (S) trifft bei der Auseinandersetzung den anderen (G) mit einer Sandschaufel so unglücklich, dass dieser an einem Auge schwer verletzt wird.

Frage 1: Hat K ihre Aufsichtspflicht verletzt?

Frage 2: Muss sie den Schaden ersetzen?

1. Inhalt der Aufsichtspflicht und gesetzliche Regelung

- Aufsichtspflichtige Personen haben die Verpflichtung, darauf zu achten, dass die ihnen zur Aufsicht Anvertrauten selbst nicht zu Schaden kommen und auch keine anderen Personen (Dritte) schädigen.

Schädigung durch den zu Beaufsichtigenden

Von der Aufsichtspflichtverletzung spricht ausdrücklich nur § 832 BGB.

> § 832 BGB
> (1) Wer kraft Gesetzes zur Führung der Aufsicht über eine Person verpflichtet ist, die wegen Minderjährigkeit oder wegen ihres geistigen oder körperlichen Zustandes der Beaufsichtigung bedarf, ist zum Ersatz des Schadens verpflichtet, den diese Person einem Dritten widerrechtlich zufügt. Die Ersatzpflicht tritt nicht ein, wenn er seiner Aufsichtspflicht genügt oder wenn der Schaden auch bei gehöriger Aufsichtsführung entstanden sein würde.
> (2) Die gleiche Verantwortlichkeit trifft denjenigen, welcher die Führung der Aufsicht durch Vertrag übernimmt.

Diese Bestimmung erfasst also die Fälle, in denen Dritte durch die zu beaufsichtigenden Personen geschädigt werden.

Aufsichtsführung

Schädigung des zu Beaufsichtigenden

Erleidet der zur Aufsicht Anvertraute selbst einen Schaden, ist § 823 BGB heranzuziehen.

> § 823 Abs. 1 BGB
> Wer vorsätzlich oder fahrlässig das Leben, den Körper, die Gesundheit, die Freiheit, das Eigentum oder ein sonstiges Recht eines anderen widerrechtlich verletzt, ist dem anderen zum Ersatz des daraus entstehenden Schadens verpflichtet.

Wie wir in Kapitel 6 gesehen haben, kann die Verletzungshandlung auch in einem Unterlassen bestehen. Unterlassungen gelten aber nur als rechtswidrig, wenn eine Verpflichtung zum Handeln bestand. Die Aufsichtspflicht ist eine solche Verpflichtung.

2. Entstehen der Aufsichtspflicht

Die Aufsichtspflicht kann unmittelbar durch eine Rechtsnorm begründet sein oder auf vertraglicher Abmachung beruhen. In diesem Sinne spricht man von gesetzlicher oder vertraglicher Aufsichtspflicht.

Aufsichtspflicht kraft Gesetzes

Eltern, Vormund, Pfleger

Die gesetzliche Aufsichtspflicht haben die Personensorgeberechtigten, das sind:

- die Eltern, sofern sie beide das Sorgerecht haben (§§ 1626 Abs. 1, 1631 Abs. 1 BGB),
- die Adoptiveltern (§ 1754 BGB),
- der Vormund (§ 1793 BGB),
- der Pfleger (§ 1915 BGB), wenn die Aufsichtspflicht zu seinen Aufgaben gehört.

Andere Personen

Ferner haben eine gesetzliche Aufsichtspflicht: gewerbliche und kaufmännische Ausbildende während der Geschäftszeit und in den Geschäftsräumen; Personal von Anstalten und Heimen, in die Geisteskranke, Süchtige usw. aufgrund gesetzlicher Bestimmungen eingewiesen werden; Lehrkräfte staatlicher und kommunaler Schulen, zu deren Dienstpflichten die Aufsichtsführung gehört.

Andere Erziehungsberechtigte

Andere Erziehungsberechtigte haben nur abgeleitete, übertragene Aufsichtspflicht. Maßstab für ihre Aufsichtspflicht sind die Anforderungen, die an die Eltern im konkreten Fall gestellt werden.

Vertragliche Aufsichtspflicht

- Vertraglich hat die Aufsichtspflicht, wer Minderjährige oder wegen ihres geistigen oder körperlichen Zustandes Aufsichtsbedürftige zur Erziehung oder Betreuung übernimmt.

Übernahme der Aufsichtspflicht

Die Übernahme der Aufsichtspflicht muss dabei im Vertrag nicht ausdrücklich erwähnt sein; es genügt, wenn der Inhalt des Vertrages diese Pflicht als selbstverständlich erscheinen lässt.

> Beispiel 2
> Die Aufnahme eines Kindes in einen Kindergarten oder in ein Heim schließt stillschweigend die Übernahme der Aufsichtspflicht durch den Kindergarten oder das Heim für die vereinbarte Zeit mit ein.

Übernahmevertrag formfrei

Der Betreuungs-, Erziehungs-, Aufnahmevertrag, oder wie er immer bezeichnet sein mag, bedarf keiner besonderen Form. Es genügt die tatsächliche Willensübereinstimmung zwischen dazu berechtigten Personen, also in der Regel zwischen den gesetzlichen Vertretern des Aufsichtsbedürftigen und der aufnehmenden Person oder dem Vertreter der aufnehmenden Einrichtung.

Leiter einer Jugendgruppe

Bei Jugendgruppen, die keine juristische Person (siehe Kapitel 1) und auch keinen nichtrechtsfähigen Verein als Rechtsträger haben, sondern sich spontan bilden, z. B. um eine Fahrt zu machen, kann nur der Leiter oder der von ihm bestellte

Vertreter die Aufsichtspflicht übernehmen, wobei der Leiter geschäftsfähig sein oder im Falle seiner Minderjährigkeit die Zustimmung seiner gesetzlichen Vertreter zum Führen der Gruppe haben muss. Der wichtigste private Rechtsträger ist der eingetragene Verein.

Definition 1

● Der Verein ist eine auf Dauer angelegte, zur Erreichung eines gemeinsamen Zweckes begründete freiwillige Personenvereinigung (von mindestens sieben Personen), die in ihrem Bestand vom Mitgliederwechsel unabhängig ist, von ihren Mitgliedern selbst verwaltet wird, einen Gesamtnamen führt und eine körperschaftliche Verfassung, d. h. Organe (Vorstand, Mitgliederversammlung), besitzt, die für die Vereinigung handeln können. Die Mitgliedsrechte und -pflichten bestehen nicht zwischen einzelnen Mitgliedern, sondern zwischen den Mitgliedern und der Gesamtheit der Vereinsmitglieder. — Eingetragener Verein

Den Charakter einer juristischen Person erhält der Verein erst durch die Eintragung ins Vereinsregister. Er heißt dann »eingetragener Verein« (abgekürzt e. V.). Ohne diese Eintragung ist eine solche Vereinigung ein »nichtrechtsfähiger Verein«. — Nicht rechtsfähiger Verein

Der Vorteil der Rechtskonstruktion »eingetragener Verein« liegt darin, dass ein bestimmter Zweck, z. B. die Errichtung oder der Betrieb eines Heimes, in Gemeinschaft leichter zu erreichen ist. Derartige Einrichtungen gehen in der Regel über die Finanzkraft eines Einzelnen hinaus. Außerdem haften für die Vereinsschulden nicht die einzelnen Mitglieder des Vereins persönlich, sondern der Verein mit seinem Vermögen. Und der Verein kann vor Gericht klagen und verklagt werden. Schließlich kann der eingetragene Verein, wenn er vom Finanzamt als gemeinnütziger Verein anerkannt ist, steuerabzugsfähige Spendenbescheinigungen ausstellen. — Haftung — Spendenquittung

Wenn also kein Vertrag geschlossen ist, besteht auch keine Aufsichtspflicht. Deswegen hat der Betreiber oder Eigentümer eines öffentlichen Spielplatzes oder Bolzplatzes keine Aufsichtspflicht für die dort spielenden Kinder. Er hat lediglich die Verkehrssicherungspflicht (s. Abschnitt 5).

Gefälligkeitsaufsicht

Wenngleich, wie wir gesehen haben, die Übernahme der Aufsichtspflicht nicht ausdrücklich im Vertrag erwähnt sein muss, so begründet andererseits nicht jede tatsächliche Übernahme der Aufsicht auch eine Aufsichtspflicht. Die Rechtsprechung nimmt eine vertragliche Aufsichtspflicht vielmehr nur dann an, wenn es sich um eine »*weitreichende* Obhut von *längerer* Dauer und/oder *weitgehender Einwirkungsmöglichkeit*« auf den zu Beaufsichtigenden handelt. Eine kurzzeitige Aufsichtsführung aus Gefälligkeit bedeutet also nicht, dass eine Aufsichtspflicht übernommen wäre. Gleichgültig ist auch, ob die Aufsicht entgeltlich oder unentgeltlich geführt wird, wenngleich die Vereinbarung eines Entgelts Indiz für das Bestehen einer Aufsichtspflicht sein kann. — Keine Aufsichtspflicht

Beispiel 3

Die Übernahme eines Kindes der Nachbarin aus Gefälligkeit, weil diese kurz eine Besorgung machen muss, begründet keine Aufsichtspflicht der aufnehmenden Nachbarin. Wenn hingegen die Großeltern während des Tages das Kind versorgen oder es während der Ferien zu sich nehmen, haben sie regelmäßig die Aufsichtspflicht.

Beginn und Ende der Aufsichtspflicht

Was vereinbart ist ...

... oder stillschweigend gelten darf

Wann und wo die Aufsichtspflicht beginnt und endet, hängt davon ab, was zwischen den Erziehungsberechtigten und der Person, die die Aufsichtsführung übernimmt, vereinbart worden ist. Oft wird es hierüber keine ausdrückliche (schriftliche oder mündliche) Vereinbarung geben. Es gilt dann, was stillschweigend – weil üblich und selbstverständlich – von beiden Seiten aus der Sicht eines objektiven Dritten als vereinbart angesehen werden darf. Mit dem objektiven Dritten ist die Allgemeinheit gemeint. Es kommt also darauf an, wie die Allgemeinheit die Situation sieht; im Streitfall steht der Richter anstelle der Allgemeinheit.

Beispiel 4
Wenn nicht ausdrücklich vereinbart ist, dass das Kind der Erzieherin im Kindergarten zu übergeben ist, beginnt die Aufsichtspflicht an der Gartentür des Kindergartens, weil der Garten bereits zum Verfügungsbereich (Einflussbereich) des Kindergartens gehört.

Aufsichtsbedürftige Personen

Aufsichtsbedürftig sind Minderjährige und Personen, die wegen ihres geistigen oder körperlichen Zustandes anderen zur Pflege, Betreuung, Behandlung oder Begutachtung anvertraut sind.

3. Umfang der Aufsichtspflicht

Welche Aufsicht erforderlich ist, richtet sich nach der Individualität des Aufsichtsbedürftigen und den sonstigen Umständen.

Persönliche Gegebenheiten

Zur Individualität, d. h. hier zu den persönlichen Gegebenheiten, gehören: Alter, Entwicklung, Eigenschaften, Erfahrung. An die Aufsichtsführung über einen Fünfjährigen werden demnach andere Anforderungen gestellt werden müssen als an die über einen Siebzehnjährigen. Körperlich oder geistig Behinderte sind anders zu beaufsichtigen als Menschen ohne solche Behinderungen, zu üblen Streichen neigende Kinder oder Jugendliche anders als ruhigere.

Sonstige Umstände

Mit der Feststellung, die Aufsichtspflicht richte sich auch nach den sonstigen Umständen, ist z. B. gemeint: Der Umfang der Aufsichtspflicht wird verschieden sein, ob Jugendliche Tischtennis spielen oder boxen, in einem öffentlichen Schwimmbad oder in einem See schwimmen, auf einer verkehrsreichen Straße oder auf einem Wiesenweg radfahren.
Wenn der Aufsichtspflichtige dem Vorwurf der Aufsichtspflichtverletzung vorbeugen oder ihm begegnen will, ergeben sich daraus nach der Rechtsprechung im Einzelnen eine Reihe von Forderungen.

Informationspflicht

Sich und die Kollegen informieren

Da sich die Aufsicht an der Individualität des Anvertrauten zu orientieren hat, muss der Aufsichtspflichtige über die Aufsichtsbedürftigen Bescheid wissen. Er muss über eventuelle Behinderungen und Gesundheitsschäden informiert sein und diese Kenntnisse an die Kollegen weitergeben.

Beispiel 5

Wenn eine Gruppe zum Baden geht, muss der Erzieher u. a. wissen, ob und wie gut die Gruppenmitglieder schwimmen können und ob eventuell eines davon einen Herzfehler oder ein verletztes Trommelfell hat.

Um ihrer Informationspflicht zu genügen, lassen sich Mitarbeiter, vor allem in der Jugendarbeit, oftmals von den Eltern das schriftliche Einverständnis für bestimmte Freizeitaktivitäten geben. Wenn die Eltern ohne Einschränkung oder Anmerkung mit den Unternehmungen einverstanden sind, sagen sie damit, dass das Kind oder der Jugendliche keine verborgenen körperlichen Schwächen oder Mängel hat, die für die Aufsichtsführung Bedeutung hätten. Zur Informationspflicht gehört auch, dass sich der Erzieher über die örtlichen Verhältnisse seines Arbeitsbereiches und die dort lauernden Gefahren, über die einschlägigen rechtlichen Schutzbestimmungen und die notwendigen Gesundheitsvorschriften unterrichtet.

Beispiel 6

Ein Erzieher muss die Jugendschutzbestimmungen und die Regeln kennen, die etwa beim Baden oder beim Bergsteigen zum Schutz von Leben und Gesundheit zu beachten sind.

Kindgemäße Warnung vor falschem Verhalten bei einer Sportart

Die Anvertrauten informieren

Schließlich muss der Erzieher die Kinder oder Jugendlichen in einer ihnen gemäßen Weise auf mögliche Gefahren, z. B. bei der Ausübung verschiedener Sportarten, hinweisen und sie vor falschem Verhalten warnen (nicht erhitzt ins Wasser zu gehen, mit dem Fahrrad nebeneinander zu fahren usw.).
Kleineren Kindern wird auch der gefahrlose Umgang mit Werkzeugen (Scheren, Messern, Hämmern, Sägen usw.), Spielzeug, Rollern, Fahrrädern erklärt und unter Umständen vorgemacht werden müssen.

Pflicht, die Aufsicht tatsächlich zu führen (Überwachungspflicht)

Belehrungen und Ermahnungen allein werden sicher in den meisten Fällen nicht ausreichen, um der Aufsichtspflicht zu genügen. Der Aufsichtspflichtige muss sich auch vergewissern, ob sie verstanden und befolgt werden. Er wird also das Kind oder den Jugendlichen tatsächlich beaufsichtigen müssen.

Die Rechtsprechung stellt an die tatsächliche Aufsichtsführung keine unerfüllbaren Anforderungen.

- Sie fordert »nur«, was einem verständigen Aufsichtspflichtigen in der jeweiligen Situation vernünftigerweise abverlangt werden kann.

Aufsichtsführung nach pädagogischen Maßstäben

Unter einem verständigen (seinen Verstand einsetzenden) Aufsichtspflichtigen verstehen die Gerichte eine Einziehungsperson, die sich bei ihrem Verhalten und ihren Entscheidungen von pädagogischen Zielsetzungen wie Selbstständigkeit und Eigenverantwortlichkeit (s. Kapitel 2, Abschnitt 3) leiten lässt und zugleich Gesundheits- und Sicherheitsinteressen des Aufsichtsbedürftigen und anderer beachtet.

Deshalb lässt sich folgender Satz formulieren, der den scheinbaren Widerspruch zwischen dem Erziehungsauftrag und den Anforderungen an die Aufsichtsführung auflöst:

- Was pädagogisch begründet und allgemein einsichtig ist, kann keine Aufsichtspflichtverletzung sein.

Oft ist es unmöglich, dass der Aufsichtspflichtige die ganze Gruppe ständig im Auge behält, z. B. bei der Fahrt mit einer Seilbahn, beim Schwimmen oder bei einem Geländespiel. Hier genügt er seiner Aufsichtspflicht, wenn er eine Gruppe in kleinere Gruppen unterteilt und diese von Gruppenmitgliedern beaufsichtigen lässt, die aufgrund ihrer geistigen oder charakterlichen Reife, ihrer Autorität, ihrer Sachkunde oder ihres Könnens dafür geeignet erscheinen. Die Gruppenmitglieder übernehmen damit natürlich nicht die Aufsichtspflicht, sondern nur die Aufsicht.

Pflicht einzugreifen

Konsequenzen erkennen lassen

Vom Aufsichtspflichtigen wird auch verlangt, dass er Konsequenzen erkennen lässt, wenn seine Mahnungen und Warnungen aus Unbekümmertheit, Leichtsinn, Geltungssucht oder bösem Willen nicht beachtet werden. Welche Konsequenzen das sind, bleibt dem pädagogischen Geschick des Aufsichtspflichtigen überlassen. Man kann hier z. B. an die Wegnahme eines Spielzeugs, den Ausschluss von einem Spiel oder den Abbruch einer Veranstaltung denken.

4. Delegation der Aufsichtspflicht

Grundsätzlich hat derjenige die Aufsicht selbst auszuführen, dem sie übertragen worden ist; denn bei dieser verantwortungsvollen Aufgabe kommt es auf die persönlichen Fähigkeiten der Person an, die die Aufsicht übernimmt.

Aufsicht in sozialpädagogischen Einrichtungen

Übertragung der Aufsicht

Anders ist es, wenn eine sozialpädagogische Einrichtung die Erziehung und damit auch die Aufsichtspflicht übernimmt. Hier kann die Aufsicht nicht von der Vertragspartei selbst wahrgenommen werden, die noch dazu oft eine juristische Person ist, sondern sie wird meist auf die Leitung der Institution und von dieser auf einen oder mehrere Erzieher übertragen (delegiert). Wenn auch die Weitergabe der Aufsichtspflicht in sozialpädagogischen Einrichtungen regelmäßig zulässig ist, so kann doch in der Art, wie die Delegation der Aufsicht erfolgt, eine Verletzung der Aufsichtspflicht liegen.

- Eine Verletzung der Aufsichtspflicht ist gegeben, wenn die Aufsichtsführung einer Person überlassen wird, die dafür ungeeignet ist.

Ungeeignete Person

Der Aufsichtspflichtige muss also die Person, auf die er die Aufsichtsführung delegieren will, sorgfältig auswählen und sie über alle Besonderheiten der Kinder, des Arbeitsplatzes oder der Veranstaltung informieren, die für die Aufsichtsführung von Bedeutung sein können. Der Ausspruch, den man in diesem Zusammenhang oft hört, »Praktikanten können keine Aufsichtspflicht haben«, ist jedoch in dieser Verallgemeinerung falsch. Auch an sie darf man die Aufsichtspflicht delegieren. Nur müssen sie besonders sorgfältig informiert, angewiesen und überwacht werden.

Sorgfältige Auswahl

- Eine Verletzung der Aufsichtspflicht ist auch gegeben, wenn der Aufsichtführende durch eine zu große Gruppe oder dadurch überfordert wird, dass man ihn für mehrere Gruppen einsetzt.

Überforderung des Aufsichtsführenden

Ob die Gruppe zu groß ist, um sie noch vernünftig beaufsichtigen zu können, hängt nicht nur von der Zahl, sondern auch vom Alter, den Eigenheiten der Kinder usw. ab. Einen allgemeingültigen Maßstab gibt es dafür nicht.

> Beispiel 1 (Lösung, Frage 1)
> Der Träger des Kindergartens hat mit dem Kindergartenvertrag stillschweigend die Aufsichtspflicht während des Aufenthaltes von G in seiner Einrichtung an K delegiert. Eine solche Delegation ist in sozialpädagogischen Einrichtungen üblich.
> Anstatt die Kinder zu beaufsichtigen, half K der Köchin bei der Essenszubereitung. Sie ließ die Gruppe für längere Zeit allein im Sandkasten spielen. Den Sandkasten konnte sie nicht einsehen, sodass es ihr nicht möglich war, den entstandenen Streit zu überwachen oder zu schlichten. Sie hat außer Acht gelassen, dass Kinder in diesem Alter beim Spielen leicht in Streit geraten und unvernünftig reagieren können. K hat damit nicht das getan, was von ihr vernünftigerweise im Interesse der Kinder erwartet werden konnte. Sie hat also die Aufsichtspflicht verletzt.
> Wenn K vom Träger angewiesen worden ist, der Köchin zu helfen, trifft ihn der gleiche Vorwurf.

Teilzusammenfassung

Der kraft Gesetzes oder aufgrund vertraglicher Abmachungen Aufsichtspflichtige hat darauf zu achten, dass der Aufsichtsbedürftige nicht zu Schaden kommt und auch anderen Personen keinen Schaden zufügt. Welches Maß an Aufsicht erforderlich ist, hängt von den persönlichen Gegebenheiten des Aufsichtsbedürftigen und von Umständen ab, die nicht mit der Person des Aufsichtsbedürftigen zusammenhängen. Wenn auch Umfang, Grad oder Intensität der Aufsichtsführung nicht allgemein bestimmt werden können, so lassen sich doch bestimmte Richtlinien aufstellen, durch deren Einhaltung der Aufsichtspflichtige dem Vorwurf der Aufsichtspflichtverletzung vorbeugen oder begegnen kann:

- Der Aufsichtspflichtige muss sich über den Aufsichtsbedürftigen und die sonstigen Umstände informieren.
- Er ist auch verpflichtet, die Informationen an seine Mitarbeiter weiterzugeben.

- Er muss den Aufsichtsbedürftigen auf erkennbare Gefahren hinweisen und ihn vor falschem Verhalten warnen.
- Er hat sich zu vergewissern, dass die ihm Anvertrauten seine Warnungen und Mahnungen verstanden haben und sie befolgen.
- Er muss den oder die Aufsichtsbedürftigen tatsächlich beaufsichtigen, in einer Weise, die verständigen Aufsichtspflichtigen in der jeweiligen Situation zumutbar ist.
- Der Träger einer sozialpädagogischen Einrichtung kann seine Aufsichtspflicht an den Leiter, die Erzieher oder an sonstige geeignete Personen delegieren. Wenn der Träger zu wenig geeignetes Personal anstellt oder die Gruppen zu groß sind, so liegt darin eine Pflichtverletzung des Trägers.

5. Zivilrechtliche Folgen der Aufsichtspflichtverletzung

Bei einer Verletzung der Aufsichtspflicht muss je nach Lage des Falles mit verschiedenartigen Rechtsfolgen gerechnet werden. Möglich sind die Verpflichtung zum Schadensersatz, strafrechtliche sowie dienst- oder arbeitsrechtliche Folgen.

Schadensersatzansprüche des Aufsichtsbedürftigen

Wenn der Aufsichtsbedürftige selbst geschädigt wird, hat er Schadensersatzansprüche aus Vertragsverletzung oder unerlaubter Handlung (§ 823 Abs. 1 BGB) gegen den Aufsichtspflichtigen, vorausgesetzt, dass der Aufsichtspflichtige seine Aufsichtspflicht verletzt hat und die Verletzung der Aufsichtspflicht ursächlich für den Schaden war, d. h. der Schaden auf die Aufsichtspflichtverletzung zurückgeht. Wenn der Schaden auch bei gehöriger Aufsichtsführung eingetreten wäre, haftet der Aufsichtspflichtige nicht.

Beispiel 7
Ein vierjähriger Bub klettert über den Balkon, während seine Pflegemutter sich mit der Nachbarin im Hausflur unterhält und fällt auf die Straße. Wenn die Pflegemutter nicht nachweisen kann, dass sie die Aufsichtspflicht nicht verletzt hat, hat der Bub, vertreten durch seine Eltern, einen Schadensersatzanspruch gegen die Pflegemutter.

Gegen den Rechtsträger

Verkehrssicherungspflicht

Ist der Aufsichtsbedürftige in einer sozialpädagogischen Einrichtung untergebracht, die von einem Verein getragen wird, dann haftet nach § 31 BGB der Verein allein, wenn der Aufsichtsbedürftige dadurch zu Schaden kommt, dass der Vorstand, Mitglieder des Vorstands oder ein satzungsgemäßer Vertreter die Verkehrssicherungspflicht verletzt (darunter versteht man die Rechtspflicht, alle zumutbaren Maßnahmen zu treffen, um ein gefahrloses Benutzen der vorhandenen Einrichtungen zu ermöglichen, z. B. Beleuchten des Treppenhauses, In-Ordnung-Halten und Streuen der Wege, Anbringen von Zäunen usw.). Ebenso verhält es sich, wenn der Träger die Aufsichtspflicht verletzt, weil er nicht oder noch nicht qualifiziertes Personal mit der Aufsichtsführung beauftragt, das Personal ungenügend überwacht, zu wenig Personal für die Betreuung der Gruppen anstellt, die Gruppen so groß sind, dass das Erziehungs- oder Betreuungspersonal überfordert ist, oder wenn er die Informationen, die für die Durchführung der Aufsicht nötig sind, nicht weitergibt.

Unter den gleichen Voraussetzungen haften wegen Vertragsverletzung und gemäß § 823 Abs. 1 BGB auch Privatpersonen, die sozialpädagogische Einrichtungen wie Kinder- und Erholungsheime oder auch Kindergärten betreiben oder für Jugend- und Freizeitgruppen verantwortlich sind.

Gegen Privatpersonen

Setzt sich der Träger aus mehreren Personen zusammen, wie z. B. »Elterninitiativen« und ähnliche Gruppierungen, die sich keine Satzung wie die Vereine geben, aber dennoch einen bestimmten Zweck verfolgen, dann haften die einzelnen Mitglieder gemeinschaftlich.

Gegen Personengruppen

Haftung des Trägers für seine Angestellten

Beauftragt der Träger einer sozialpädagogischen Einrichtung einen Angestellten (Heimleiter[in], Erzieher[in]) mit der Durchführung der Aufsicht, dann haftet er für dessen Aufsichtspflichtverletzung, als wenn er sie selbst begangen hätte (§§ 278, 831 BGB).

Träger haftet

Beispiel 8

Ein vierjähriger Bub läuft hinter der Erzieherin her, die auf ihr Zimmer im 1. Stock des Kindergartens geht. Er klettert über den Balkon und fällt auf die Straße. Wenn die Erzieherin nicht nachweisen kann, dass sie die Aufsichtspflicht nicht verletzt hat, dann haftet der private Träger des Kindergartens für die Aufsichtspflichtverletzung der Erzieherin.

Daneben haftet nach § 823 Abs. 1 BGB aber auch der Angestellte. Ob er im Einzelfall Schadensersatz leisten muss und wie hoch gegebenenfalls sein Anteil ist, hängt von den Gesamtumständen bei der Entstehung des Schadens ab und ob es billig (angemessen, gerecht) und ihm zumutbar ist, zum Ersatz des Schadens beizutragen. Das Bundesarbeitsgericht hält es nämlich für unbillig, einen Arbeitnehmer in jedem Falle haften zu lassen, wenn dessen Tätigkeit leicht zu derartigen Schäden führen kann oder die Gefahr besteht, dass der verursachte Schaden sehr groß ist und in keinem Verhältnis zum Arbeitseinkommen steht. Es hat deshalb folgende Regel aufgestellt:

Haftung des Angestellten

- Der Arbeitnehmer muss den Schaden voll ersetzen, wenn er ihn vorsätzlich verursacht hat; in der Regel auch bei grob fahrlässigem Verhalten (zu den Begriffen s. Kapitel 6, Abschnitt 3).
- Der Arbeitnehmer muss nicht zahlen, wenn er nur leicht fahrlässig gehandelt hat.
- Bei mittlerer Fahrlässigkeit ist der Schaden anteilig von Arbeitnehmer und Arbeitgeber nach Billigkeit und Zumutbarkeit zu tragen.

Gesetzliche Unfallversicherung

Gemäß § 2 Abs. 1 Nr. 8 a SGB VII genießen Kinder während des Besuchs von Kindertageseinrichtungen und während der Betreuung durch geeignete Tagespflegepersonen, Schüler während des Besuchs allgemeinbildender Schulen, Lernende während der beruflichen Aus- und Fortbildung und Studierende während der Aus- und Fortbildung an Hochschulen gesetzlichen Unfallschutz.

In Kindertageseinrichtungen und Schulen

Der Unfallschutz erfasst alle Unfälle, die während des Besuchs oder im Zusammenhang mit Veranstaltungen dieser Einrichtungen geschehen. Selbst Unfälle auf dem Weg zu oder von den Einrichtungen sind inbegriffen. Damit sind die Träger und Bediensteten von Kindertageseinrichtungen und Schulen sowie die Tagespflegepersonen von der Haftung wegen Körper- und Gesundheitsschäden der Kinder und Jugendlichen weitgehend freigestellt. Sachschäden und Schmerzensgeld werden von der Versicherung allerdings nicht getragen.

Beispiel 9
Im Fall von Beispiel 8 würde also die Versicherung für den Körperschaden des Buben aufkommen.

Wenn die Verletzung eines Kindes oder Jugendlichen auf grobe Fahrlässigkeit des Trägers oder eines Bediensteten zurückzuführen ist, kann die Versicherung auf den Schädiger zurückgreifen.

Schadensersatzansprüche Dritter

Haftung des Aufsichtsbedürftigen

Wenn jemand (ein Dritter) durch einen Aufsichtsbedürftigen geschädigt wird, kann er von ihm Schadensersatz verlangen. Es müssen aber die Voraussetzungen des § 823 Abs. 1 BGB erfüllt und der Aufsichtsbedürftige muss gemäß §§ 827, 828 BGB verantwortlich sein.

Beispiel 10
Ein zehnjähriger Bub wirft mit Steinen auf vorbeifahrende Autos. Wenn er bereits einsehen kann, dass er dadurch Schaden anrichtet, macht er sich auch schadensersatzpflichtig.

Haftung des Aufsichtspflichtigen

Daneben kann der Geschädigte nach § 832 BGB vom Aufsichtspflichtigen Schadensersatz verlangen, falls der Aufsichtspflichtige nicht nachweisen kann – er hat die Beweislast –, dass er seine Aufsichtspflicht nicht verletzt hat.

Beispiel 11
Wie Beispiel 10. Die Erzieherin beobachtet den Buben beim Steinewerfen und hindert ihn nicht sofort daran.
Wäre der Schaden auch bei genügender Aufsichtsführung entstanden, dann haftet der Aufsichtspflichtige dem Dritten nicht.

Beispiel 12
Ein Kind stolpert beim Spazierengehen. Das erschreckt einen vorbeifahrenden Autofahrer so, dass er an einen Baum prallt. Selbst bei genügender Aufsichtsführung können solche Unfälle nicht verhindert werden.

Haftung als Gesamtschuldner

Können der Aufsichtsbedürftige und der Aufsichtspflichtige für den Schaden verantwortlich gemacht werden, weil beide die Voraussetzungen dafür erfüllen, so haften sie nach § 840 Abs. 1 BGB als Gesamtschuldner. Das hat gemäß § 421 BGB zur Folge, dass der Geschädigte nach seinem Belieben beide zugleichen Teilen oder nur einen von ihnen in Anspruch nehmen kann. Der Gesetzgeber wollte damit dem Geschädigten die Möglichkeit geben, sich den Zahlungskräftigsten oder den zu greifen, dessen er am leichtesten habhaft werden kann.

Rückgriff auf den Aufsichtsbedürftigen

Nimmt der Geschädigte den meist zahlungskräftigsten Aufsichtspflichtigen in Anspruch, dann kann der Aufsichtspflichtige auf den aufsichtsbedürftigen Schädiger zurückgreifen, d. h. den verauslagten Schadensersatzbetrag von ihm einfordern (§ 840

Abs. 2 BGB). Das ist nur dann nicht möglich, wenn der Aufsichtsbedürftige deliktsunfähig war und lediglich aus Gründen der Gerechtigkeit (Billigkeit) nach § 829 BGB haften würde, weil er z. B. wirtschaftlich besser gestellt ist als der Geschädigte.

Der Rechtsträger kann unter den oben (Haftung des Trägers für seine Angestellten) genannten Voraussetzungen herangezogen werden. Ein Schadensersatzanspruch des Dritten wegen Vertragsverletzung scheidet hier allerdings aus, weil zwischen dem Aufsichtspflichtigen oder seinem Arbeitgeber und dem geschädigten Dritten in der Regel keine vertraglichen Beziehungen bestehen.

Haftung des Arbeitgebers

Amtshaftung

Verletzt ein Bediensteter einer vom Staat, einer Gemeinde oder sonstigen juristischen Person des öffentlichen Rechts getragenen Einrichtung seine Aufsichtspflicht, die für ihn zugleich Amtspflicht ist, so haftet anstelle des Bediensteten nur der öffentliche Rechtsträger der Einrichtung (Art. 34 GG in Verbindung mit § 839). Die Pflichtverletzung muss der Kläger beweisen.

Träger haftet

Bei Vorsatz und grober Fahrlässigkeit kann der öffentliche Rechtsträger auf den Bediensteten zurückgreifen, ihn in Regreß nehmen, d. h. den geleisteten Schadensersatz von ihm wieder verlangen.

Haftpflichtversicherung

Um für die Schadensersatzansprüche bzw. Rückgriffe abgedeckt zu sein, wird dem Erzieher eine Berufshaftpflichtversicherung empfohlen, es sei denn, der Arbeitgeber hat für sich und seine Angestellten bereits eine Betriebshaftpflichtversicherung.

Berufshaftpflichtversicherung

Haftpflichtversicherungen können auch für einzelne Unternehmungen, z. B. eine Fahrt, abgeschlossen werden. Es gibt auch kombinierte Kranken-, Unfall- und Haftpflichtversicherungen für solche Unternehmungen.

6. Strafrechtliche Folgen der Aufsichtspflichtverletzung

Versichern kann man sich nur gegen die zivilrechtlichen, nicht aber gegen die strafrechtlichen Folgen der Aufsichtspflichtverletzung. Wenn ein Aufsichtsbedürftiger infolge einer Aufsichtspflichtverletzung verletzt oder gar getötet wird (Beispiel 7 und 8), kann der Aufsichtspflichtige wegen fahrlässiger Körperverletzung oder fahrlässiger Tötung bestraft werden.

Strafbare Handlungen

Während bei der zivilrechtlichen Haftung der Aufsichtspflichtige beweisen muss, dass er die Aufsichtspflicht nicht verletzt hat, muss im Strafprozess der Staatsanwalt den Nachweis führen, dass der Aufsichtspflichtige die Aufsichtspflicht verletzt hat. Gelingt dieser Nachweis nicht, hat ihn der Richter freizusprechen. Wegen dieser unterschiedlichen Beweislage kann es durchaus vorkommen, dass ein Aufsichtspflichtiger im Zivilprozess zur Schadensersatzleistung verurteilt, im Strafprozess aber freigesprochen wird.

Unterschiedliche Beweislage

7. Arbeits- und dienstrechtliche Folgen

Verletzung der Dienstpflicht

Ein Arbeitnehmer oder Bediensteter, zu dessen Arbeits- bzw. Dienstpflichten die Aufsichtspflicht gehört, verletzt sein Dienstverhältnis, wenn er der Aufsichtspflicht nicht genügt. Der Arbeit- oder Dienstgeber kann wegen solcher Pflichtverletzungen deshalb den Arbeitnehmer z. B. von der Beförderung zurückstellen, ihm seine Leitungsfunktion entziehen oder sogar das Arbeitsverhältnis kündigen.

Beispiel 1 (Lösung, Frage 2)

Für den Schaden, den G im Kindergarten erlitten hat, tritt die gesetzliche Unfallversicherung ein.

Ein Rückgriff auf K durch die Versicherung ist nicht möglich, weil K zwar der Vorwurf mangelnder Aufsichtsführung gemacht werden kann, grob fahrlässig, d. h. besonders leichtfertig hat sie aber nicht gehandelt, wenn sie die Kinder während der Essenszubereitung allein im Sandkasten spielen ließ.

Zusammenfassung

Der Aufsichtspflichtige hat darauf zu achten, dass dem Aufsichtsbedürftigen kein Schaden zustößt und niemand durch den Aufsichtsbedürftigen einen Schaden erleidet. Art und Umfang der Aufsichtspflicht sind vom Gesetz nicht bestimmt. Sie richten sich nach den persönlichen Gegebenheiten des Aufsichtsbedürftigen und nach sonstigen Umständen. In sozialpädagogischen Einrichtungen hat der Träger die Aufsichtspflicht. Er kann sie an geeignete Personen delegieren. Grundsätzlich haftet derjenige, der die Aufsichtspflicht verletzt hat, für den Schaden, der durch die Aufsichtspflichtverletzung entsteht. Das gilt sowohl für den Fall, dass der Aufsichtsbedürftige selbst geschädigt wird, als auch dann, wenn der Aufsichtsbedürftige einem Dritten Schaden zufügt. Im letzteren Fall haftet aber neben dem Aufsichtspflichtigen auch der aufsichtsbedürftige Schädiger. Wenn der geschädigte Dritte den Aufsichtspflichtigen allein in Anspruch nimmt, darf der Aufsichtspflichtige auf den Aufsichtsbedürftigen voll zurückgreifen, es sei denn, der Aufsichtsbedürftige würde bloß aus Gründen der Billigkeit haften.
Steht der Aufsichtspflichtige in einem Dienst- oder Arbeitsverhältnis, haftet neben dem Angestellten auch der Arbeitgeber dem Geschädigten für die Pflichtverletzung seines Angestellten.
In einem öffentlichen Dienstverhältnis haftet immer der öffentliche Rechtsträger. Er darf nur bei vorsätzlicher oder grob fahrlässiger Pflichtverletzung auf seinen Dienstnehmer zurückgreifen. Der Arbeitgeber muss den Schaden allein tragen, wenn er seine Verkehrssicherungspflicht verletzt oder wenn er die Aufsichtspflicht auf eine Person delegiert hat, die dafür nicht oder noch nicht qualifiziert ist, und wenn er zu wenig Personal für die Betreuung der Aufsichtsbedürftigen anstellt. Die Verletzung der Aufsichtspflicht kann strafrechtliche Folgen haben, wenn der Anvertraute deswegen verletzt oder getötet wird.
Schließlich können sich für den angestellten oder beamteten Aufsichtspflichtigen aus seiner Aufsichtspflichtverletzung auch arbeits- oder dienstrechtliche Folgen bis zur Auflösung des Dienst- oder Arbeitsverhältnisses ergeben.
Kinder in Tageseinrichtungen und Schulen sowie in Tagespflege sind gesetzlich unfallversichert. Die gesetzliche Unfallversicherung trägt die Kosten der Heilbehandlung für Gesundheits- und Körperschäden. Für Sachschäden und Schmerzensgeld tritt sie nicht ein. Hierfür empfiehlt sich eine Berufshaftpflichtversicherung, wenn der Träger der Einrichtung keine Betriebshaftpflichtversicherung hat.

Kapitel 8

Struktur der Jugendhilfe

Aufgaben und Organisation der Jugendhilfe

Dieses und die beiden folgenden Kapitel befassen sich mit der Jugendhilfe. Dabei werden vor allem Hilfen für Kinder und Jugendliche und deren Familien behandelt, an denen Erzieherinnen und Erzieher mitwirken. Außerdem soll von den Organisationen die Rede sein, die diese Hilfe leisten.

Vorbemerkung

Reichsjugendwohlfahrtgesetz

Die ersten Ansätze zu einer gesetzlichen Regelung der Jugendhilfe gehen auf das 19. Jahrhundert zurück. Sie befassten sich hauptsächlich mit der Waisenfürsorge, dem Vormundschaftswesen und der Zwangserziehung Minderjähriger. Um die Wende zum 20. Jahrhundert erließen die einzelnen deutschen Staaten zahlreiche Regelungen auf diesem Gebiet; entsprechend nahm die Zersplitterung der jugendfürsorgerischen Tätigkeiten zu. Aus diesem Grunde und wegen der Verwahrlosung der Jugend, die im Ersten Weltkrieg stark hervorgetreten war, wurde der Ruf immer lauter, die öffentliche Jugendhilfe in kommunalen Zentralstellen zusammenzufassen, für die man 1918 die Bezeichnung Jugendämter vorschlug sowie die Forderung, die öffentliche und die freie Jugendhilfe zu trennen. Das »Reichsjugendwohlfahrtsgesetz« von 1922 war das Ergebnis der Bestrebungen in dieser Richtung. Das Gesetz wurde mehrfach geändert und hieß seit der Änderung von 1953 »Jugendwohlfahrtsgesetz«. In der Folgezeit hörten die Bemühungen um eine totale Reform des Jugendhilferechts nicht mehr auf.

Jugendwohlfahrtsgesetz

Kinder- und Jugendhilfegesetz

Nach vier vergeblichen Anläufen wurde 1990 ein neues Kinder- und Jugendhilfegesetz (abgekürzt: KJHG) als Achtes Buch des Sozialgesetzbuches verabschiedet. Es trat in den neuen Bundesländern am 3. Oktober 1990 und im bisherigen Bundesgebiet am 1. Januar 1991 in Kraft.

Familiäre Wirklichkeit heut

Mit dem neuen KJHG reagierte der Gesetzgeber auf gesellschaftliche Veränderungen und deren Auswirkungen für Kinder, Jugendliche und Familien. Die familiäre Wirklichkeit heute ist gekennzeichnet durch eine steigende Zahl von Ein-Kind-Familien, eine steigende Zahl von Kindern, die bei einem Elternteil aufwachsen, durch hohe Trennungs- und Scheidungsraten und schließlich durch einen Wandel der Rollen der Familienmitglieder, insbesondere der Frauen, der auch in dem Wunsch zum Ausdruck kommt, Erwerbstätigkeit und Familie besser miteinander vereinbaren zu können.

Sichtweise und Handlungsansatz

Auch Sichtweise und Handlungsansatz der Jugendhilfe haben sich in den letzten Jahrzehnten verändert. Die Jugendhilfepraxis bezieht neben dem Kind oder Jugendlichen stärker die Familie und das soziale Umfeld in die pädagogische Arbeit ein. Der Handlungsansatz hat sich von Eingriffen in die Familie, die mit einer Trennung des Kindes von seinen Eltern verbunden sind, zu einer offenen und präventiven Arbeit hin verlagert, die nicht das Kind als Symptomträger von der Familie isoliert und therapiert, sondern – wo immer möglich – bei der gesamten Familie ansetzt, um ihre Erziehungskraft zu stärken. (Mit ähnlichen Worten hat die Bundesregierung den Entwurf des KJHG begründet.)

Diesen Veränderungen wollte die Jugendhilfe gerecht werden, musste aber immer wieder feststellen, dass ihre Praxis unzureichend gesetzlich abgesichert war. Das galt vor allem für die Bereiche der allgemeinen Förderung der Jugend und der Familien sowie der familienunterstützenden ambulanten und teilstationären Hilfen für Erziehung. Das neue KJHG sollte nun eine ausreichende Grundlage für die Jugendhilfepraxis abgeben. Es beinhaltet eine zeitgemäße Beschreibung dieser Praxis in den Ländern der alten Bundesrepublik, lässt Raum für neue Entwicklungen, zeigt aber kaum Perspektiven für eine Weiterentwicklung der Jugendhilfe auf.

Grundlage für Jugendhilfepraxis

Obwohl das KJHG als Achtes Buch des Sozialgesetzbuches erlassen worden ist und damit Bestandteil des Sozialgesetzbuches ist, wird es in der sozialpädagogischen Literatur und in der Praxis häufig mit KJHG abgekürzt.

Hier wird die Abkürzung KJHG verwendet, wenn es allgemein um das Gesetz geht. In Verbindung mit Paragrafen wird die juristische Zitierung SGB VIII gebraucht.

1. Was ist Jugendhilfe?

Leistungen für junge Menschen

Definition 1

● Unter Jugendhilfe werden Leistungen zur Förderung der Entwicklung und Erziehung junger Menschen neben Familie, Schule und Berufsausbildung sowie Leistungen zur Entlastung und Unterstützung der Familie verstanden, daneben auch Kontroll- und Aufsichtsaufgaben des Staates zum Schutz von Kindern und Jugendlichen.

Obwohl das Achte Buch des Sozialgesetzbuches die Überschrift »Kinder- und Jugendhilfe« trägt, gebrauchen Gesetzgeber und Jugendhilfepraxis meist die herkömmliche kürzere Bezeichnung »Jugendhilfe«.

2. Die Rechtsgrundlagen der Jugendhilfe

Länderausführungsgesetze

Im KJHG sind die wesentlichen Rechtsgrundlagen der Jugendhilfe zusammengefasst. Die Ausführungsgesetze der Bundesländer enthalten wichtige Ergänzungen zum KJHG. Aufgaben der Jugendhilfe ergeben sich ferner aus dem Jugendschutzgesetz und dem Jugendgerichtsgesetz.

Kindergartengesetze

Zu Teilbereichen der Jugendhilfe sind in den einzelnen Bundesländern besondere gesetzliche Regelungen erfolgt, vor allem für den Bereich der Kindertageseinrichtungen. Die Ländergesetze zur Förderung von Kindern in Kindertageseinrichtungen und in Kindertagespflege beschreiben ausführlicher als das KJHG die Aufgaben und Ziele der Einrichtungsarten. Sie regeln insbesondere die Mitwirkung der Erziehungsberechtigten am Einrichtungsgeschehen, machen Aussagen zur Bedarfsplanung, zur Trägerschaft der Einrichtungen, zu den räumlichen Anforderungen und zu den Ausbildungsanforderungen an das pädagogische Personal. Besonders wichtig für die Träger sind die Regelungen zur Kostentragung für den Bau, den Betrieb und das Personal der Einrichtungen. Noch detailliertere Regelungen finden sich in Aus- oder Durchführungsverordnungen der Länder.

3. Ziele der Jugendhilfe

- Ziel jeglicher Jugendhilfe ist nach § 1 Abs. 1 SGB VIII der eigenverantwortliche und gemeinschaftsfähige junge Mensch.

Auf dieses Ziel sollen alle Förderungsangebote, Hilfen und sonstige Maßnahmen ausgerichtet sein.
Im § 1 Abs. 3 nennt das Gesetz weitere wesentliche Grundziele. Hervorzuheben ist der Auftrag der Jugendhilfe, dazu beizutragen, dass positive Lebensbedingungen für junge Menschen und ihre Familien sowie eine kinder- und familienfreundliche Umwelt erhalten bzw. geschaffen werden. Die Jugendhilfe ist damit aufgerufen, sich in die Wohnungs-, Sozial- und Bildungspolitik sowie in die Verkehrs-, Medien-, Wirtschafts- und Finanzpolitik einzumischen. Grundziele

4. Gibt es einen Rechtsanspruch auf Jugendhilfe?

In § 1 Abs. 1 SGB VIII wird das Ziel der Jugendhilfe als »Recht des jungen Menschen« bezeichnet. Diese Formulierung könnte es nahelegen, § 1 als Rechtsanspruch des jungen Menschen auf Jugendhilfe zu verstehen. Das hätte zur Folge, dass auf alle Leistungen ein einklagbarer Anspruch bestünde, dass z. B. das Bereitstellen eines Bastelraums im »Haus der offenen Tür« oder eines pädagogisch betreuten Spielplatzes durch das Jugendamt im Klagewege erzwungen werden könnte. Ein derart umfassender Anspruch gegenüber dem Träger der Jugendhilfe wird jedoch nicht anerkannt. Der Begriff »Förderung der Entwicklung und der Erziehung zu einer eigenverantwortlichen und gemeinschaftsfähigen Persönlichkeit« als Inhalt eines solchen Anspruchs ist zu unbestimmt, als dass sich aus ihm konkrete, den Träger der Jugendhilfe verpflichtende und im Klagewege erzwingbare Rechtsansprüche ableiten ließen. Generell kein einklagbarer Rechtsanspruch
Ein Rechtsanspruch auf öffentliche Jugendhilfe besteht nur dort, wo das KJHG einzelne Pflichten des Jugendhilfeträgers gegenüber dem Bürger und Rechte des Bürgers gegenüber dem Jugendhilfeträger so genau beschreibt, dass die Voraussetzungen für bestimmte Tätigkeiten genau und gerichtlich nachprüfbar festzustellen sind. In solchen Vorschriften heißt es dann, dass ein Anspruch besteht (z. B. §§ 18 Abs. 1, 24 Abs. 1 S. 1 und 27 Abs. 1 SGB VIII). Rechtsanspruch nur ausnahmsweise

> § 27 Abs. 1 SGB VIII
> Ein Personensorgeberechtigter hat bei der Erziehung eines Kindes oder eines Jugendlichen Anspruch auf Hilfe (Hilfe zur Erziehung), wenn eine dem Wohl des Kindes oder des Jugendlichen entsprechende Erziehung nicht gewährleistet ist und die Hilfe für seine Entwicklung geeignet und notwendig ist.

Überall dort, wo es nur heißt »sind zur Verfügung zu stellen« (z. B. § 11 Abs. 1 SGB VIII), »sollen angeboten werden« (z. B. §§ 13 bis 16, jeweils Abs. 1 SGB VIII), »sollen unterstützt werden« (z. B. §§ 20 Abs. 1, 25 SGB VIII) richten sich diese Anweisungen an die Träger der Jugendhilfe, ohne dem Bürger einen Rechtsanspruch auf die Leistung einzuräumen.

5. Erziehungs- und Schutzauftrag der Jugendhilfe

Kein eigenständiger Auftrag

Das KJHG gesteht der Jugendhilfe keinen eigenständigen Erziehungsauftrag zu. Es betont vielmehr den Erziehungsprimat der Eltern, indem es im § 1 Abs. 2 den Wortlaut des Art. 6 Abs. 2 GG wiedergibt.

> § 1 Abs. 2 SGB VIII
> Pflege und Erziehung der Kinder sind das natürliche Recht der Eltern und die zuförderst ihnen obliegende Pflicht. Über ihre Bestätigung wacht die staatliche Gemeinschaft.

Unterstützung und Ergänzung elterlicher Erziehung

- Die Jugendhilfe soll die elterliche Erziehung unterstützen und ergänzen. Gegen den Willen der betroffenen Eltern kann sie nicht tätig werden. Hierfür bedürfte es der familiengerichtlichen Entscheidung nach § 1666 BGB (s. dazu auch Kapitel 2, 2. Abschnitt und Kapitel 3, Abschnitt 7).
  Sofern das Jugendamt aber ein Tätigwerden des Familiengerichts gemäß seinem Schutzauftrag für erforderlich hält, muss es dieses auch anrufen; das gilt auch dann, wenn die Personensorgeberechtigten oder die Erziehungsberechtigten nicht bereit oder in der Lage sind, bei der Abschätzung des Gefährdungsrisikos mitzuwirken (§ 8 a Abs. 1, 3 S. 1 SGB VIII). In Vereinbarungen des Jugendamtes mit den Einrichtungsträgern der Kinder- und Jugendhilfe sind auch diese und deren Fachkräfte in den Schutzauftrag des Jugendamtes einzubinden (§ 8 a Abs. 2 SGB VIII). Bei dringender Gefahr für das Kindeswohl und wenn die Entscheidung des Gerichts nicht abgewartet werden kann, ist das Jugendamt sogar verpflichtet, das Kind oder den Jugendliche in Obhut zu nehmen (§ 8 a Abs. 3 S. 2 SGB VIII).
  Auch für zeitlich begrenzte Kriseninterventionen hat das Jugendamt nach § 8 Abs. 3 SGB VIII die Befugnis, das Kind oder den Jugendlichen zu beraten, wenn die Beratung aufgrund einer Not- und Konfliktsituation erforderlich ist und solange durch eine Mitteilung an die Personensorgeberechtigten der Beratungszweck vereitelt würde.

6. Rechtsposition Minderjähriger in der Jugendhilfe

Das KJHG gesteht Minderjährigen in der Regel nicht das Recht zu, selbstständig Leistungen der Jugendhilfe zu beanspruchen. Wo ihnen eigene Ansprüche eingeräumt werden (z. B. § 35 a SGB VIII: Anspruch auf Eingliederungshilfe), können sie diese erst mit Vollendung des 15. Lebensjahres selbstständig geltend machen (§ 36 SGB I).

Beteiligungsrechte von Kindern und Jugendlichen

Beteiligungsrechte spricht § 8 SGB VIII Minderjährigen aber zu. So hat ein Minderjähriger das Recht, seinem Entwicklungsstand entsprechend, an allen ihn betreffenden Entscheidungen der Jugendhilfe beteiligt zu werden.

Recht auf Kontaktaufnahme

Er kann sich in Angelegenheiten der Erziehung und Entwicklung auch selbst an das Jugendamt wenden (§ 8 Abs. 2).

Anregungsrecht

Wenn Hilfe zur Erziehung außerhalb der eigenen Familie erforderlich wird, ist der Minderjährige nach § 36 Abs. 1 S. 3 und 4 SGB VIII bei der Auswahl der Pflegestelle oder der Einrichtung zu beteiligen. Seinen Wünschen ist möglichst zu entsprechen.

Dieses Recht der Minderjährigen gibt der Jugendhilfe aber nicht die Befugnis, Leistungen auch gegen den Willen der Eltern zu erbringen.

Teilzusammenfassung

Unter Jugendhilfe werden in erster Linie Leistungen zur Förderung der Entwicklung und Erziehung von jungen Menschen außerhalb von Schule und Berufsausbildung verstanden. Sie sind gesetzlich überwiegend im Kinder- und Jugendhilfegesetz zusammengefasst.

Ziel der Jugendhilfe ist der eigenverantwortliche und gemeinschaftsfähige junge Mensch.

Nach dem Willen des Gesetzgebers hat die Jugendhilfe die Aufgabe, die elterliche Erziehung zu unterstützen, zu entlasten und zu ergänzen. Ein eigener Erziehungsauftrag ist der Jugendhilfe nicht zuerkannt. Minderjährige leiten ihre Rechte von der Verantwortung ihrer Eltern her. Außer einigen Beteiligungsrechten ist ihnen in der Regel nicht die Möglichkeit eingeräumt, Jugendhilfeleistungen selbstständig zu beanspruchen.

7. Aufgaben der Jugendhilfe

Die Aufgaben der Jugendhilfe sind im § 2 SGB VIII aufgeführt.

Leistungen

- Die Jugendhilfe umfasst Leistungen und andere Aufgaben. Der Oberbegriff ist Aufgaben.
- Leistungen der Jugendhilfe werden von Trägern der freien Jugendhilfe und von Trägern der öffentlichen Jugendhilfe erbracht. Leistungsverpflichtungen richten sich nur an die Träger der öffentlichen Jugendhilfe (§ 3 Abs. 2 SGB VIII).

Andere Aufgaben

- Andere Aufgaben der Jugendhilfe werden von Trägern der öffentlichen Jugendhilfe wahrgenommen.

  Beispiel 1
  Beispiele für Leistungen der Jugendhilfe nach § 2 Abs. 2 SGB VIII: Angebote der Jugendarbeit und des erzieherischen Jugendschutzes, Angebote der Förderung von Kindern in Tageseinrichtungen (Krippen, Kindergärten, Horten und in Tagespflege), Hilfe zur Erziehung in Heimen oder in der Form des betreuten Wohnens.
  Beispiele für andere Aufgaben nach § 2 Abs. 3 SGB VIII: Inobhutnahme von Kindern oder Jugendlichen, die von zu Hause ausgerissen sind, Heimaufsicht, Jugendgerichtshilfe.

Soweit dies im § 76 SGB VIII ausdrücklich bestimmt ist, können anerkannte Träger der freien Jugendhilfe auch andere Aufgaben wahrnehmen oder mit ihrer Ausführung betraut werden (§ 3 Abs. 3 SGB VIII).

Beispiel 2
Wohlfahrtsverbände werden häufig damit betraut, Stellungnahmen zur Regelung der elterlichen Sorge nach der Ehescheidung abzugeben. Auch in anderen Fällen, in denen das Jugendamt in einem vormundschaftsgerichtlichen oder familiengerichtlichen Verfahren zu hören ist, werden anerkannte freie Träger tätig. Die Verantwortung für deren Tätigkeit bleibt aber beim öffentlichen Träger.

Öffentliche Jugendhilfe
Freie Jugendhilfe

Wenn Aufgaben der Jugendhilfe von Behörden wahrgenommen werden, spricht man auch von öffentlicher Jugendhilfe, ansonsten von freier Jugendhilfe. In der Jugendhilfepraxis wird auch künftig anstatt von Trägern der öffentlichen Jugendhilfe und Trägern der freien Jugendhilfe kurz von öffentlichen und freien Trägern gesprochen werden.

8. Träger der öffentlichen Jugendhilfe

Träger der öffentlichen Jugendhilfe sind die örtlichen und überörtlichen Träger.

Kreise und kreisfreie Städte
Jugendamt

Wer die örtlichen und die überörtlichen Träger sind, wird durch Landesrecht (Ausführungsgesetze der Länder) geregelt (§ 69 Abs. 1 SGB VIII). In Flächenstaaten wie Bayern sind die (Land-)Kreise und die kreisfreien Städte als örtliche Träger bestimmt.
Jeder örtliche Träger errichtet ein Jugendamt und jeder überörtliche ein Landesjugendamt (§ 69 Abs. 3 SGB VIII).

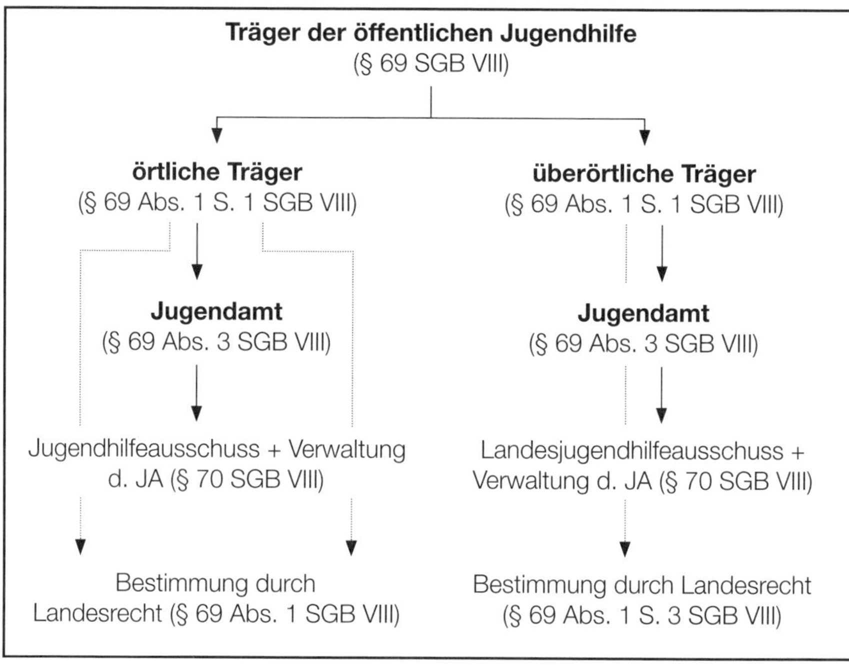

9. Träger der freien Jugendhilfe

Kirchen- und Wohlfahrtsverbände

Offenbar wegen der Vielfalt der Trägerstrukturen im nicht staatlichen Bereich sieht das SGB VIII davon ab, die Träger der freien Jugendhilfe zu nennen. Aus § 75 Abs. 3 SGB VIII lässt sich jedoch entnehmen, welche Träger in erster Linie als Träger der freien Jugendhilfe anzusehen sind, nämlich die Kirchen und die Religionsgemeinschaften des öffentlichen Rechts sowie die auf Bundesebene zusammengeschlossenen Verbände der freien Wohlfahrtspflege (Arbeiterwohlfahrt, Deutscher Caritasverband, Deutscher Paritätischer Wohlfahrtsverband, Deutsches Rotes Kreuz, Diakonisches Werk, Zentralwohlfahrtsstelle der Juden in Deutschland).

Jugendverbände – im Wesentlichen die kirchlichen und gewerkschaftlichen Jugendverbände, Sportjugend, Pfadfinder – sind größtenteils auf örtlicher Ebene in den Kreisjugendringen, auf der mittleren Ebene in den Bezirksjugendringen und auf Landesebene im Landesjugendring, in Bayern z. B. im Bayerischen Jugendring zusammengeschlossen.

Jugendverbände

Beispiel 3
Träger der meisten Kindergärten in der alten Bundesrepublik sind die Kirchen (katholische Kirchenstiftungen, evangelische Kirchengemeinden) und gemeinnützige Vereine.

- Die Träger der freien Jugendhilfe werden grundsätzlich nicht im Auftrag und nach Weisung der Träger der öffentlichen Jugendhilfe tätig. Sie erbringen Leistungen und beteiligen sich – vorausgesetzt, dass sie anerkannt sind – an der Erfüllung anderer Aufgaben der Jugendhilfe aus eigenem Recht und in eigener Verantwortung. Verpflichtet, Leistungen nach dem KJHG zu erbringen, sind nur die öffentlichen Träger (§ 3 SGB VIII).

Wunsch- und Wahlrecht der Leistungsberechtigten

Die Leistungsberechtigten (meist sind es die Eltern) haben das Recht, zwischen Einrichtungen und Diensten der verschiedenen Träger zu wählen (§ 5 SGB VIII). Ihrer Wahl und ihren Wünschen soll entsprochen werden, wenn dies nicht mit unverhältnismäßigen Mehrkosten verbunden ist.

Wahl zwischen den Trägern

Anerkennung als Träger der freien Jugendhilfe

Das KJHG zählt, wie wir oben festgestellt haben, die freien Träger nicht auf; es enthält nur eine Regelung, unter welchen Voraussetzungen ein Träger als Träger der freien Jugendhilfe anerkannt werden kann und wer anerkannter Träger ist, ohne ein Anerkennungsverfahren durchlaufen zu haben (§ 75 SGB VIII).

§ 75 SGB VIII
(1) Als Träger der freien Jugendhilfe können juristische Personen und Personenvereinigungen anerkannt werden, wenn sie
1. auf dem Gebiet der Jugendhilfe im Sinne von § 1 tätig sind,
2. gemeinnützige Ziele verfolgen,
3. aufgrund der fachlichen und personellen Voraussetzungen erwarten lassen, dass sie einen nicht unwesentlichen Beitrag zur Erfüllung der Aufgaben der Jugendhilfe zu leisten imstande sind und
4. die Gewähr für eine den Zielen des Grundgesetzes förderliche Arbeit bieten.
(2) Einen Anspruch auf Anerkennung als Träger der freien Jugendhilfe hat unter den Voraussetzungen des Absatzes 1, wer auf dem Gebiet der Jugendhilfe mindestens drei Jahre tätig gewesen ist.
(3) Die Kirchen und Religionsgemeinschaften des öffentlichen Rechts sowie die auf Bundesebene zusammengeschlossenen Verbände der freien Wohlfahrtspflege sind anerkannte Träger der freien Jugendhilfe.

Voraussetzungen der Anerkennung

Die Anerkennung als Träger der freien Jugendhilfe hat unter anderem die Wirkung, dass der anerkannte Träger an der Durchführung von bestimmten Aufgaben (s. Beispiel 2) beteiligt werden kann oder ihm diese Aufgaben zur Ausführung übertragen werden können (§ 76 SGB VIII). Anerkannte Träger der freien Jugendhilfe sind auch an der Jugendhilfeplanung zu beteiligen (§ 80 Abs. 3 SGB VIII). Desgleichen

Wirkung der Anerkennung

ist die Anerkennung Voraussetzung für eine auf Dauer angelegte Förderung (§ 74 Abs. 1 S. 2 SGB VIII).

10. Zusammenarbeit von öffentlicher und freier Jugendhilfe

Die Vielfalt (Pluralität) von Trägern unterschiedlicher Wertorientierungen und von Inhalten und Arbeitsformen ist ein Wesensmerkmal der Jugendhilfe (§ 3 Abs. 1 SGB VIII).

Partnerschaftliche Zusammenarbeit

- Das KJHG verpflichtet die Träger der öffentlichen Jugendhilfe zu partnerschaftlicher Zusammenarbeit mit den Trägern der freien Jugendhilfe, wobei sie die Selbstständigkeit der Träger der freien Jugendhilfe in Zielsetzung und Durchführung der Aufgaben sowie in der Gestaltung der Organisationsstruktur zu achten haben (§ 4 Abs. 1 SGB VIII).

Von Partnerschaft kann man nur sprechen bei einer gleichwertigen und gleichberechtigten Beteiligung an der Aufgabenerfüllung.

Subsidiaritätsprinzip

- Der Nachrang der öffentlichen Jugendhilfe (Subsidiaritätsprinzip) für Leistungen (Einrichtungen, Dienste und Veranstaltungen) anerkannter freier Träger der Jugendhilfe ist ebenso festgeschrieben wie die Verpflichtung, die freie Jugendhilfe zu fördern und dabei die verschiedenen Formen der Selbsthilfe zu stärken (§§ 4 Abs. 3, 74 SGB VIII). Nicht zuletzt soll sich die Partnerschaft im Rahmen der vorgesehenen Arbeitsgemeinschaften (§ 78 SGB VIII) und der Jugendhilfeplanung (§ 80 Abs. 3 SGB VIII) konkretisieren.

Gesamtverantwortung für die Jugendhilfe

Bei öffentlichen Trägern

Die Gesamtverantwortung für die Erfüllung der Aufgaben der Jugendhilfe weist das Gesetz den Trägern der öffentlichen Jugendhilfe zu (§ 79 SGB VIII). Sie haben die Verpflichtung, für ein umfassendes, gleichmäßiges und flächendeckendes Leistungsangebot zu sorgen. Zu diesem Zweck sollen sie auch mit anderen öffentlichen Stellen und Einrichtungen zusammenarbeiten (§ 81 SGB VIII), vor allem mit Schulen, Gesundheitsämtern, Arbeitsämtern, Gewerbeaufsichtsämtern, Polizei, Familiengericht, Jugendgericht.

11. Organisation der Jugendhilfe und Zuständigkeiten

Das KJHG regelt nur die Organisation der öffentlichen Jugendhilfe. Die Organisation der Träger der freien Jugendhilfe ist diesen selbst überlassen. Die Träger der öffentlichen Jugendhilfe haben die Organisationsstruktur der Träger der freien Jugendhilfe zu achten (§ 4 Abs. 2 SGB VIII).

Organisation des Jugendamts und des Landesjugendamtes

- Jeder örtliche Träger errichtet ein Jugendamt und jeder überörtliche Träger ein Landesjugendamt (§ 69 Abs. 3 SGB VIII).

- Jugendamt und Landesjugendamt bestehen aus den jeweiligen Verwaltungen und dem Jugendhilfeausschuss bzw. dem Landesjugendhilfeausschuss (§ 70 Abs. 1, 3 SGB VIII).

Dualistische Verfassung

Die Jugendämter besitzen damit abweichend von anderen Verwaltungsbehörden eine dualistische Verfassung. Ein besonderer Ausschuss ist Teil der Behörde und hat der Verwaltung gegenüber bestimmte Rechte. Zweck dieser Zweigliedrigkeit ist es, im Interesse einer wirksamen Jugendpolitik alle gesellschaftlichen Gruppierungen unmittelbar an der öffentlichen Jugendhilfe zu beteiligen.

Laufende Verwaltung

Jugendhilfeausschuss

Während die Geschäfte der laufenden Verwaltung (täglich anfallende Arbeit, Entscheidungen im Einzelfall) vom Leiter der Verwaltung des Kreises (Landrat) oder der kreisfreien Stadt (Oberbürgermeister) oder in deren Auftrag vom Leiter des Landesjugendamtes im Rahmen der Satzung und der Beschlüsse der Vertretungskörperschaft (Stadtrat, Kreistag) und des Jugendhilfeausschusses bzw. vom Leiter des Landesjugendamtes im Rahmen der Satzung und der Beschlüsse des Landesjugendhilfeausschusses geführt werden (§ 70 Abs. 2, 3 SGB VIII), befassen sich Jugendhilfeausschuss und Landesjugendhilfeausschuss mit grundsätzlichen Angelegenheiten der Jugendhilfe, vor allem mit der Jugendhilfeplanung (§ 71 Abs. 2, 3 und Abs. 4 S. 3 SGB VIII). Sie stellen generelle Richtlinien und Grundsätze für die Arbeit des Jugendamtes bzw. Landesjugendamtes auf.
Die Besetzung des Jugendhilfeausschusses und des Landesjugendhilfeausschusses ergibt sich aus § 77 Abs. 1, 4 SGB VIII. Näheres können die Länder in ihren Ausführungsgesetzen regeln (§ 71 Abs. 5 SGB VIII).

Zuständigkeiten

Sachliche Zuständigkeit

- Für die Erfüllung der Aufgaben der öffentlichen Jugendhilfe ist grundsätzlich der örtliche Träger mit seinem Jugendamt sachlich zuständig (§ 85 Abs. 1 SGB VIII).
- Landesgesetze weisen die Aufgaben der Jugendarbeit und Förderung von Kindern in Tageseinrichtungen und Tagespflege auch den kreisangehörigen Gemeinden zu.

Das Landesjugendamt hat gemäß § 85 Abs. 2 SGB VIII die Aufgabe, die Jugendämter zu beraten, die Zusammenarbeit zwischen den Jugendämtern und den anerkannten Trägern der freien Jugendhilfe zu fördern, örtliche Einrichtungen, Dienste und Veranstaltungen anzuregen usw.

Die Förderung der Jugendarbeit ist in Bayern dem Bayerischen Jugendring übertragen.

Anmerkung:
In den §§ 82 und 83 SGB VIII sind den obersten Landesjugendbehörden (sie werden durch die Ausführungsgesetze der Länder bestimmt) und dem Bund zentrale Aufgaben zugewiesen. Sie sollen die Tätigkeit und Weiterentwicklung der Jugendhilfe anregen und fördern.

Örtliche Zuständigkeit

- Örtlich zuständig für die Erfüllung der Aufgaben der öffentlichen Jugendhilfe ist nach § 86 Abs. 1 S. 1 SGB VIII in der Regel der örtliche Träger mit seinem Jugendamt, in dessen Bereich die Eltern ihren gewöhnlichen Aufenthalt haben (wohnen).

Zusammenfassung

Die Jugendhilfe soll die Entwicklung junger Menschen fördern und deren Familien in der Erziehung unterstützen und entlasten. Gesetzliches Leitziel der Jugendhilfe ist die eigenverantwortliche und gemeinschaftsfähige Persönlichkeit. Einen Rechtsanspruch auf bestimmte Jugendhilfeleistungen haben Eltern und junge Volljährige nur, wenn Voraussetzungen, Inhalte und Adressaten der Leistungen hinreichend konkretisiert sind. Kinder und Jugendliche haben in der Regel keine eigenen Ansprüche auf Jugendhilfeleistungen. Sie können sich in Angelegenheiten der Erziehung an das Jugendamt wenden und im Konfliktfall sich auch ohne Wissen der Eltern beraten lassen. Die Aufgaben der Jugendhilfe werden in erster Linie von den örtlichen Trägern mit ihren Jugendämtern und den anerkannten Trägern der freien Jugendhilfe, hauptsächlich von den Wohlfahrtsverbänden und Jugendverbänden, wahrgenommen. Sie sollen partnerschaftlich zusammenarbeiten. Die Gesamtverantwortung für die Jugendhilfe haben die Träger der öffentlichen Jugendhilfe. Im Jugendhilfeausschuss wirken alle gesellschaftlichen Gruppierungen im Interesse einer wirksamen Jugendpolitik zusammen.

Kapitel 9

Familienunterstützende und individuelle erzieherische Hilfen

Erzieherinnen und Erzieher werden von vielen Bestimmungen des Kinder- und Jugendhilfegesetzes nur mittelbar betroffen, etwa hinsichtlich der Frage, wessen Aufgabe es ist, sozialpädagogische Einrichtungen – Spielplätze, Heime, Kindergärten – zu planen und zu errichten, oder wodurch allgemein eine Förderung von Jugend und Familie angestrebt werden soll. Unmittelbar haben sie es dagegen mit individuellen erzieherischen Hilfen zu tun, z. B. der Heimerziehung. Auf ihre Rechtsgrundlagen geht dieses Kapitel näher ein. Andere familienunterstützende Hilfen werden mit berücksichtigt.

1. Ein Fall aus der Praxis

Wir wollen uns die infrage kommenden Hilfen und die Rechtsvorschriften, auf die sie sich gründen, anhand des Beispiels einer Familie mit einer schwierigen Erziehungssituation klarmachen.

> Beispiel 1 (Aufgabe)
>
> Frau A, 35 Jahre alt, hat zwei Kinder im Alter von 12 und 14 Jahren und erwartet ein drittes Kind. Ihr 40-jähriger Ehemann ist Hilfsarbeiter. Wegen Trunkenheit und ständiger Reibereien mit Arbeitskollegen verliert er immer wieder seinen Arbeitsplatz. Das Jugendamt wird von Nachbarn angerufen, die mitteilen, die Kinder würden häufig von ihrem betrunkenen Vater geschlagen und trieben sich nachts herum.
>
> Bei einem Besuch in der Familie stellt die zuständige Sozialpädagogin fest, dass die Eheleute A den Schwierigkeiten (ständiger Streit, Trunksucht des Mannes, erneute Schwangerschaft) offenbar nicht gewachsen sind. Erkundigungen in der Schule ergeben, dass die beiden Kinder dort als sozial und intellektuell kaum tragbar angesehen werden; in der letzten Zeit hätten sie oft die Schule geschwänzt und anderen Schülern wiederholt Geld und Süßigkeiten gestohlen.
>
> In erneuten Gesprächen mit den Eltern erfährt die Sozialpädagogin: Die Kinder laufen immer wieder von zu Hause weg und treiben sich dann zwei oder drei Tage lang herum. Die Eltern stehen nach Meinung der Sozialpädagogin der Situation resignierend gegenüber. Die Sozialpädagogin überlegt, was zu tun oder zu veranlassen ist.

Sozialpädagogische Vorüberlegungen

Handlungsentwurf und Handlungsplan

In einem Sachverhalt wie diesem entsteht für die Sozialpädagogin nicht die Frage nach der rechtlichen Lösung eines abgeschlossenen, unveränderten Geschehens, sondern sie hat die Möglichkeiten und Grenzen eines sozialpädagogischen Hilfeprozesses zu erwägen. Sie wird eine sozialpädagogische Analyse der Familiensituation, eine Prognose der möglichen Entwicklung und einen sozialpädagogischen Handlungsentwurf erstellen. Der Handlungsentwurf ist dann auf seine gesetzlichen Voraussetzungen hin zu überprüfen, zu korrigieren und so zu einem realisierbaren Handlungsplan fortzuentwickeln.

Handlungsmöglichkeiten

Situation verändern

Aus den Erhebungen zur Familiensituation können sich folgende Handlungsmöglichkeiten ergeben.

- Eingriff in die Familiensituation durch Strafanzeige gegen die Eltern;
- Veränderung der Familiensituation durch Hilfen, die die Eltern bei ihrer Erziehungstätigkeit entlasten und unterstützen, den Familienverband aber bestehen lassen (familienunterstützende Hilfen);
- Veränderung der Familiensituation durch Hilfe zur Erziehung, auch außerhalb der Familie.

Unsere Aufgabe soll es jetzt sein, diese Möglichkeiten auf ihre rechtlichen Voraussetzungen und Folgen hin zu untersuchen.

2. Eingriff in die Familiensituation durch Strafanzeige

Keine Anzeigepflicht

- Das KJHG enthält keine Verpflichtung der Jugendbehörden, strafbare Handlungen der Polizei mitzuteilen.

Kein Anzeigeverbot

Auch die Mitarbeiter des Jugendamtes haben keine Anzeigepflicht. Andererseits trifft das Jugendamt aber auch keine Verpflichtung, seine Kenntnisse von strafbaren Handlungen der Polizei nicht mitzuteilen. Ob im Einzelfall eine Anzeige erstattet wird, muss das Jugendamt im Hinblick auf seinen Auftrag, das Recht des Kindes auf Erziehung zu schützen, und unter Beachtung der Geheimnisschutz- und Datenschutzverpflichtungen (s. Kapitel 10, Abschnitt 6) entscheiden.

Anzeige durch den Erzieher?

Dasselbe gilt für den Erzieher. Ihm ist allerdings zu raten, in Fällen dieser Art das Jugendamt zu informieren und ihm die Entscheidung über eine mögliche Anzeige zu überlassen.

Das Jugendamt wird also prüfen müssen, wie sich die Strafanzeige gegen die Eltern auf die Familiensituation auswirken müsste: Ob im Interesse der Kinder eine Strafverfolgung notwendig ist oder ob dadurch nicht die eventuell noch bestehenden Möglichkeiten für eine pädagogische Arbeit beeinträchtigt würden.

Anrufung des Familiengerichts

Wohl aber kann das Jugendamt verpflichtet sein, das Familiengericht anzurufen. (s. Kapitel 8, Abschnitt 5).

3. Familienunterstützende Hilfen

Vorrang der elterlichen Erziehung

Bevor wir auf einzelne Hilfsangebote des Staates eingehen, soll nochmals klargestellt werden: Nach der Grundkonzeption des KJHG (s. Kapitel 8, Abschnitt 5) hat der Staat keine mit dem Elternrecht konkurrierende Erziehungskompetenz. Der elterliche Erziehungsvorrang (Art. 6 Abs. 2 S. 1 GG) bezieht sich nicht nur auf die familiäre Erziehung, sondern auf die Gesamtheit aller erzieherischen Einflüsse auf die Kinder. Die Grenzen des Erziehungsprimats sind gezogen durch den § 1666 BGB (familiengerichtliche Maßnahmen bei Gefährdung der Entwicklung des Kindes), den § 8 Abs. 3 SGB VIII (Beratung der Kinder und Jugendlichen in Not- und Konfliktsituationen) und die §§ 8 a, 42 SGB VIII (Schutzauftrag des Jugendamtes bei Kindeswohlgefährdung, Inobhutnahme eines Kindes der Jugendlichen). Darüber hinaus ist eine eigenständige Interessenvernehmung des Kindes durch das Jugendamt ausgeschlossen. Der Staat bleibt darauf beschränkt, die Eltern bei der Erziehung zu unterstützen.

a) Angebote der Jugendarbeit, Jugendsozialarbeit und des erzieherischen Kinder- und Jugendschutzes

Das KJHG beschreibt in den §§ 11 bis 14 die Angebote der Jugendarbeit, Jugendsozialarbeit und des erzieherischen Kinder- und Jugendschutzes. Es beauftragt im § 15 die Länder, sich dieser Aufgaben anzunehmen und entsprechende Regelungen zu treffen, damit die Angebote in großer Variationsbreite besonders von freien Initiativen und Trägern gemacht werden.

Jugendarbeit

- Die Angebote der Jugendarbeit sollen nach § 11 SGB VIII an den Interessen der jungen Menschen anknüpfen, sie zur Selbstbestimmung befähigen und zu gesellschaftlicher Mitverantwortung und sozialem Engagement anregen und hinführen. *Ziele der Jugendarbeit*

- Als wesentliche Elemente der Jugendarbeit werden Mitbestimmung und Mitgestaltung der Angebote durch die jungen Menschen selbst bezeichnet. *Mitbestimmung, Mitgestaltung*

§ 11 SGB VIII nennt weiter die Anbieter, Zielgruppen und Arbeitsformen sowie Schwerpunkte der Jugendarbeit wie außerschulische Bildung; Jugendarbeit in Sport, Spiel und Geselligkeit; arbeitsweit-, schul- und familienbezogene Jugendarbeit; Kinder- und Jugenderholung; internationale Jugendarbeit; Jugendberatung.

Jugendsozialarbeit

Sozialpädagogische Begleitung zum Berufsbeginn

Gemäß § 13 SGB VIII sollen jungen Menschen sozialpädagogische Hilfen angeboten werden, die ihre schulische und berufliche Ausbildung, Eingliederung in die Arbeitswelt und ihre soziale Integration fördern. Gedacht ist auch an Alternativen bei fehlendem Zugang zum betrieblichen Berufsleben sowie an sozialpädagogisch begleitete Wohnformen während der Inanspruchnahme der genannten Angebote.

Erzieherischer Kinder- und Jugendschutz

Information und Beratung für Jugendliche und Eltern

§ 14 SGB VIII setzt nicht bei Gefährdungstatbeständen an, wie es der Jugendschutz (s. Kapitel 12) tut, sondern bei den »Gefährdeten« selbst. Beratung und Information sollen Gefährdungen vorbeugen. Sie sollen junge Menschen befähigen, sich vor gefährdenden Einflüssen zu schützen und sie zur Kritikfähigkeit, Entscheidungsfähigkeit und Eigenverantwortlichkeit sowie zur Verantwortung gegenüber ihren Mitmenschen führen. Auch Eltern und andere Erziehungsberechtigte sollen damit Kinder und Jugendliche besser vor gefährdenden Einflüssen schützen können.

Die Angebote der Jugendarbeit erreichen erfahrungsgemäß nur schwer Kinder in einer familiären Situation, wie sie im Beispiel 1 beschrieben ist. Diese Angebote würden den derzeitigen Schwierigkeiten der Kinder der Familie A auch nicht rechtzeitig und wirksam abhelfen können.

Ähnlich ist es mit den Förderungsleistungen, die die §§ 16 ff. SGB VIII anbieten. Dennoch sollen sie insoweit kurz erörtert werden, als Erzieherinnen und Erzieher an ihnen beteiligt sein können.

b) Förderung der Erziehung in der Familie

Familienunterstützende Hilfen

Eine wesentliche Zielrichtung des KJHG ist die Unterstützung und Hilfestellung für Familien insbesondere in Notsituationen. Dabei umfasst der Begriff der Familie nicht nur das herkömmliche Familienbild des verheirateten Paares, sondern die gesamte Bandbreite familiärer Situationen (Ein-Eltern-Familien, Stiefelternfamilien, unverheiratete Paare mit Kindern). Der präventive Charakter der Leistungen wird vor allem durch die Beratungsangebote betont.

Allgemeine Förderung der Erziehung in der Familie

Familienbildung und -beratung

Nach § 16 SGB VIII sollen Müttern, Vätern und anderen Erziehungsberechtigten Leistungen der allgemeinen Förderung der Erziehung in der Familie angeboten werden. Die Leistungen sollen dazu beitragen, dass die Erziehungsberechtigten ihre Erziehungsverantwortung besser wahrnehmen können. Den Erziehungsberechtigten sollen auch Wege aufgezeigt werden, wie Konfliktsituationen in der Familie gewaltfrei gelöst werden können. Als Bereiche solcher Leistungen nennt §16 Abs. 2 SGB VIII Angebote der Familienbildung, der Beratung in allgemeinen Erziehungs- und Entwicklungsfragen junger Menschen (zur institutionellen Erziehungsberatung s unten 4.b), der Familienfreizeit und der Familienerholung.

Gemeinsame Wohnformen für Mütter/Väter und Kinder

Betreuung und Unterkunft

Aufnahme einer Ausbildung oder Berufstätigkeit

Gemäß § 19 SGB VIII soll Müttern bzw. Vätern, die allein für ein Kind unter sechs Jahren zu sorgen haben, Betreuung und Unterkunft gemeinsam mit dem Kind und älteren Geschwistern in einer geeigneten Wohnform angeboten werden, wenn und so lange sie aufgrund ihrer Persönlichkeitsentwicklung dieser Form zur Unterstützung bei der Pflege und Erziehung des Kindes bedürfen. Während dieser Zeit soll darauf hingewirkt werden, dass sie eine schulische oder berufliche Ausbildung aufnehmen oder fortführen oder eine Berufstätigkeit aufnehmen können.

In der Regel geht es bei solchen Einrichtungen nicht um eine heimartige Vollversorgung, sondern es ist an flexible Wohnformen gedacht, die die Verselbstständigung fördern.

Betreuung und Versorgung von Kindern in Notsituationen

Im elterlichen Haushalt

§ 20 SGB VIII bietet Hilfe zur Betreuung und Versorgung von Kindern im elterlichen Haushalt in Notsituationen. Gedacht ist an Fälle, in denen ein Elternteil ausfällt und der andere dadurch zur Versorgung der Kinder seine Berufstätigkeit aufgeben oder die Kinder in eine Pflegefamilie oder in Heimerziehung geben müsste.

> Beispiel 2
> Ausfälle durch Krankheit, Kur, Inhaftierung.

Geholfen werden soll durch den Einsatz geeigneter Personen in der Familie, sofern die Unterbringung des Kindes in Tagespflege oder in Tageseinrichtungen nicht ausreichend wäre.
Die Hilfe ist auf das Kind bezogen, nicht auf reine Haushaltsführung ausgerichtet. § 20 SGB VIII gewährt entsprechende Hilfen auch für Alleinerziehende oder wenn beide Elternteile ausfallen, wenn abzusehen ist, dass die elterliche Betreuung wieder aufgenommen werden kann.

Vorrangig: Erziehung

Zu denken wäre im Beispiel 1 auch an eine Entlastung der Familie dadurch, dass den Kindern ein Hortplatz angeboten werden kann oder dass eine Pflegestelle für sie gefunden wird.

c) Förderung von Kindern in Tageseinrichtungen und in der Tagespflege

Die Tagesbetreuung ist in den letzten Jahren wichtiger geworden. Zunehmend wachsen Kinder als Einzelkinder auf. So können sie notwendige soziale Erfahrungen mit Gleichaltrigen nicht mehr innerhalb der Familie und – vor allem in den städtischen Ballungsgebieten – auch nicht mehr im Wohnumfeld machen. Nahe Verwandte oder Nachbarn sind entweder nicht verfügbar oder werden von den Betroffenen nicht gerne in Anspruch genommen. Alleinerziehende sind, wollen sie nicht von der Sozialhilfe abhängig sein und das Risiko einer fehlschlagenden beruflichen Wiedereingliederung in Kauf nehmen, zur Sicherung der wirtschaftlichen Basis auf Erwerbsarbeit angewiesen und suchen für die Zeit ihrer berufsbedingten Abwesenheit nach einer kindgerechten Betreuungsform. Nicht zuletzt wollen immer mehr Eltern Erwerbsarbeit und Familie miteinander verbinden und wünschen ein auf den Tagesablauf in der Familie abgestimmtes Betreuungsangebot.

Familiale und sozialkulturelle Veränderungen

Grundsätze und Ziele der Förderung

§ 22 SGB VIII beschreibt die Grundsätze und Ziele der Förderung von Kindern in Kindertagespflege und Kindertageseinrichtungen (Krippen, Kindergärten, Horten, Kinderhäusern).

- Tageseinrichtungen und Kindertagespflege sollen die Entwicklung des Kindes zu einer eigenverantwortlichen und gemeinschaftsfähigen Persönlichkeit fördern, familienunterstützende und ergänzende Erziehung, Bildung und Betreuung leisten und den Eltern dabei helfen, Erwerbstätigkeit und Kindererziehung besser miteinander verbinden zu können.

- Der Förderungsauftrag bezieht sich auf die soziale, emotionale, körperliche und geistige Entwicklung der Kinder. Er schließt die Vermittlung orientierender Werte und Regeln ein.

Förderung in Tageseinrichtungen (§ 22 a SGB VIII)

- Das Förderangebot in den Einrichtungen soll sich pädagogisch und organisatorisch an den Bedürfnissen der Kinder und ihrer Familien orientieren. Grundlage dafür soll eine pädagogische Konzeption sein. Kinder mit und ohne Behinderung sollen möglichst gemeinsam gefördert werden.

- Die Fachkräfte in den Tageseinrichtungen sollen mit den Erziehungsberechtigten, Tagespflegepersonen, Schulen, Horten und anderen kinder- und familienbezogenen Institutionen und Initiativen zum Wohl der Kinder und zur Sicherung der Kontinuität des Erziehungsprozesses zusammenarbeiten. Die Erziehungsberechtigten sind an allen wesentlichen Entscheidungen der Tageseinrichtungen zu beteiligen.

Förderung in Kindertagespflege

Die Förderung in Kindertagespflege umfasst nach § 23 Abs. 1 und 2 SGB VIII die Vermittlung des Kindes zu einer geeigneten Tagespflegeperson, deren fachliche Beratung, Begleitung und Qualifizierung sowie die Gewährung einer laufenden Geldleistung. Als Tagespflegeperson ist gemäß § 23 Abs. 3 geeignet, wer sich durch seine Persönlichkeit, Sachkompetenz und Kooperationsbereitschaft mit Erziehungsberechtigten und anderen Tagespflegepersonen auszeichnet und über kindgerechte Räumlichkeiten verfügt. § 22 Abs. 1 S. 2 SGB VIII stellt klar, dass Tagespflege auch im Haushalt des Personensorgeberechtigten geleistet werden kann.

Rechtsanspruch auf einen Kindergartenplatz

Kein Anspruch auf Krippen-, Hortplatz

Einen einklagbaren Rechtsanspruch auf einen Platz in einer Kindertageseinrichtung räumt § 24 S. 1 SGB VIII nur Kindern vom vollendeten 3. Lebensjahr bis zum Schuleintritt ein. Für Kinder im Alter unter 3 Jahren und für Kinder im schulpflichtigen Alter sind die örtlichen Träger (nach Landesrecht meist die Kreise und kreisfreien Städte) sowie in den meisten Ländern auch die Gemeinden lediglich aufgefordert, nach dem Bedarf Plätze in den entsprechenden Tageseinrichtungen zur Verfügung zu stellen. Die Schaffung und der Betrieb von Tageseinrichtungen gehört zwar zu deren Pflichtaufgaben, wie die Versorgung der Bürger mit Energie, Wasser, Straßen, Schulen, Kultureinrichtungen, Sportplätzen usw. Diese Pflichtaufgaben haben sie aber nur im Rahmen ihrer Leistungsfähigkeit zu erfüllen. Welchen Aufgaben sie ihr Augenmerk schenken, wird, da das Geld immer knapp ist, davon abhängen, wie sie politisch die Schwerpunkte setzen. Eine Gemeinde, die weiß, welche Bedeutung Tageseinrichtungen für die kindliche Entwicklung und die Vereinbarkeit von Familie und Berufstätigkeit haben, wird eher in Tageseinrichtungen investieren als eine andere, die das nicht erkannt hat.

Unterstützung von Elterninitiativen

§ 25 SGB VIII verpflichtet die Jugendämter, Erziehungsberechtigte, die die Förderung von Kindern selbst organisieren, zu unterstützen.

Die Jugendhilfe besitzt keinen eigenen Erziehungsauftrag. Sie soll die Familie unterstützen und entlasten, damit diese ihrer Erziehungsaufgabe gerecht werden kann. Zu diesem Zweck sollen Angebote der Jugendarbeit, Jugendsozialarbeit und des erzieherischen Jugendschutzes bereitgehalten werden. Die Erziehungskraft der Familie soll durch Beratungs- und Unterstützungsangebote wie z. B. Betreuung und Versorgung von Kindern in Notsituationen gestärkt werden. Kindertageseinrichtungen und Tagespflegestellen sollen die Familie entlasten und die Entwicklungschancen der Kinder verbessern. Sie sind dem Bedarf entsprechend zur Verfügung zu stellen. Auf einen Kindergartenplatz besteht ein Rechtsanspruch.

Teilzusammenfassung

Am ehesten kommt im Beispiel 1 wegen des dort schon auffälligen Erziehungsdefizits der Kinder Hilfe zur Erziehung in Frage.

4. Hilfe zur Erziehung und Eingliederungshilfe

Ambulante, teilstationäre und stationäre Hilfen

Unter diesen Begriffen fasst das KJHG in den §§ 27 bis 35 a die individuellen erzieherischen Hilfen zusammen. Das differenzierte Angebot der erzieherischen Hilfen hält ambulante und teilstationäre Hilfen gleichrangig neben der Erziehung in einer Pflegefamilie oder in einem Heim bereit. Auf Hilfe zur Erziehung und Eingliederungshilfe besteht ein einklagbarer Rechtsanspruch, wenn die gesetzlichen Voraussetzungen dafür erfüllt sind, was letztlich eine Beurteilungsfrage ist.

Rechtsanspruch

a) Grundsätze für alle Arten der Hilfe zur Erziehung

Anspruchsvoraussetzungen

- Bei den erzieherischen Hilfen handelt es sich nach dem Wortlaut des § 27 Abs. 1 SGB VIII um Hilfen, auf die die Personensorgeberechtigten einen Rechtsanspruch haben, wenn eine dem Wohl des Kindes oder des Jugendlichen entsprechende Erziehung nicht gewährleistet ist und die Hilfen für seine Entwicklung geeignet und notwendig sind.

Eine dem Wohl des Minderjährigen entsprechende Erziehung ist nicht gegeben, wenn die erzieherischen und sozialisatorischen Fähigkeiten und Leistungen seiner Familie nicht ausreichen, um seinen Anspruch auf Entwicklung zu einer selbstständigen, eigenverantwortlichen und gemeinschaftsfähigen Persönlichkeit zu erfüllen, wenn also ein Erziehungsdefizit vorhanden oder zu befürchten ist.

Wenn das Jugendamt feststellt, dass der Normalstandard von Sozialisation und Erziehung nicht gewährleistet ist, muss es klären, welche Hilfe(n) geeignet und notwendig ist (sind), das Defizit zu beheben oder nicht entstehen zu lassen und diese Hilfen gewähren oder veranlassen.

Arten der Hilfe zur Erziehung

Angeboten werden gemäß § 27 Abs. 2 S. 1 SGB VIII nach Maßgabe der §§ 28 bis 35 SGB VIII insbesondere Erziehungsberatung, soziale Gruppenarbeit, Erziehungsbeistandschaft und Betreuungshilfe, sozialpädagogische Familienhilfe, intensive sozialpädagogische Einzelbetreuung und verschiedene Formen der Erziehung außerhalb des Elternhauses (in Tagesgruppen, Pflegefamilien, Heimen und sonstigen betreuten Wohnformen).

Auswahl nach pädagogischen Gesichtspunkten

- Die Auswahl unter den möglichen Hilfen erfolgt ausschließlich nach pädagogischen Gesichtspunkten (§ 27 Abs. 2 S. 2 SGB VIII).

Sie orientiert sich am erzieherischen Bedarf im Einzelfall. Die Hilfen sind im Prinzip gleichwertig und sollen sich ergänzen. Damit ist gesagt, dass sie grundsätzlich auch nebeneinander möglich sind.

Die Hilfe zur Erziehung umfasst nach § 27 Abs. 3 SGB VIII insbesondere die Gewährung pädagogischer und damit verbundener therapeutischer Leistungen.

b) Hilfearten

Profile der Hilfen

Der Gesetzgeber beschreibt in den §§ 28 bis 35 SGB VIII die Profile der typischen Arten der Hilfen zur Erziehung.

Erziehungsberatung

Institutionelle Erziehungsberatung

Erziehungsberatungsstellen und andere Beratungsdienste und -einrichtungen sollen Kinder, Jugendliche, Eltern und andere Erziehungsberechtigte bei der Klärung und Bewältigung individueller und familienbezogener Probleme und der zugrunde liegenden Faktoren, bei der Lösung von Erziehungsfragen sowie bei Trennung und Scheidung unterstützen (§ 28 SGB VIII). Das Gesetz stellt weiter als wesentliches Charakteristikum die interdisziplinäre Zusammenarbeit von Fachkräften verschiedener Fachrichtungen und mit unterschiedlichen methodischen Ansätzen heraus.

Interdisziplinäre Zusammenarbeit

Hilfe zur Überwindung sozialer Schwierigkeiten

Soziale Gruppenarbeit (§ 29 SGB VIII)

Diese Hilfeart hat sich modellhaft entwickelt aus den »Erziehungskursen« und den »sozialen Übungs-, Erfahrungs- und Trainingskursen« (als Weisung nach dem Jugendgerichtsgesetz). Sie soll älteren Kindern und Jugendlichen bei der Überwindung von Entwicklungsschwierigkeiten und Verhaltensproblemen helfen.

> Beispiel 3
> Soziale Trainingskurse, Erziehungskurse, außerunterrichtliche Gruppen im Schulbereich, Gesprächskreise in Jugendfreizeiteinrichtungen.

Methodisch sind sowohl handlungs- und erlebnisorientierte Ansätze als auch themenorientierte Ansätze möglich.

Erziehungsbeistand, Betreuungshelfer (§ 30 SGB VIII)

Hier soll die Verselbstständigung des Kindes, vor allem des Jugendlichen, unter Einbeziehung des sozialen Umfeldes (Familie, Schule, Berufsausbildung) im Wege der Einzelfamilie gefördert werden.

Förderung der Verselbständigung

Sozialpädagogische Familienhilfe (§ 31 SGB VIII)

Durch intensive Betreuung und Begleitung soll Familien unter Einbeziehung aller Familienmitglieder bei der Bewältigung von Alltagsproblemen, Konflikten und Krisen geholfen werden. Die Hilfe soll das Selbsthilfepotenzial der Familie stärken. Sie setzt voraus, dass die Familienmitglieder zueinander noch positive Beziehungen haben und zusammenbleiben wollen.

Hilfe zur Bewältigung des Familienalltags

Erziehung in einer Tagesgruppe (§ 32 SGB VIII)

Die Tagesgruppe ist in der Regel einem Heim angegliedert. Die Hilfe kann aber auch in geeigneten Formen der Familienpflege (heilpädagogische oder sonderpädagogische Pflegestellen mit entsprechenden Fachkräften) geleistet werden. Gegenüber der sozialen Gruppenarbeit weist sie eine größere zeitliche Kontinuität und meist die intensiveren Arbeitsformen auf. Durch die Hilfe soll der Verbleib des Kindes oder des Jugendlichen in seiner Familie gesichert werden.

Im Heim oder in einer Pflegefamilie

Vollzeitpflege (§ 33 SGB VIII)

Mit der Bezeichnung »Vollzeitpflege« soll die Hilfe von der Tagespflege für Kinder im § 23 SGB VIII abgegrenzt werden. Diese Erziehungshilfe kann zeitlich befristet sein, dann sind alle Möglichkeiten der Verbesserung der Erziehungsbedingungen in der Herkunftsfamilie zu nutzen (§§ 36, 37 SGB VIII), oder eine auf Dauer angelegte Lebensform sein.

Zeitlich befristet oder auf Dauer

Heimerziehung, sozialpädagogisch betreute Wohnformen (§ 34 SGB VIII)

§ 34 beschreibt wesentliche Merkmale moderner Heimerziehung: pädagogische und therapeutische Angebote in Verbindung mit dem Alltagserleben. Sie sollen darauf angelegt sein, eine Rückkehr in die Herkunftsfamilie zu ermöglichen. Wenn dies oder eine Überführung in Familienpflege nicht möglich oder wegen baldiger Volljährigkeit nicht mehr sinnvoll ist, sollen die Maßnahmen die Verselbstständigung des Jugendlichen fördern und begleiten. Der Begriff »sonstige betreute Wohnform« meint betreutes Einzelwohnen oder pädagogisch betreute, von der Einrichtung unabhängige Wohngemeinschaften und andere Wohnformen ähnlicher Art.

Pädagogische und therapeutische Hilfe

Auch die Hilfeart des § 34 ist ein Angebot an die Personensorgeberechtigten. Sie entscheiden, wenn ihnen die Personensorge nach § 1666 BGB nicht eingeschränkt oder entzogen ist, ob sie diese Hilfe in Anspruch nehmen wollen. Die Unterbringung in einer Einrichtung beinhaltet nicht das Recht zu freiheitsentziehenden Maßnahmen gegenüber dem Kind oder Jugendlichen. Solche Maßnahmen sind nur aufgrund einer Entscheidung des Familiengerichts gemäß § 1631 b BGB möglich.

Intensive sozialpädagogische Einzelbetreuung (§ 35 SGB VIII)

Für besonders Gefährdete

Diese Hilfeart ist für besonders gefährdete Jugendliche gedacht, die eine therapeutisch angelegte Einzelfallhilfe zur sozialen Integration und eigenverantwortlichen Lebensführung brauchen. Die Hilfe umfasst auch die Beschaffung von angemessenen Wohnmöglichkeiten und die Vermittlung von Schul- und Berufsausbildung sowie entsprechender Beschäftigung.

> Beispiel 4
>
> Jugendliche aus dem Hooligan-, Nichtsesshaften-, Drogen- und Prostituiertenmilieu.

c) Eingliederungshilfe

Für seelisch behinderte Minderjährige

Kinder und Jugendliche haben gemäß § 35 a SGB VIII einen Rechtsanspruch auf Eingliederungshilfe, deren seelische Gesundheit mit hoher Wahrscheinlichkeit länger als sechs Monate von dem für ihr Lebensalter typischen Zustand abweicht und deren Teilhabe am Leben in der Gesellschaft (in sozialer, schulischer, beruflicher Hinsicht) beeinträchtigt ist oder eine solche Beeinträchtigung zu erwarten ist. Die Hilfe wird nach Bedarf in ambulanter Form oder in Tageseinrichtungen, in teilstationären Einrichtungen, in Heimen oder auch durch Pflegepersonen geleistet.

d) Mitwirkung der Betroffenen – Hilfeplan

Einbeziehung der Eltern und Kinder

Wenn es sich im sozialarbeiterischen Betreuungsprozess abzeichnet, dass eine Hilfe zur Erziehung oder Eingliederungshilfe für das Kind oder den Jugendlichen infrage kommt, soll der Sozialarbeiter oder die Sozialpädagogin gemäß § 36 SGB VIII die Personensorgeberechtigten, das Kind oder den Jugendlichen über die möglichen Hilfen umfassend informieren, sie in der Entscheidungsfindung beraten und die möglichen Folgen für die weitere Entwicklung des Kindes oder Jugendlichen aufzeigen.

Einbeziehung des Heims oder der Pflegestelle

Wenn eine Hilfe außerhalb der eigenen Familie in Betracht kommt, sind bei der Auswahl der entsprechenden Einrichtung (Heim) oder der Pflegestelle auch die dort tätigen und verantwortlichen Personen zu beteiligen.

Interdisziplinäres Zusammenwirken

Kommt die Hilfe voraussichtlich für längere Zeit in Frage, soll die Entscheidung über die geeignete und notwendige Hilfeart im Zusammenwirken mehrerer Fachkräfte getroffen werden.

Hilfeplan

- Das Fachkräfteteam soll zusammen mit den Eltern, dem Kind oder Jugendlichen einen Hilfeplan aufstellen.

Der Plan soll enthalten:
- Feststellungen über den erzieherischen Bedarf. Der erzieherische Bedarf kann als Ergebnis eingehender Gespräche im Team oder im Rahmen einer ausführlichen psychosozialen Diagnose ermittelt werden;
- die Art der Hilfe zur Erziehung und ihren zeitlichen Umfang;
- Beschreibungen der Leistungen (z. B. Therapie, Freizeithilfe, Berufsausbildung).

Darüber hinaus sollen die Beteiligten regelmäßig prüfen, ob die ausgewählte Hilfe weiterhin geeignet und notwendig ist. Der Hilfeplan dient also der Begleitung der Maßnahmen durch das Jugendamt. Er ist zu unterscheiden vom Erziehungsplan.

- Erziehungspläne stellen Heime für Hilfen auf, die bei ihnen durchgeführt werden. Erziehungsplan

Zusammenarbeit bei Hilfen außerhalb der Familie

§ 37 Abs. 1 SGB VIII verpflichtet Jugendämter, Pflegepersonen und Heime, mit den Eltern zusammenzuarbeiten.

- Ziel der Zusammenarbeit ist die Verbesserung der Erziehungsbedingungen in der Herkunftsfamilie und die Aufrechterhaltung des Kontakts zwischen Eltern und Kindern, um die Rückkehr des Kindes oder Jugendlichen zu ermöglichen. Ziel der Zusammenarbeit

Nur wenn eine nachhaltige Verbesserung dieser Bedingungen innerhalb eines vertretbaren Zeitraums (von bis zu 2 Jahren) oder bis zur Volljährigkeit des Jugendlichen nicht möglich erscheint, ist mit allen Beteiligten eine dem Wohl des Kindes dienende Dauerlösung zu erarbeiten.

Beispiel 1 (Lösung)
Hier ist Eile geboten. Die gesetzlichen Angebote der Förderung der Erziehung in der Familie, wie z. B. die Beratung in allgemeinen Erziehungs- und Entwicklungsfragen, werden zumindest kurzfristig keinen Erfolg haben. Ein Hortplatz für die Kinder könnte eine vorläufige Entlastung für die Familie bringen.
Letztlich wird wegen des Erziehungsdefizits der Kinder, das sich in ihrem Verhalten in und gegenüber der Schule, gegenüber ihren Klassenkameraden und in ihrem Weglaufen vor der misslichen Familiensituation zeigt, nur Hilfe zur Erziehung gemäß § 27 SGB VIII infrage kommen. Welche Hilfeart geeignet und notwendig ist (§§ 27 Abs. 1, 2; 28 ff. SGB VIII), muss eine nähere Untersuchung zeigen, die gemäß § 36 Abs. 2 SGB VIII im Zusammenwirken mehrerer Fachkräfte vorzunehmen ist, weil die Hilfe voraussichtlich auf längere Zeit zu leisten ist. Die Eheleute A und die Kinder sind in das Geschehen gemäß § 36 Abs. 1 SGB VIII einzubeziehen und zu beraten.
Die Hauptfrage wird sein, ob die Kinder in der Familie bleiben können und ihrem Erziehungsdefizit mit sozialer Gruppenarbeit (§ 29 SGB VIII), Erziehungsbeistandschaft (§ 30 SGB VIII) oder sozialpädagogischer Familienhilfe (§ 31 SGB VIII) begegnet werden kann oder ob die Kinder in ein Heim gebracht werden müssen. Vorausgesetzt, dass die sozialpädagogische Familienhilfe überhaupt zur Verfügung steht, wäre sie eine geeignete, aber auch notwendige Hilfe. Durch eine intensive Betreuung und Begleitung könnte der Familie A unter Einbeziehung aller Familienmitglieder bei der Bewältigung ihrer Konflikte und Krisen geholfen werden. Bedingung für diese Hilfeart ist aber, dass die Familienmitglieder zueinander noch positive Beziehungen haben und zusammenbleiben wollen. Dies müsste geklärt werden. Dass die Eheleute A der Familiensituation resignierend gegenüberstehen, spricht nicht unbedingt dagegen. Soziale Gruppenarbeit könnte flankierend zur sozialpädagogischen Familienhilfe bei der Überwindung der Entwicklungsschwierigkeiten und Verhaltensprobleme der Kinder helfen.
Sollten diese beiden Hilfen realisierbar sein, ließe sich eine Heimunterbringung vermeiden. Ansonsten wäre sie zu befürworten.

Zusammenfassung

Der Staat hat nach dem Grundgesetz, der UN-Kinderrechtskonvention und der Konzeption des KJHG keine mit dem Elternrecht konkurrierende Erziehungskompetenz. Er ist darauf beschränkt, die Familie in ihrer Erziehungsaufgabe zu unterstützen und zu entlasten. Dazu soll er entsprechende Angebote und Hilfen bereithalten. Unmittelbaren Einfluss auf Kinder und Jugendliche kann er, abgesehen von den Fällen der Gefährdung der Entwicklung Minderjähriger, nur mit dem elterlichen Einverständnis ausüben.

Eltern haben einen Anspruch auf einen Kindergartenplatz sowie auf Hilfe zur Erziehung in deren verschiedenen Formen und Arten, angefangen bei der Erziehungsberatung bis zur Vollzeitunterbringung in einer Pflegefamilie oder in einem Heim. Desgleichen haben seelisch behinderte Kinder und Jugendliche einen Anspruch auf Eingliederungshilfe. Voraussetzung für die Hilfe zur Erziehung ist ein Erziehungsdefizit und dass die Hilfe für die Entwicklung des Minderjährigen geeignet und notwendig ist. Eltern und Minderjährige sind in den Entscheidungsprozess einzubeziehen. Mit dem bei der Hilfe zur Erziehung über einen längeren Zeitraum vorgeschriebenen Hilfeplan soll erreicht werden, dass die Entscheidungsträger und die sonst am Entscheidungsprozess Beteiligten sich über den erzieherischen Bedarf, über die Geeignetheit und Notwendigkeit der Hilfe und über besondere Leistungen im Rahmen einer bestimmten Hilfeart Gedanken machen. Der Hilfeplan ist Grundlage für die Entscheidung und Durchführung der Hilfe und soll von Zeit zu Zeit fortgeschrieben werden.

Um eine Rückkehr des Kindes oder des Jugendlichen in seine Familie zu ermöglichen, sollen Pflegepersonen und Heime unter fachkundiger Mitwirkung der Jugendämter mit der Herkunftsfamilie zusammenarbeiten mit dem Ziel, die Erziehungsbedingungen dort zu verbessern.

Kapitel 10

Elterliche Sorge und Fremderziehung, Datenschutz

Kapitel 10 befasst sich mit der Frage, wer die elterliche Sorge ausübt, wenn ein Kind eine Tageseinrichtung besucht oder wenn ein Minderjähriger in einem Heim ist. Außerdem geht es um die Rechte der Minderjährigen im Heim und die staatliche Aufsicht über Tageseinrichtungen und Heime. Schließlich soll der Datenschutz in der Jugendhilfe angesprochen werden.

Wir haben mehrmals darüber gesprochen (zuerst im Kapitel 2, eben im Kapitel 9), dass unsere Rechtsordnung in erster Linie den Eltern das Recht der Erziehung einräumt. Solange ihnen dieses Recht nicht eingeschränkt oder entzogen ist, bestimmen sie die Geschicke des Kindes: Sie entscheiden auch, wem sie das Kind zur Erziehung überlassen und welche Rechte sie sonst dieser Person oder Einrichtung zur Ausübung übertragen wollen.
In welchem Umfang Rechte und Pflichten der elterlichen Sorge von den Eltern oder anderen Personensorgeberechtigten (Vormund oder Pfleger) auf Kindertageseinrichtungen, Pflegeeltern und Heime zur Ausübung übertragen werden, hängt grundsätzlich davon ab, was zwischen den Personensorgeberechtigten und den professionellen Erziehern vereinbart worden ist. Häufig wird es darüber keine ausdrückliche (schriftliche oder mündliche) Vereinbarung geben; dann gilt, was als stillschweigend, weil üblich und selbstverständlich, vereinbart angesehen werden darf.

Stillschweigende Übertragung

1. Erziehung im Kindergarten oder in einer anderen Tageseinrichtung

- Wenn Personensorgeberechtigte oder andere Erziehungsberechtigte (z. B. Pflegeeltern) ein Kind den Kindergarten oder eine andere Tageseinrichtung besuchen lassen, akzeptieren sie stillschweigend die Verantwortung der Einrichtung für die Betreuung, Bildung und Erziehung des Kindes im Umfang der Aufgabenstellung, Zielsetzung und gemäß dem pädagogischen Konzept der Einrichtung.

- Ebenfalls stillschweigend übertragen die Personensorgeberechtigten und sonstigen Erziehungsberechtigten ihr Recht und ihre Pflicht auf Betreuung des Kindes, das Erziehungsrecht im Rahmen der Aufgaben und Zielsetzung der Tageseinrichtung und die Aufsichtspflicht auf die Einrichtung. Genaugenommen werden diese Rechte und Pflichten auf den Träger der Einrichtung zur Ausübung übertragen. Dieser delegiert sie im Rahmen des Arbeitsverhältnisses auf seine pädagogischen Mitarbeiterinnen. Alles, was also im Rahmen der Aufgabenstellung, Zielsetzung und des pädagogischen Konzepts der Einrichtung liegt, verantwortet und entscheidet der Träger der Einrichtung und in seinem Auftrag die Leiterin mit ihren pädagogischen Mitarbeiterinnen, kurz: die Einrichtung.

Übertragung der Betreuung, Erziehung, Aufsichtspflicht

Beispiel 1

Der Kindertageseinrichtung obliegt die Verantwortung für die Organisation der Einrichtung, für den Tagesablauf und das tägliche »Programm«. Sie entscheidet, ob sie mit einer Gruppe einen Ausflug macht (sofern für die Erziehungsberechtigten damit nicht besondere Kosten verbunden sind), zum Schwimmen oder Turnen geht, ob sie Kinder zum Flötenunterricht weggehen lässt oder einen solchen Unterricht selbst anbietet. Atheistische Eltern werden von einem katholischen oder evangelischen Kindergarten nicht verlangen können, dass dort keine religiösen Lieder gesungen oder keine biblischen Geschichten erzählt werden.

- Alles, was über die Aufgabenstellung, Zielsetzung und das pädagogische Konzept der Kindertageseinrichtung hinausreicht, bedarf der ausdrücklichen Zustimmung der Erziehungsberechtigten. Denn dafür kann keine stillschweigende Zustimmung angenommen werden.

Tagespflegestelle

Was hier für die Kindertageseinrichtung gesagt worden ist, gilt grundsätzlich auch für die Tagespflegestelle.

2. Erziehung im Internat oder Jugendwohnheim

Übertragung von Rechten und Pflichten

- Wenn die Personensorgeberechtigten ihr Kind in ein Internat oder Jugendwohnheim geben, ohne dass das Jugendamt die Unterbringung im Rahmen der Hilfe zur Erziehung gewährt hätte, übertragen sie, ähnlich wie im ersten Abschnitt dargelegt, Rechte und Pflichten der elterlichen Sorge zur Ausübung auf das Internat oder das Heim.

Welche Rechte und Pflichten im Einzelnen das Internat oder das Heim anstelle der Personensorgeberechtigten wahrnehmen darf, hängt von der ausdrücklichen Vereinbarung zwischen der Einrichtung und den Personensorgeberechtigten ab; desgleichen von der Hausordnung und dem pädagogischen Konzept des Hauses sowie von den Befugnissen und Pflichten, die üblicherweise mit der Erziehung und Betreuung eines Kindes in einer solchen Einrichtung verbunden sind.

Beispiel 2

Die Erzieherin darf das Kind ermahnen, tadeln, seine Freizeit, seinen Ausgang, seinen Kontakt zu seinen Freunden bestimmen usw.

Weitreichende Entscheidungen

- Entscheidungen von grundsätzlicher und weitreichender Bedeutung für das Kind bleiben den Inhabern der elterlichen Sorge vorbehalten, wenn ausdrücklich nichts anderes vereinbart ist.

Beispiel 3

Von grundsätzlicher Bedeutung sind Entscheidungen wie Zustimmung zu einer Operation – von eiligen Notfällen abgesehen; Schulwahl, Berufswahl; Abschluss eines Ausbildungsvertrages usw.

3. Erziehung in einer Pflegefamilie, in einem Heim oder in einer sonstigen betreuten Wohnform

Übertragung von Rechten und Pflichten

Wenn Minderjährige in einer Pflegefamilie (auch bei einer Pflegeperson) erzogen werden oder Hilfe zur Erziehung in einem Heim, in einer sonstigen betreuten

Wohnform (§§ 27, 34 SGB VIII) oder als intensive sozialpädagogische Einzelbetreuung (§§ 27, 35 SGB VIII) erhalten oder wenn für sie Eingliederungshilfe durch Pflegepersonen, in Einrichtungen über Tag und Nacht oder in sonstigen Wohnformen (§ 35 a Abs. 2 SGB VIII) geleistet wird, erhalten die Erziehungs- und Betreuungspersonen meist stillschweigend Rechte und Pflichten der elterlichen Sorge in ähnlichem Umfang wie bei der Internatserziehung übertragen.

- Ein wesentlicher Maßstab für den Umfang der Übertragung ist der Hilfeplan (§ 36 SGB VIII). Er wird als Grundlage für die Ausgestaltung der Hilfe vom Jugendamt zusammen mit den Personensorgeberechtigten und dem Kind oder Jugendlichen erstellt.

Maßstab: Hilfeplan

- Durch ihre Mitwirkung am Hilfeplan zeigen die Personensorgeberechtigten stillschweigend ihr Einverständnis für die Wahrnehmung ihrer Rechte und Pflichten durch die Erziehungs- und Betreuungspersonen, jedenfalls insoweit, als der Zweck der Hilfe und der Durchführung das erfordert.

Entscheidungs- und Vertretungsrecht in Angelegenheiten des täglichen Lebens

Darüber hinaus sind nach § 1688 BGB die im ersten Absatz oben genannten Pflegepersonen und sonstigen Erziehungs- und Betreuungspersonen berechtigt, in Angelegenheiten des täglichen Lebens des Minderjährigen selbst zu entscheiden sowie die Inhaber der elterlichen Sorge in solchen Angelegenheiten zu vertreten. Das gilt nur dann nicht, wenn die Inhaber der elterlichen Sorge etwas anderes erklären oder das Familiengericht diese Befugnisse eingeschränkt oder gar ausgeschlossen hat.

Für Pflegeeltern und Heime

Beispiel 4
Angelegenheiten des täglichen Lebens sind u. a.: Fehlentschuldigungen für die Schule, Besuch von Elternabenden; Anmeldung zum Sportverein, zur Musikschule; Einwilligung in eine ärztliche Untersuchung oder Behandlung.

Teilzusammenfassung

Grundsätzlich bestimmen die Eltern die Geschicke ihres Kindes. Sie entscheiden, ob und wem sie das Kind zur Erziehung überlassen und welche Rechte und Pflichten sie dieser Person oder Einrichtung übertragen. Die Übertragung geschieht meist stillschweigend und in dem Umfang, wie es selbstverständlich und üblich ist, wenn ein Kind eine Kindertageseinrichtung besucht oder in einem Internat oder in einem Wohnheim untergebracht wird. In der Regel dürfen die dort tätigen Erzieherinnen und Erzieher das Kind betreuen und erziehen, und sie haben die Aufsichtspflicht. Entscheidungen, die über die durch die Fremderziehung bedingten Notwendigkeiten sowie über die Aufgabenstellung und Zielsetzung der Erziehungseinrichtung hinausreichen, bedürfen der ausdrücklichen (schriftlichen oder mündlichen) Vereinbarung.
Nur wenn das Kind oder der Jugendliche in einer Pflegefamilie lebt oder stationäre Hilfe zur Erziehung oder stationäre Eingliederungshilfe durch das Jugendamt erhält, sind die Pflegeeltern, die Erzieherinnen und Erzieher oder sonstigen Betreuungspersonen berechtigt, in Angelegenheiten des täglichen Lebens des Minderjährigen selbst zu entscheiden sowie die Inhaber der elterlichen Sorge in solchen Angelegenheiten zu vertreten. Das gilt nur dann nicht, wenn die Inhaber der elterlichen Sorge etwas anderes erklären oder das Familiengericht diese Befugnisse eingeschränkt oder gar ausgeschlossen hat.

4. Die Rechte des Minderjährigen in der Heimerziehung

Öffentliche Erziehung

Wenn das Jugendamt nach den §§ 27, 33, 34, 35 oder 35 a SGB VIII Hilfe zur Erziehung in einer Pflegefamilie, in einem Heim, in einer sonstigen betreuten Wohnform, als intensive sozialpädagogische Einzelbetreuung oder Eingliederungshilfe gewährt, spricht man auch von öffentlicher Erziehung. Welche Auswirkung hat diese Art von Erziehung auf den Minderjährigen selbst, auf seine Rechte?

Bedeutung der Grundrechte in der öffentlichen Erziehung

Fraglich ist, welche Bedeutung die Grundrechte in der öffentlichen Erziehung haben. Ist z. B. Art. 2 GG (Recht auf freie Entfaltung der Persönlichkeit) verletzt, wenn ein Jugendlicher sein Zimmer nicht nach seinem Geschmack mit eigenen Postern ausschmücken darf? Darf das Heim den Jugendlichen hindern, seine Freunde zu treffen oder seine Freizeit außerhalb des Heimes zu verbringen?

Einschränkung der Grundrechte

Ernstlich bestreitet heute niemand mehr, dass alle Menschen, unabhängig von Alter und Reife, Grundrechtsträger sind. Die UN-Kinderrechtskonvention bestärkt diese Auffassung. Strittig ist nur, welche Einschränkungen seiner Grundrechtsausübung sich ein Minderjähriger in öffentlicher Erziehung gefallen lassen muss, außerdem ob das KJHG dafür als Rechtsgrundlage ausreicht?

Zum Schutz und gemäß Erziehungszweck

- Nach überwiegender Ansicht sind nur solche Einschränkungen erlaubt, die der Schutz des Minderjährigen und der Erziehungszweck erfordern. Ein Maßstab dafür kann der Hilfeplan sein.
- In begrenztem Umfang kann auch die Funktionsfähigkeit des Heimes Einschränkungen rechtfertigen.

Heimrichtlinien als Antwort

Eine Antwort auf diese Fragen versuchen auch die Heimrichtlinien zu geben, die in einigen Bundesländern von den Landesjugendämtern erarbeitet worden sind. Im Unterschied zu anderen Heimrichtlinien, die fast nur technische Forderungen an den Bau, die Ausstattung und den Betrieb der Heime enthalten, werden in diesen Richtlinien auch pädagogisch-methodische Gesichtspunkte berücksichtigt.

Recht auf Selbstbestimmung

Der junge Mensch tritt nicht mehr bloß als Objekt des pädagogischen Handelns auf. Dementsprechend wird sein Recht auf Selbstbestimmung hervorgehoben; notwendige Einschränkungen dieses Rechts sind an feste Voraussetzungen gebunden.

Unter Ausgang ist jedes Verlassen des Heimes zu verstehen.

5. Aufsicht über Heime und Kindertageseinrichtungen

Betriebserlaubnis

Heime und sonstige betreute Wohnformen, teilstationäre Einrichtungen, Jugendwohnheime und Tageseinrichtungen für Kinder dürfen nur mit behördlicher Erlaubnis betrieben werden (§§ 45, 48 a SGB VIII). Der Gesetzgeber will damit möglichen Gefahren für das Wohl der betreuten Kinder oder Jugendlichen in solchen Einrichtungen vorbeugen.

Aufgabe

Außerdem ist eine regelmäßige Überprüfung dieser Einrichtungen durch die Aufsichtsbehörde vorgesehen (§ 46 SGB VIII). Die Aufsichtsbehörde soll die Einrichtungen auch beraten. Um ihrer Überwachungsaufgabe gerecht werden zu können, darf die Behörde die Häuser besichtigen, sich mit den Kindern und Jugendlichen in Verbindung setzen und die dort Beschäftigten befragen.

Befugnisse

Die Aufsicht ist eine Aufgabe des Landesjugendamtes, soweit nicht einzelne Länder die Aufsicht den mittleren Landesbehörden und bezogen auf die Kindertageseinrichtungen den unteren Landesbehörden zuweisen (§ 85 Abs. 2 Nr. 6, Abs. 4 SGB VIII).

Herausnahme des Kindes oder Jugendlichen

In Eilfällen (»bei Gefahr im Verzug«) gestattet § 42 SGB VIII dem Jugendamt auch die Herausnahme von Kindern und Jugendlichen aus der Einrichtung und die anderweitige Unterbringung.

Beschäftigungsverbot

Die Aufsichtsbehörde kann dem Träger einer erlaubnispflichtigen Einrichtung die weitere Beschäftigung des Leiters, eines Beschäftigten oder sonstigen Mitarbeiters ganz oder für bestimmte Funktionen oder Tätigkeiten untersagen, wenn sie die erforderliche Eignung nicht besitzen (§ 48 SGB VIII).

Besondere Anforderungen an die persönliche Eignung der Mitarbeiter(innen) in der Jugendhilfe

Zur Verbesserung des Schutzes von Kindern und Jugendlichen gegen Übergriffe von Fachkräften und anderem Personal in Einrichtungen und Diensten der Jugendhilfe hat der Gesetzgeber im § 72 a SGB VIII den Trägern der öffentlichen Jugendhilfe besondere Pflichten der Prüfung der persönlichen Eignung auferlegt. Sie sollen sich bei der Anstellung oder Vermittlung und in regelmäßigen Abständen von den betroffenen Personen ein Führungszeugnis vorlegen lassen, das Auskunft darüber gibt, ob die Personen wegen Verletzung der Fürsorge- oder Erziehungspflicht, wegen eines Sexualdelikts oder wegen Misshandlung von Schutzbefohlenen verurteilt worden sind. Das Führungszeugnis ist bei der Meldebehörde zu beantragen (§ 30 Abs. 2 Bundeszentralregistergesetz, abgekürzt: BZRG). Auf Antrag der betroffenen Personen ist diesen ein erweitertes Führungszeugnis auszustellen. Die antragstellende Person muss dabei eine schriftliche Aufforderung der Behörde vorlegen, die das erweiterte Führungszeugnis verlangt, mit der bestätigt wird, dass das Zeugnis zur Prüfung der persönlichen Eignung nach § 72 a SGB VIII benötigt wird (§ 30 a Abs. 2, Abs. 1 Nr. 2 BZRG). Das Zeugnis wird der Behörde unmittelbar übersandt. Dem Antragsteller ist auf Verlangen Einsicht in das Führungszeugnis zu gewähren (§ 30 a Abs. 2, § 30 Abs. 5 BZRG).

Führungszeugnis

Erweitertes Führungszeugnis

In dieses erweiterte Zeugnis werden auch Verurteilungen wegen der oben genannten Delikte zu Geldstrafe bis zu 90 Tagessätzen oder Freiheitsstrafe bis zu 3 Monaten aufgenommen (§ 32 Abs. 5 BZRG). Das einfache Zeugnis gibt nur Auskunft über Verurteilungen zu einer höheren Strafe (§ 32 Abs. 2 Nr. 5 BZRG).

Anmerkung: Mit dem von der Bundesregierung geplanten Bundeskinderschutzgesetz soll auch die Anpassung des § 72 a an die §§ 30 a, 32 Abs. 5 BZRG vorgenommen werden oder im § 72 a auf das Bundeszentralregistergesetz verwiesen werden.

6. Geheimnisschutz/Datenschutz in der Jugendhilfe

Manchmal wenden sich Eltern nur deswegen nicht an das Jugendamt, weil sie befürchten, es könnte Angaben und Informationen über ihre persönlichen Verhältnisse an andere Ämter und Behörden weitergeben. Dem sind jedoch durch den Geheimnis- und Datenschutz Grenzen gesetzt. Ausgangspunkt und Grundlage jeglichen Datenschutzes sind die Aussagen des Bundesverfassungsgerichts aus dem Jahre 1983. Es folgert die Notwendigkeit des Datenschutzes aus Artikel 2 Abs. 1 GG (Selbstbestimmungsrecht des Menschen) und Art. 1 Abs. 1 GG (Würde des Menschen). Nach diesen Artikeln, die das allgemeine Persönlichkeitsrecht garantieren, soll jeder Mensch grundsätzlich selbst entscheiden können, was andere über ihn und seine persönlichen Lebensumstände erfahren sollen. Dieses Recht ist aber nicht schrankenlos gewährleistet. Der Einzelne muss Einschränkungen seines Rechts auf »informationelle Selbstbestimmung« – ein Ausdruck des Bundesverfassungsgerichts – im überwiegenden Allgemeininteresse hinnehmen. Im Folgenden werden Grundzüge des Daten- und Geheimnisschutzes im Sozialbereich, zu dem auch die Jugendhilfe gehört, dargestellt.

Allgemeines Persönlichkeitsrecht

Recht auf informationelle Selbstbestimmung

a) Datenschutz im Sozialbereich allgemein

Sozialdatenschutz

Nach § 35 Abs. 1 SGB I hat jeder Anspruch darauf, dass die ihn betreffenden Sozialdaten von den Leistungsträgern nicht unbefugt erhoben, verarbeitet oder genutzt werden.

Leistungsträger in diesem Sinne sind die öffentlichen (behördlichen) Träger, die Sozialleistungen erbringen (z. B. Jugendhilfe, Sozialhilfe, Wohngeld, Leistungen nach dem Bundesausbildungsförderungsgesetz). Zum Datenschutz bei freien Trägern s. unten Abschnitt 6 c.

Definition 1

- Sozialdaten sind Einzelangaben über persönliche und sachliche Verhältnisse Betroffener, z. B. Name, Anschrift, Geburtsdatum, Geschlecht, Familienstand, Kinderzahl, Arbeitgeber, Einkommen, Schulden, Bankverbindung sowie Meinungen und Wertungen über Betroffene, z. B. in Aktenvermerken, psychosozialen Diagnosen und Prognosen, psychologischen und sonstigen Gutachten. Sozialdaten

Übermittlungsbefugnisse

Wann im Einzelfall Sozialdaten erhoben, verarbeitet und genutzt werden dürfen, ergibt sich aus den §§ 67 ff. SGB X. Dort finden sich auch weitere Begriffsbestimmungen.

Am eingehendsten und detailliertesten ist die zulässige (befugte) Übermittlung von Sozialdaten an andere öffentliche Stellen geregelt. Unter Übermitteln versteht das Gesetz (§ 67 Abs. 6 Nr. 3 SGB X) die Bekanntgabe von in Akten erfassten oder auf elektronischen Dateien gespeicherten Sozialdaten. In der sozialen Praxis ist § 69 SGB X die wichtigste Übermittlungsbefugnis. Diese Vorschrift gestattet die Übermittlung von Sozialdaten, sofern und soweit diese für die Erfüllung einer gesetzlichen Aufgabe nach dem Sozialgesetzbuch erforderlich ist. Dabei kann es sich um eine eigene Aufgabe des Leistungsträgers oder um die Aufgabe eines anderen Leistungsträgers handeln. Je nach Art der Aufgabe kann es auch erforderlich sein, dass ein Leistungsträger Gerichten, Privatpersonen oder freien Trägern Sozialdaten übermittelt.

Zur Erfüllung einer sozialen Aufgabe

Beispiel 5

Das Jugendamt ist im Rahmen der Familiengerichtshilfe befugt, Sozialdaten an das zuständige Gericht zu übermitteln (§ 50 Abs. 1 SGB VIII). Es kann auch ein anderes Jugendamt, in dessen Bezirk das betreffende Kind bisher gewohnt hat, bitten, die Daten mitzuteilen, die für die Berichterstattung erforderlich sind. Das Jugendamt ruft das Familiengericht an, weil es dessen Eingreifen wegen der Vernachlässigung eines Kindes für erforderlich hält und teilt ihm Einzelheiten über die Familienverhältnisse des Kindes mit (§ 8 a SGB VIII).

Führt das Jugendamt Heimerziehung im Heim eines freien Trägers durch, darf das Heim über die für die Erziehung des Jugendlichen erforderlichen Daten informiert werden. Das Heim darf diese Daten aber nur für die pädagogische Arbeit verwenden und ist derselben Geheimhaltungspflicht unterworfen wie das Jugendamt selbst (verlängerter Datenschutz, § 78 SGB X).

b) Sozialdatenschutz im Jugendhilfebereich

Für den Jugendhilfebereich sind in den §§ 61 bis 68 SGB VIII bereichsspezifische Regelungen getroffen worden, welche die allgemeinen Sozialdatenschutzregelungen ergänzen und teilweise auch zu einem verstärkten Schutz weiterentwickeln (z. B. bezüglich der Datenübermittlung).

Bereichsspezifische Ergänzungen

Die bereichsspezifischen Regelungen gelten nach § 61 Abs. 1 S. 2 SGB VIII für alle Stellen der Träger öffentlicher Jugendhilfe, soweit sie Aufgaben nach dem KJHG wahrnehmen; mit dieser Einschränkung auch für kreisangehörige Gemeinden, die nicht örtliche Träger der Jugendhilfe sind, wenn sie z. B. Tageseinrichtungen für Kinder errichten und betreiben.

Die Mitarbeiter dieser Stellen sind durch ihren Arbeits- oder Dienstvertrag verpflichtet, die für ihren Arbeit- oder Dienstgeber geltenden Vorschriften zu beachten.

Zulässigkeit der Datenerhebung

Grundsatz der Erforderlichkeit und Geeignetheit

Die Erhebung von Sozialdaten z. B. durch Befragung, Beobachtung usw. ist nur zulässig, soweit ihre Kenntnis zur Erfüllung der jeweiligen Aufgabe erforderlich ist (§ 62 SGB VIII).

Speicherung der Sozialdaten

Auch die Aufnahme von Sozialdaten in die Akten oder auf elektronische Dateien ist nur dann zulässig, wenn dies zur Erfüllung der jeweiligen Aufgabe erforderlich ist (§ 63 SGB VIII).

Datenübermittlung und Datennutzung

Bei gesetzlicher Übermittlungsbefugnis

Die Verwendung von Sozialdaten zu einem anderen Zweck als zu dem sie erhoben sind, ist nach § 64 Abs. 1 SGB VIII nur zulässig, wenn eine gesetzliche Übermittlungsbefugnis z. B. zur Erfüllung einer anderen sozialen Aufgabe im Sinn des § 69 SGB X besteht (s. oben Abschnitt 6 a). Aber auch hier kann im Einzelfall eine sonst zulässige Weitergabe von Daten einmal unzulässig sein, wenn dadurch der Erfolg der zu gewährenden Leistung infrage gestellt ist (§ 64 Abs. 2 SGB VIII).

Besonderer Vertrauensschutz bei persönlicher und erzieherischer Hilfe

Von den bereichsspezifischen Datenschutzregelungen des Kinder- und Jugendhilfegesetzes ist § 65 SGB VIII von besonderer Bedeutung.

- § 65 SGB VIII verbietet die Weitergabe von Sozialdaten durch Mitarbeiter eines Trägers der öffentlichen Jugendhilfe, die ihnen zum Zwecke persönlicher und erzieherischer Hilfe im Zusammenhang mit einer Erziehungs-, Betreuungs- und Beratungstätigkeit anvertraut worden sind.

Definition 2

- Anvertraut ist nur, was im Vertrauen auf die Verschwiegenheit gesagt worden ist.

Weitergabebefugnisse

§ 65 Abs. 1 Nr. 1 SGB VIII lässt eine Weitergabe grundsätzlich mit Einwilligung dessen zu, der die Daten anvertraut hat. Auch beschränkt geschäftsfähige Minderjährige (s. Kapitel 5, Abschnitte 4 und 5) können wirksam einwilligen, wenn sie die nötige Einsichtsfähigkeit besitzen, um die Tragweite ihrer Einwilligung zu ermessen.

- Ohne Einwilligung ist eine Weitergabe gegenüber dem Familiengericht zulässig, wenn das Kindeswohl gefährdet ist und die in Aussicht genommene Leistung nicht ohne Gerichtsentscheidung möglich ist, weil die Personensorgeberechtigten sie nicht wollen (§ 65 Abs. 1 Nr. 2 SGB VIII).
- Desgleichen ist eine Weitergabe an die Fachkräfte zulässig, die zum Zwecke der Abschätzung des Gefährdungsrisikos nach § 8 a SGB VIII (s. Kapitel 8, Abschnitt 5) herangezogen werden.
- Eine Weitergabe ist nach § 65 Abs. 1 Nr. 3 SGB VIII auch im Fall der strafrechtli-

chen Anzeigepflicht, der Meldepflicht bei übertragbaren Krankheiten und des strafrechtlichen Notstandes möglich (s. unten c).

Beispiel 6
Das Jugendamt hat im Rahmen eines Sorgerechtsverfahrens (Kapitel 3, Abschnitt 5) einen Bericht für das Familiengericht nach § 50 Abs. 1 SGB VIII zu erstellen. Wenn das betroffene Kind eine Kindertageseinrichtung besucht, werden oft vom Jugendamt der Leiterin Fragen über das Kind und dessen Familienverhältnisse gestellt und zwar ohne (vorherige) Einwilligung der Eltern.
Bei der Frage, welche Daten in diesem Fall weitergegeben werden dürfen, ist § 65 SGB VIII zu beachten, da Erkenntnisse abgefragt werden, die im Rahmen der »persönlichen und erzieherischen Hilfe« gewonnen worden sind: Das Wissen der Leiterin der Kindertageseinrichtung basiert sowohl auf täglichen Beobachtungen bei dem Umgang mit dem Kind und auf Erzählungen des Kindes von daheim, als auch auf Gesprächen mit den Eltern, auf deren Verhalten bei Elternabenden und auf Erfahrungen im Rahmen sonstiger Formen der Zusammenarbeit mit den Eltern. Wissen, das aus eigenen Beobachtungen gewonnen worden ist, darf grundsätzlich weitergegeben werden. Wissen hingegen, das auf »anvertrauten« Informationen beruht, unterliegt der Geheimhaltungspflicht nach § 65 SGB VIII. Daher dürfen von der Leiterin ohne Einwilligung der Eltern nur eigene Beobachtungen mitgeteilt werden.
Liegt jedoch ein Fall des strafrechtlichen Notstandes (§ 34 StGB) vor, z. B. wenn die Leiterin über Kenntnisse von Erziehungsmethoden mit Gewaltanwendung verfügt, so kann sie diese im Regelfall weitergeben.

Löschung von Sozialdaten

(Sozial-)Daten sind zu löschen, wenn ihre Speicherung unzulässig ist, weil ihre Erhebung unzulässig ist oder weil sie zur Aufgabenerfüllung nicht mehr erforderlich sind (§ 84 Abs. 2 SGB X).

Datenschutz bei Einrichtungen freier Träger

Auf Einrichtungen und Dienste der Träger der freien Jugendhilfe sind die Datenschutzregelungen nicht anwendbar. Wenn öffentliche Träger Einrichtungen und Dienste freier Träger in Anspruch nehmen, müssen sie nach § 61 Abs. 4 SGB VIII sicherstellen, dass die Träger der freien Jugendhilfe einen entsprechenden Schutz der Sozialdaten gewährleisten. Die Sicherstellung kann durch eine vertragliche Vereinbarung zwischen Jugendamt und freiem Träger oder über Zuschussrichtlinien geschehen.

Vertragliche Verpflichtung

- Freie Träger sind aber auch so aufgrund der Verträge (Beratungs-, Behandlungs-, Betreuungs- und Erziehungsverträge), die sie mit den Eltern oder den Klienten abschließen, verpflichtet (vertragliche Nebenpflicht), deren allgemeines Persönlichkeitsrecht zu achten und damit alle Sozialdaten, die ihnen im Zusammenhang mit der Beratung, Behandlung, Betreuung und Erziehung bekannt werden, als Geheimnis zu wahren.

Bindung der Mitarbeiter

Auch bei freien Trägern sind die Mitarbeiter, die der Träger zur Erfüllung seiner Aufgaben einsetzt, aufgrund ihres Arbeitsvertrages verpflichtet, bei ihrer Tätigkeit die dem Träger obliegenden Pflichten nicht zu verletzen.

c) Strafrechtliche Schweigepflicht

- Neben dem die öffentlichen Leistungsträger verpflichtenden Datenschutzrecht (Stellendatenschutz), das den Schutz des Vertrauens in soziale Organisationen

Persönliche Geheimhaltungspflicht

bewirken soll, gibt es für staatlich anerkannte Sozialpädagoginnen/Sozialpädagogen und Sozialarbeiterinnen/Sozialarbeiter – gleich ob sie Arbeitnehmer oder selbstständig sind – eine gesetzliche, diesen Personen unmittelbar obliegende (persönliche) Geheimhaltungspflicht. Sie dürfen, ähnlich wie Ärzte und Rechtsanwälte, nach § 203 Abs. 1 Nr. 5 StGB fremde, namentlich zum persönlichen Lebensbereich gehörende Geheimnisse, die ihnen beruflich anvertraut oder sonst bekannt geworden sind, nicht unbefugt offenbaren. Ziel dieser gesetzlichen Schweigepflicht ist der Schutz des Vertrauens in eine bestimmte Berufsgruppe. Anvertraut ist ein Geheimnis, wenn es dem Sozialpädagogen/Sozialarbeiter im Zusammenhang mit der Ausübung des Berufs unter Umständen mitgeteilt wird, aus denen sich die Anforderung des Geheimhaltens ergibt.

- Dieselbe Geheimhaltungspflicht ist nach § 203 Abs. 2 Nr. 2 StGB auch allen anderen für den öffentlichen Dienst besonders Verpflichteten auferlegt, z. B. Kinderpflegerinnen oder Erzieherinnen und Erziehern gemeindlicher Kindertageseinrichtungen. Im Unterschied zu den staatlich anerkannten Sozialarbeitern/Sozialpädagogen, die auch innerdienstlich zum Schweigen verpflichtet sind, sind die von § 203 Abs. 2 Nr. 2 erfassten Personen zur Offenbarung von Einzelangaben befugt, wenn diese zur Erfüllung der Aufgaben der Anstellungsbehörde oder der Aufgabenerfüllung anderer Behörden benötigt werden und ein Gesetz dies nicht ausdrücklich untersagt. Ein solches Gesetz ist auch § 65 SGB VIII mit den dort gemachten Einschränkungen (s. oben b).

Bei Verletzung der strafrechtlichen Geheimhaltungspflicht können die genannten Personen mit einer Freiheitsstrafe bis zu einem Jahr oder Geldstrafe belegt werden.

Offenbarungsbefugnisse

Strafbar ist die Offenbarung eines Geheimnisses aber nur, wenn sie unbefugt ist. Befugt ist sie, wenn der Betroffene einwilligt oder wenn gesetzliche Offenbarungspflichten und Befugnisse vorliegen oder ein rechtfertigender Notstand gegeben ist. Bezüglich der Einwilligungsfähigkeit gilt das Gleiche wie oben b) ausgeführt. Die Einwilligung bedarf keiner bestimmten Form. Sie ist also auch mündlich oder stillschweigend möglich.

Befugte Offenbarung

– Anzeigepflicht geplanter Verbrechen
§ 138 StGB stellt die Nichtanzeige geplanter schwerer Verbrechen wie Totschlag, Mord, Geiselnahme, Raub und schwere Brandstiftung unter Strafe.
– Meldepflicht (bei übertragbaren Krankheiten) nach dem Infektionsschutzgesetz.
– Rechtfertigender Notstand.
Nach § 34 StGB ist der Bruch der Schweigepflicht im Fall einer gegenwärtig nicht anders abwendbaren Gefahr für Leib und Leben oder ein anderes wichtiges Rechtsgut gerechtfertigt, wenn das geschützte Rechtsgut das Interesse an der Geheimhaltung wesentlich überwiegt.

Beispiel 7
Eine Frau vertraut der Sozialpädagogin an, dass ihr Mann das gemeinsame Kind sexuell missbraucht. Ist das Kind ohne Geheimnisbruch nicht zu schützen, darf die Sozialpädagogin das Jugendamt informieren. Dasselbe gilt bei Kindesmisshandlungen. Wohlgemerkt handelt es sich hier nicht um eine Offenbarungspflicht sondern nur um eine Offenbarungsbefugnis.

d) Rechtsfolgen unbefugter Weitergabe von Sozialdaten

Bei einem Verstoß gegen das Verbot unbefugter Weitergabe von Sozialdaten durch einen öffentlichen Leistungsträger hat der Betroffene das Recht, auf Unterlassung zu klagen, wenn auch künftig mit Geheimnisverletzung zu rechnen ist. Daneben steht dem Betroffenen ein Schadensersatzanspruch wegen Amtspflichtverletzung (§ 839 BGB/Art. 34 GG) gegen den öffentlichen Anstellungsträger zu, unter Umständen auch ein Schmerzensgeldanspruch wegen Verletzung des Persönlichkeitsrechts (§ 253 BGB). Mögliche Folgen sind auch eine Dienstaufsichtsbeschwerde und/oder Strafanzeigen wegen Verstoßes gegen § 203 StGB und/oder § 85 SGB X. Auch freie Träger sind zum Schadenersatz und bei erheblicher Persönlichkeitsverletzung zur Zahlung eines Schmerzensgeldes verpflichtet, wenn gesetzliche Vertreter des Trägers oder Mitarbeiter das allgemeine Persönlichkeitsrecht der Betroffenen verletzen (§§ 823, 253 BGB). Die Mitarbeiter haften nach § 823 auch selbst und können sich nach § 203 StGB strafbar machen.

Unterlassungsklage

Schadensersatz

Strafanzeige

Bei Verletzung der Geheimhaltungspflicht und des Persönlichkeitsrechts verstoßen Mitarbeiter öffentlicher und freier Träger auch gegen ihre Dienstpflichten, worauf der Arbeitgeber sie abmahnen oder ihnen sogar kündigen kann (s. Kapitel 15, Abschnitt 7).

Abmahnung

Kündigung

Zusammenfassung

Die elterliche Sorge wird bei der Unterbringung des Kindes in einer Pflegefamilie, in einer Kindertageseinrichtung oder in einem Heim nicht berührt. Die Pflegeperson und die Erziehungseinrichtungen nehmen einzelne Rechte und Pflichten der elterlichen Sorge wahr, soweit dies üblich und selbstverständlich ist. Das gilt für die Pflege, Betreuung, Erziehung mit Ausnahme weitreichender Entscheidungen, die Aufsichtspflicht und das Umgangsbestimmungsrecht. Darüber hinaus sind die Pflegeperson und das Heim, sofern der Minderjährige im Rahmen der Hilfe zur Erziehung oder der Eingliederungshilfe im Heim untergebracht ist oder intensive sozialpädagogische Einzelbetreuung erhält, berechtigt, in Angelegenheiten des täglichen Lebens und bei Gefahr im Verzug selbst zu entscheiden und die Inhaber der elterlichen Sorge zu vertreten. Die Grundrechte des Minderjährigen in öffentlicher Erziehung sind insoweit eingeschränkt, als der Zweck der Erziehung und die unabweisbaren Notwendigkeiten des Heimlebens es erfordern.

Dass eine dem Wohl des Kindes oder Jugendlichen entsprechende Erziehung in einem Heim oder in einer anderen Erziehungseinrichtung gewährleistet ist, hat die Aufsichtsbehörde zu überwachen. Eine ähnliche Aufsicht ist auch für die Kindertageseinrichtungen gesetzlich vorgesehen. Träger und Stellen der öffentlichen Jugendhilfe unterfallen dem Sozialdatenschutz. Sie dürfen Sozialdaten, die ihnen im Zusammenhang mit ihrer Aufgabenstellung bekannt oder anvertraut werden, nicht unbefugt weitergeben. Die Befugnis zur Übermittlung bzw. Weitergabe ergibt sich aus dem SGB X und dem SGB VIII. Träger der freien Jugendhilfe sind durch das Gesetz nicht unmittelbar gebunden. Sie sind aufgrund der vertraglichen Abmachungen mit ihren Klienten verpflichtet, deren Persönlichkeitsschutz zu gewährleisten. Wenn öffentliche Träger freie Träger in Anspruch nehmen, müssen sie dafür sorgen, dass freie Träger wie sie selbst den Datenschutz beachten. Die Mitarbeiter der öffentlichen und freien Träger der Jugendhilfe sind arbeitsrechtlich zur Beachtung der Verpflichtungen ihrer Träger angehalten. Staatlich anerkannte Sozialpädagogen und Sozialarbeiter sowie Erzieher im öffentlichen Dienst können sich sogar strafbar machen, wenn sie unbefugt im Zusammenhang mit ihrer Berufsaufgabe anvertrautes Wissen preisgeben. Strafbar macht sich desgleichen jeder Mitarbeiter eines öffentlichen Trägers, wenn er Sozialdaten unbefugt speichert oder übermittelt, wenngleich die Tat nur auf Antrag verfolgt wird.

Kapitel 11

Der Schutz der jungen Menschen durch das Strafrecht

Die Vorschriften des Strafrechts sollen den Bürger vor rechtswidrigen Eingriffen in seinen gesetzlich garantierten Freiraum schützen. Der gesetzlich geschützte Freiraum ist für den jungen Menschen größer als für den Erwachsenen; d. h., es gibt eine Reihe von Handlungen, die strafbar sind, wenn sie an einem jungen Menschen begangen werden; an einem Erwachsenen begangen, wäre diese Handlung nicht oder zumindest nicht so schwer strafbar.

1. Schutz durch Strafe

In keinem anderen Bereich der Rechtsordnung wird die Absicht eines Gesetzes deutlicher, die Staatsbürger zum Einhalten der gesetzten Normen anzuhalten. Nur im Strafrecht wird dem Gesetzesübertreter Strafe angedroht. Die Androhung, aber auch die Durchführung von verwirkten Strafen, sollen ihn davon abhalten, eine mit Strafe bedrohte Handlung zu begehen. Durch diese »abschreckende« Wirkung wird für die Rechtsgüter, die in unserer Gesellschaftsordnung als hochwertig angesehen werden – wie z. B. Leben, Gesundheit, Freiheit, Eigentum – eine hohe Schutzwirkung erreicht.

Abschreckung

Da Kinder und Jugendliche in manchen Bereichen aufgrund ihrer Unerfahrenheit und körperlichen Schwäche mehr Schutz benötigen als Erwachsene, sind im Strafrecht Bestimmungen enthalten, die ausschließlich Rechtsgüter von Kindern und Jugendlichen schützen oder die eine verschärfte Strafdrohung aussprechen, wenn die strafbare Handlung an Kindern oder Jugendlichen begangen wird.

2. Voraussetzungen der Strafbarkeit

Der Mensch neigt dazu, gefühlmäßig zu urteilen, insbesondere wenn es um »schuldig« oder »nicht schuldig« geht. Das Straf- und Strafverfahrensrecht muss daher so exakt wie möglich festlegen, welche Handlung grundsätzlich als strafbar anzusehen ist, welche Vorstellungen und Überlegungen der Täter gehabt hat und wie er seiner Tat überführt werden muss, um zu einer Strafe verurteilt werden zu können. Im Strafverfahren muss zweifelsfrei festgestellt werden, dass der Angeklagte durch seine Handlung (Tun oder Unterlassen) den Tatbestand einer oder mehrerer strafrechtlicher Normen erfüllt und dass er das rechtswidrig und schuldhaft getan hat. Wie diese Überprüfung erfolgt und was die Begriffe »schuldhaft« und »rechtswidrig« bedeuten, soll an einem Beispiel erläutert werden.

Tatbestandsmäßigkeit
Rechtswidrigkeit
Schuld

Beispiel 1 (Einführungsfall)
Eine Jugendgruppe aus der Kleinstadt C war in den Sommerferien zum Zelten auf einen kleinen Zeltplatz im Bayerischen Wald gefahren. Die zwölf Buben und Mädchen im Alter zwischen 14 und 17 Jahren verstanden sich prächtig untereinander und auch mit ihrem Gruppenleiter, dem 25-jährigen Sozialpädagogen Helmut W. Die Pärchenbildung, die auch zu Hause schon in Ansätzen zu beobachten war, entwickelte sich rasch, und der

Austausch von – harmlosen – Zärtlichkeiten war bald nicht mehr zu übersehen. Helmut W. beobachtete dies mit gemischten Gefühlen. Im Grunde genommen hatte er gegen diese Pärchenbildung und den Austausch von Zärtlichkeiten nichts einzuwenden, da er dies für eine natürliche und gesunde Entwicklung hielt. Doch er erinnerte sich allzu gut an die Widerstände der Mütter, die zwar meinten, dass ihre Töchter noch zu harmlos für so etwas wären und ihre Zustimmung zur Mitfahrt nur gaben, da Helmut fest versprochen hatte, »gut aufzupassen«.
Bis auf die letzte Nacht geschah auch nichts, was den besorgten Müttern hätte missfallen können. Doch in dieser Nacht hörte er, dass in den Zelten auf einmal ein Tuscheln, Flüstern und Kichern begann. Bei näherem Zuhören konnte er unterscheiden, dass der 17-jährige Gerd ins Zelt der 16½-jährigen Moni geschlüpft und dass deren Freundin und Zeltgenossin, die 15-jährige Traudl, zu Gerds Freund, dem 17-jährigen Klaus, gegangen war. Ob sonst noch Plätze getauscht worden waren, konnte er nicht feststellen. Er überlegte, ob er die Pärchen trennen sollte, unterließ es dann aber, da er glaubte, dass dies möglicherweise schlimmere Folgen haben könnte, als wenn er der Sache ihren Lauf ließe. Er wollte nur wach bleiben und lauschen, um im Falle eines Falles eingreifen zu können, was jedoch nicht notwendig wurde, da sich die Pärchen nach etwa 1½ Stunden wieder trennten und in ihre Zelte zurückschlichen.

»Kuppelei«?

Angenommen, die betroffenen Mütter erfahren von diesen Vorgängen und erstatten Anzeige gegen Helmut W. wegen »Kuppelei«; müsste er mit einer Bestrafung rechnen?
Als gesetzlicher Tatbestand käme § 180 StGB in Betracht, der die Förderung sexueller Handlungen Minderjähriger unter Strafe stellt.
Anhand des Textes dieser Vorschrift wollen wir nun untersuchen, ob das Verhalten von Helmut W. den gesetzlichen Tatbestand von § 180 StGB erfüllt, und wenn ja, ob dies widerrechtlich und schuldhaft geschah.

Tatbestandsmäßigkeit

Abstrakte Beschreibung eines Sachverhaltes

Der § 180 StGB beschreibt in abstrakter Form mehrere unterschiedliche Lebenssachverhalte. Die Absätze 2 und 3 von § 180 StGB können von vornherein als nicht zutreffend ausgeschlossen werden. In Frage kommt nur der Abs. 1.

Danach müsste Helmut W.
- einer sexuellen Handlung einer Person unter 16 Jahren an oder vor einem Dritten oder einer sexuellen Handlung eines Dritten an einer Person unter 16 Jahren
- durch seine Vermittlung oder durch Gewähren oder Verschaffen von Gelegenheit
- Vorschub geleistet haben.

Was der 17-jährige Gerd und die 16½-jährige Moni im Zelt gemacht haben, ist für die Frage, ob Helmut W. sich nach § 180 StGB strafbar gemacht hat, unerheblich, da beide bereits älter als 16 Jahre sind. Es ist nur mehr zu prüfen, ob eine strafbare Handlung in Bezug auf Klaus und Traudl vorliegt, da Traudl »eine Person unter 16 Jahren« ist.

Was ist eine sexuelle Handlung?

Nach den einschlägigen Kommentaren lässt sich dieser Begriff als »eine Handlung von einiger Erheblichkeit, die von ihrem äußeren Erscheinungsbild her als auch in der Vorstellung mindestens eines Partners sexualbezogen ist«, umschreiben. In der Rechtsprechung sind außer dem Beischlaf selbst auch das sogenannte Petting und diesem vergleichbare körperliche Kontakte als sexuelle Handlungen angesehen worden. Nicht als solche zählen z. B. normale Küsse und Umarmungen. Bei der Beurteilung einer Handlung und ihrer Einstufung als sexuelle Handlung ist auch das Schutzgut des § 180 StGB, die ungestörte sexuelle Entwicklung – sie will das Gesetz schützen – und das Alter der »unter 16 Jahre alten Person« zu berücksichtigen.

In unserem Fall ist nichts darüber gesagt, was die beiden nun in ihrem Zelt gemacht haben. In einem Verfahren müsste dies geklärt werden. Klaus und Traudl könnten hierzu als Zeugen vernommen werden. Hier soll jedoch davon ausgegangen werden, dass sexuelle Handlungen im Sinne des § 180 StGB vorgenommen wurden.

Vermitteln, Gewähren oder Verschaffen von Gelegenheit

Nach der eigentlichen Bedeutung der Begriffe hat Helmut W. weder »vermittelt« noch »gewährt« noch »verschafft«, da diese Begriffe ein aktives Tätigwerden beschreiben, Helmut W. aber untätig in seinem Zelt lag.

Handeln durch Unterlassen

Der strafrechtliche Begriff »Handlung« beinhaltet aber nicht nur das aktive Tun, sondern in besonderen Fällen auch ein »Nichtstun«, ein Unterlassen. Ein Unterlassen ist dann dem Handeln gleichzusetzen, wenn der »Täter« durch sein Eingreifen die Rechtsgutverletzung hätte verhindern können und wenn er rechtlich verpflichtet gewesen wäre, diese Rechtsgutverletzung zu verhindern; außerdem muss ihm ein Eingreifen zugemutet werden können und das Nichthandeln ebenso vorzuwerfen sein, wie wenn er die eingetretene Rechtsgutverletzung durch aktives Handeln herbeigeführt hätte. (Augenfälliges Beispiel hierfür ist die Mutter, die ihr Kind verhungern und verdursten lässt.)

Sind diese Voraussetzungen in unserem Fall gegeben?
Helmut W. hätte die Rechtsgutverletzung, die ungestörte sexuelle Entwicklung, durch eine Zeltkontrolle oder Ähnliches verhindern können. Aufgrund seiner Position als Leiter der Jugendgruppe war er auch rechtlich verpflichtet gewesen, die Rechtsgutverletzung zu verhindern. Seine Stellung machte ihn zum Garanten

Garantenstellung

dafür, dass keiner seiner Jugendlichen eine Rechtsgutverletzung erleiden musste. Eine solche Garantenstellung ergibt sich im Übrigen auch aufgrund familienrechtlicher Vorschriften oder Beziehungen (z. B. Ehegatten untereinander, Eltern für ihre Kinder) oder auch dadurch, dass man eine Gefahrenanlage für andere geschaffen hat. (Ein Autofahrer, dessen Ölkühler weggerissen wurde, muss die gefährliche Öllache, die andere Verkehrsteilnehmer erheblich gefährdet, zumindest ausreichend absichern. Ebenso muss eine Baugrube ausreichend durch Absperrung und Beleuchtung gesichert sein.)

War Helmut W. ein Eingreifen auch zumutbar?

Güterabwägung

Bei der Beantwortung dieser Frage ist abzuwägen, mit welcher Wahrscheinlichkeit die Rechtsgutverletzung eintreten wird und welche Bedeutung sie hat, mit der Lage und den Fähigkeiten dessen, der nicht gehandelt hat. So ist ein Nichtschwimmer nicht fähig, einen Ertrinkenden ohne Rettungsgeräte aus dem Wasser zu ziehen; ein tief Schlafender ist nicht in der Lage, den sexuellen Umtrieben Jugendlicher Einhalt zu gebieten.

Helmut W. war jedoch in der Lage einzugreifen, und er hatte durch seine Ausbildung auch die Fähigkeit dazu. Er musste aufgrund seiner Beobachtungen auch annehmen, dass die Rechtsgutverletzung bereits eingetreten ist und noch fortdauern wird. Sein Nichteinschreiten beruhte allein auf der Überlegung, dass die Bedeutung der Rechtsgutverletzung wohl nicht so groß sei. Diese Überlegung widerspricht jedoch dem Gesetz, da § 180 Abs. 1 StGB dieses Rechtsgut unter seinen besonderen Schutz stellt. Sein Nichttätigwerden kann er nicht damit begründen, dass er die Forderung eines Gesetzes für nicht bedeutend ansieht. Aus diesen Überlegungen ergibt sich, dass Helmut W., der aufgrund seiner Garantenstellung zum Eingreifen verpflichtet war und dies ihm auch zumutbar war, durch sein Nichtstun das Tatbestandsmerkmal »Gewähren von Gelegenheiten« erfüllt hat.

Vorschub leisten

Unter Vorschub leisten ist das Schaffen günstiger Gelegenheit für sexuelle Handlungen zu verstehen. Auch hier gilt, dass das Nichteinschreiten von Helmut W. dem aktiven »Vorschub leisten« gleichzusetzen ist. Den günstigen Bedingungen hat er dadurch Vorschub geleistet, dass er nicht durch geeignete Maßnahmen sofort für eine Trennung gesorgt hat, sodass Traudl und Gerd in der Abgeschiedenheit des Zeltes sexuelle Handlungen vornehmen konnten.

Günstige Gelegenheit

Erzieherprivileg

Die vorliegende Tatbestandsmäßigkeit wäre jedoch unerheblich, wenn für Helmut W. § 180 Abs. 1 Satz 2 StGB zutreffen würde. Hierfür müsste Helmut W. Personensorgeberechtigter sein. Aus der Entstehungsgeschichte des § 180 StGB ergibt sich, dass hierunter nur die Personensorgeberechtigten im gesetzlichen Sinne zu verstehen sind. Ursprünglich war ein sog. »verlängertes Erzieherprivileg« vorgesehen, das auch diejenigen erfasst hätte, die im Auftrag des Personensorgeberechtigten die tatsächliche Personensorge ausüben, also Erzieher, Lehrer oder Gruppenleiter. Das wurde jedoch nicht Gesetz. Daraus kann man schließen, dass der Erzieher, der die tatsächliche Personensorge im Auftrag der Eltern, des Vormundes oder unter Umständen des Pflegers ausübt, nicht unter das Erzieherprivileg des § 180 Abs. 1 Satz 2 StGB fällt.

Nur Personensorgeberechtigte

Rechtswidrigkeit

Eine Handlung muss nicht nur tatbestandsmäßig, sondern auch rechtswidrig sein. Diese Eigenschaft wird einer Handlung dann zugeschrieben, wenn sie der Rechtsordnung widerspricht. Da das Strafrecht durch seine Gebote und Verbote zur Rechtsordnung gehört, ist eine Tat in der Regel auch rechtswidrig, wenn sie tatbestandsmäßig ist.

Verbot

Die Rechtswidrigkeit kann jedoch durch Rechtfertigungsgründe ausgeschlossen sein. Die wichtigsten sind die Einwilligung und die sog. Notrechte, wie Notwehr (§ 32 StGB und § 227 BGB), der Notstand (§ 34 StGB) oder die Selbsthilfe (§§ 228 und 229 f. BGB).

Rechtfertigungsgründe

Die Einwilligung ist als ein Rechtsgutverzicht anzusehen, d. h., der Betroffene ist damit einverstanden, dass ein bestimmtes Rechtsgut verletzt wird.

Rechtsgutverzicht

Beispiel 2

Der Patient, der in eine Blinddarmoperation einwilligt, verzichtet damit auf das Rechtsgut »körperliche Unversehrtheit«. Der Arzt, der die Operation vornimmt, begeht zwar tatbestandsmäßig eine Körperverletzung nach § 224 StGB, handelt aber nicht rechtswidrig, da die Einwilligung des Patienten die Rechtswidrigkeit beseitigt (§ 228 StGB).

Wirksame Einwilligung

Eine Einwilligung ist allerdings nur dann wirksam, wenn sie freiwillig gegeben wird, wenn die Tragweite der Einwilligung bekannt ist und wenn die Handlung, in die eingewilligt wird, nicht sittenwidrig ist.

Beispiel 3

Ein ärztlicher Kunstfehler ist von der Einwilligung nicht erfasst. Die Körperverletzung, die darauf beruht, ist daher rechtswidrig. Die Einwilligung in eine medizinische nicht erforderliche Verstümmelung oder in die eigene Tötung ist wegen Sittenwidrigkeit keine wirksame Einwilligung.

Minderjähriger kann einwilligen

Körperliche Bestrafung kein Rechtfertigungsgrund

Auch ein Minderjähriger kann wirksam einwilligen, wenn er in der Lage ist, die Folgen zu übersehen. Ist dies nicht der Fall, oder bestehen Zweifel an der Einsichtsfähigkeit, müssen die Personensorgeberechtigten gefragt werden. Körperliche Bestrafung durch Eltern ist gewohnheitsrechtlich nicht mehr gerechtfertigt, seit und soweit § 1631 Abs. 2 BGB bestimmt, dass körperliche Bestrafungen, seelische Verletzungen und andere entwürdigende Maßnahmen unzulässig sind. Bei Erziehern und Lehrern war die allgemeine Überzeugung schon vorher geschwunden, dass ein solches Tun rechtens und notwendig ist – eine Voraussetzung für die Annahme von Gewohnheitsrecht (zum Gewohnheitsrecht und zum Wegfall einer gewohnheitsrechtlich anerkannten Züchtigung für Lehrer und Erzieher s. Kapitel 1, Abschnitt 5 sowie Kapitel 4, Abschnitt 2).

Im Fall des Helmut W. ist ein Rechtfertigungsgrund nicht ersichtlich. Traudl kann auch nicht in die Rechtsgutverletzung einwilligen, da sie, was sich aus dem Sinn der Vorschrift ergibt, über dieses Rechtsgut nicht verfügen kann.

Schuld

Verantwortlichkeit

Als dritter Fragenkomplex ist nunmehr zu untersuchen, ob Helmut W. schuldhaft gehandelt hat, das heißt, ob er mit der Verantwortung für die rechtswidrige Tat belastet werden muss. Schuld oder Verantwortlichkeit ist gegeben, wenn der Täter schuldfähig war, wenn er vorsätzlich oder fahrlässig gehandelt hat, wenn es ihm zumutbar war, anders zu handeln und wenn er gewusst hat oder hätte wissen können, dass sein Tun rechtswidrig war.

Schuldfähig

Kinder schuldunfähig

§ 19 StGB zieht hier eine klare Altersgrenze. Kinder unter 14 Jahren sind nicht schuldfähig. Sie können zwar tatbestandsmäßig und rechtswidrig ein Rechtsgut verletzen, sie können jedoch dafür nicht zur Verantwortung gezogen werden, da sie noch nicht schuldfähig sind (siehe auch Kapitel 14).

Neben diesem generellen Ausschluss der Schuldfähigkeit gibt es die auf eine bestimmte Tat bezogenen Schuldausschließungsgründe des § 20 StGB und die Schuldminderungsgründe des § 21 StGB.

Vorsätzlich oder fahrlässig

Kurz gesagt, ist Vorsatz das Wissen und Wollen der Tatbestandsverwirklichung. Der Täter muss aber nicht den abstrakten Gesetzestext kennen. Es reicht aus, wenn er einen Lebenssachverhalt verwirklichen will, der der gesetzlichen Tatbeschreibung entspricht.

Wissen und Wollen

Beispiel 4
Die Überlegung des Erziehers: »Dem werde ich jetzt ein paar hinter die Löffel geben«, genügt, um Vorsatz für die Verwirklichung des gesetzlichen Tatbestandes des § 223 StGB: »wer eine andere Person körperlich misshandelt«, anzunehmen.

Fahrlässig handelt jemand, der einen Tatbestand rechtswidrig und vorwerfbar verwirklicht hat, ohne dass er diese Verwirklichung erkannt oder gewollt hat. Der Täter muss pflichtwidrig gehandelt haben, und es muss für ihn vorhersehbar gewesen sein, dass er eine rechtswidrige Rechtsgutverletzung herbeiführen wird. Hierfür genügt es, dass er vorhersehen kann, dass nach allgemeiner Lebenserfahrung eine bestimmte Rechtsgutverletzung eintreten kann.

Ungewollte Rechtsgutverletzung

Beispiel 5
Ein Autofahrer handelt fahrlässig, wenn er durch eine schmale Anliegerstraße eines Wohngebietes mit überhöhter Geschwindigkeit fährt, zumal er beobachten kann, dass hinter den geparkten Autos Kinder auf den Gehwegen spielen.
Springt eines dieser Kinder zwischen den Autos hindurch auf die Straße und kommt er wegen seiner Geschwindigkeit nicht rechtzeitig zum Stehen, so hat er fahrlässig das Rechtsgut »körperliche Unversehrtheit« oder gar »Leben« des Kindes verletzt. Diese Rechtsverletzung hat er sicher nicht gewollt. Er muss sich aber vorwerfen lassen, dass er bei genügender Umsicht diesen Unfall hätte vermeiden können. Die Umsicht war auch von ihm zu verlangen, da er aufgrund der Betriebsgefahr seines Wagens und wegen der besonderen Situation in dieser Straße zu besonderer Vorsicht verpflichtet war. Stellt er seine Geschwindigkeit nicht darauf ein, so handelt er fahrlässig.

Mangelnde Umsicht

Unrechtseinsicht

Unrechtseinsicht ist in etwa übersetzbar mit »Wissen, etwas Unerlaubtes zu tun«. Auch hierfür ist es nicht erforderlich, dass der Täter den gesetzlichen Tatbestand kennt; ein laienhaftes Wissen um Verbote und Gebote ist ausreichend. Dieser Schuldausschließungsgrund gilt jedoch nur, wenn der Verbotsirrtum unvermeidbar war. Der Ausspruch, »Unwissenheit schützt vor Strafe nicht«, hat hier durchaus Geltung. Jedes Mitglied der Gesellschaft hat eine seinen Fähigkeiten und Kenntnissen entsprechende Pflicht, sich durch Gewissensprüfung Klarheit darüber zu verschaffen, ob eine Handlung dem Recht entspricht oder nicht. Bei verbleibenden Zweifeln besteht, insbesondere für bestimmte Tätigkeiten, z. B. die Teilnahme am Straßenverkehr, oder Berufe, z. B. Geschäftsleute, Rechtsanwälte oder Erzieher, eine Erkundigungspflicht.

Bewusstsein des Unerlaubten

Verbotsirrtum

Beispiel 6
Der Vater, der seinem Sohn eine Ohrfeige verpasst, ist der festen Meinung, dass dies eine zulässige Erziehungsmaßnahme ist.
Der Vater weiß sicherlich, dass diese Ohrfeige, hätte er sie einem Kollegen gegeben, zu einer Verurteilung wegen Körperverletzung geführt hätte. Gegenüber dem Sohn glaubte er sich jedoch im Recht. Dieser Irrtum war vermeidbar.

Beispiel 1 (Zusammenfassung der Lösung)

Helmut W. hat den Tatbestand des § 180 Abs. 1 StGB dadurch erfüllt, dass er Traudl und Gerd nicht getrennt hat, obwohl er dazu verpflichtet war und ihm dies auch zumutbar war. Das Erzieherprivileg des § 180 Abs. 1 S. 2 StGB trifft für ihn nicht zu, da er nicht der Personensorgeberechtigte ist. Die Tatbestandsverwirklichung war rechtswidrig, da keine Rechtfertigungsgründe vorliegen. Er hat auch schuldhaft gehandelt, da er vorsätzlich den Tatbestand durch sein Nichteingreifen verwirklicht hat, wobei ihm bewusst war, dass er hätte eingreifen können. Er hatte auch das Unrechtsbewusstsein. Er meinte zwar, durch sein Nichteingreifen einen größeren Schaden vermeiden zu können, doch diese pädagogische Überlegung durfte Helmut W. nicht anstellen. Sie ist, wie sich aus § 180 Abs. 1 S. 2 StGB ergibt, nur dem Personensorgeberechtigten vorbehalten. Auch wenn seine Motive für das Nichteinschreiten vom pädagogischen Standpunkt vertretbar sein können, so hätte er im vorliegenden Fall dennoch einschreiten müssen. Auf einen Verbotsirrtum kann er sich nicht berufen, da er aufgrund seiner Ausbildung die Rechtslage kennen musste und darüber hinaus auch die Einstellung der Personensorgeberechtigten kannte. Helmut W. müsste daher mit einer Verurteilung rechnen.

Teilzusammenfassung

Das Strafrecht versucht, durch Strafdrohungen die Menschen davon abzuhalten, Rechtsgüter der Mitmenschen zu verletzen. Insofern ist das Strafrecht als Schutzrecht anzusehen. Das im Grundgesetz verankerte Prinzip des Rechtsstaates verpflichtet Gesetzgeber und Rechtsprechung, eindeutig festzulegen, wann eine Handlung eine strafbare Handlung ist. Strafbar ist eine Handlung dann, wenn sie einen gesetzlichen Straftatbestand erfüllt und wenn sie rechtswidrig und schuldhaft begangen wird. Dem in den einzelnen Vorschriften geforderten Tun steht ein Unterlassen gleich, wenn der Täter gegenüber dem Opfer eine Garantenstellung hat und ihm ein Eingreifen zumutbar ist. Die Rechtswidrigkeit kann durch Rechtfertigungsgründe, z. B. die Einwilligung des Opfers in die Rechtsgutverletzung, ausgeschlossen sein. Schuldhaft ist eine Tat dann begangen, wenn der Täter schuldfähig war, wenn die Tat vorsätzlich oder fahrlässig begangen wurde und wenn der Täter Unrechtseinsicht hatte.

3. Der besondere Schutz des Jugendlichen

Wir wollen uns jetzt, unabhängig von dem eben besprochenen Fall, den Bestimmungen des Strafgesetzbuches zuwenden, die sich speziell mit dem Schutz des jungen Menschen befassen.

Schutzbereiche

In Anlehnung an die Einteilung des StGB lassen sich diese Bestimmungen in vier Schutzbereiche aufgliedern:

- Schutz eines Obhutsverhältnisses,
- körperliche Unversehrtheit,
- Schutz der sexuellen Entwicklung und Selbstbestimmung,
- Schutz der Erziehung des jungen Menschen.

Immer wieder werden Fälle bekannt, in denen Lehrer Schüler oder Ausbildende Auszubildende schlagen, in denen Eltern ihr Kind einsperren oder in denen Säuglinge auf Parkplätzen oder vor Kirchen zurücklassen werden. Das moralische Empfinden verlangt für derartige Handlungen strenge Strafen, damit auch die abschreckende Wirkung möglichst groß ist. Das StGB entspricht in den §§ 221 und 223 in Verbindung mit § 225 dieser Einstellung.

Verletzung der Obhutspflicht

Wegen Verlassens von hilflosen Personen (§ 221 StGB) kann bestraft werden, wer aufgrund einer Rechtspflicht zur Obhut verpflichtet ist. Betroffen sind also die Eltern, die Lehrer, der Vormund, aber auch ein Freund, der auf die Kinder aufzupassen versprochen hat. Für Eltern und Erzieher gilt die Besonderheit, dass sie schärfer bestraft werden als andere Personen, wenn sie ein Kind verletzen oder in hilfloser Lage zurücklassen.

Körperliche Unversehrtheit

> § 223 Abs. 1 StGB
> Wer eine andere Person körperlich misshandelt oder an der Gesundheit beschädigt, wird mit Freiheitsstrafe bis zu fünf Jahren oder mit Geldstrafe bestraft.

Körperverletzung

Nach § 223 Abs. 1 StGB ist also jede Handlung, die das körperliche Wohlbefinden oder die körperliche Unversehrtheit eines Menschen beeinträchtigt, eine Körperverletzung und mit Strafe bedroht. Nur unerhebliche Beeinträchtigungen sind davon ausgenommen.

Strafverschärfende Umstände

Unter den Voraussetzungen des § 225 StGB ist sogar eine Mindestfreiheitsstrafe von 6 Monaten bis zu zehn Jahren angedroht.

> § 225 StGB
> (1) Wer eine Person unter achtzehn Jahren oder eine wegen Gebrechlichkeit oder Krankheit wehrlose Person, die
> 1. seiner Fürsorge oder Obhut untersteht,
> 2. seinem Hausstand angehört,
> 3. von dem Fürsorgepflichtigen seiner Gewalt überlassen worden oder
> 4. ihm im Rahmen eines Dienst – oder Arbeitsverhältnisses untergeordnet ist, quält oder roh misshandelt, oder wer durch böswillige Vernachlässigung seiner Pflicht, für sie zu sorgen, sie an der Gesundheit schädigt, wird mit Freiheitsstrafe von sechs Monaten bis zu zehn Jahren bestraft.
> (2) ...
> (3) Auf Freiheitsstrafe nicht unter einem Jahr ist zu erkennen, wenn der Täter die Schutzbefohlene Person durch die Tat in die Gefahr
> 1. des Todes oder einer schweren Gesundheitsschädigung oder
> 2. einer erheblichen Schädigung der körperlichen oder seelischen Entwicklung
> bringt.
> (4) In minder schweren Fällen des Absatzes 1 ist auf Freiheitsstrafe von drei Monaten bis
> zu fünf Jahren, in minder schweren Fällen des Absatzes 3 auf Freiheitsstrafe von sechs Monaten bis zu fünf Jahren zu erkennen.

Unter Obhut wird im Strafrecht die Pflicht zur Erziehung, Pflege und Aufsicht verstanden.
Die Vorschrift des § 225 StGB bedroht nur Personen mit schärferer Strafe, die zu einem Minderjährigen in einem Überordnungsverhältnis, z. B. den Arbeitgeber, den Erzieher in einem Heim, den Aufseher in einer Strafanstalt oder den Haushaltsvorstand. Die höhere Strafandrohung bei Misshandlungen in einem Abhängigkeitsverhältnis trägt der Tatsache Rechnung, dass der Minderjährige in einem solchen Verhältnis besonders geschützt werden muss.

Kein Züchtigungsrecht mehr

Jede Züchtigung ist – abgesehen von unerheblichen Beeinträchtigungen des körperlichen Wohlbefindens – Körperverletzung. Eine Rechtfertigung für ein derartiges Handeln gab es bisher schon nicht für Erzieher, Lehrer oder Ausbildende. Spätestens seit der Neufassung des § 1631 Abs. 2 BGB (s. Kapitel 4, Abschnitt 2) ist sie auch Eltern verboten. Selbstverständlich gibt es auch kein Züchtigungsrecht fremden Kindern gegenüber.

Dem Einwand, dass dadurch die Familie kriminalisiert wird, ist damit zu begegnen, dass zwar bei Bejahung eines Anfangsverdachts polizeiliche Ermittlungen mit Befragungen der Eltern, der Kinder und vielleicht auch der Nachbarn durchgeführt werden. Das Verfahren kann aber von der Staatsanwaltschaft nach § 153 StPO eingestellt werden, wenn die Schuld des Täters als gering anzusehen ist und kein öffentliches Interesse an der Verfolgung besteht, was bei leichten Fällen der Züchtigung der Fall ist.

Selbst bei schwereren Verfehlungen öffnet sich der Weg zur Verfahrenseinstellung nach § 153 a StPO, wenn wegen der Straftat »sozialpädagogische, familientherapeutische oder andere unterstützende Maßnahmen« (so Nr. 235 Abs. 3 der Richtlinien für das Straf- und Bußgeldverfahren) eingeleitet worden sind und erfolgversprechend erscheinen.

Schutz der sexuellen Entwicklung

Der Schutzbereich der sexuellen Entwicklung ist vom Gesetzgeber besonders ausführlich geregelt worden. Wie ausführlich und detailliert die Bestimmungen sind, soll die nachfolgende Tabelle aufzeigen.

Einzelne Begriffe, die in der folgenden Tabelle gebraucht werden, bedürfen noch der Erläuterung.

Körperkontakt
»Sexuelle Handlungen mit Körperkontakt« sind Handlungen, die vom Täter an Jugendlichen oder von diesen am Täter vorgenommen werden. Die »Handlungen ohne Körperkontakt« betreffen das Zuschauen bei sexuellen Handlungen, z. B. Striptease, erotischen Tänzen, Onanieren.

Bestimmen
Unter »Bestimmen« ist jegliche Art der Willensbeeinflussung zu verstehen, also überreden, versprechen, drohen, sofern ein gewisser Zwang auf den Jugendlichen ausgeübt wird.

Obhutsverhältnis
Ein »Obhutsverhältnis« besteht zu einem Erzieher, einem Ausbildenden oder einem Betreuer in der Lebensführung. Entscheidend ist, dass der Jugendliche in einem gewissen Abhängigkeitsverhältnis steht und dass er sittlich und moralisch betreut wird. So fallen Wissensvermittlung in Abendkursen oder Fahrstunden, nicht unter diesen Begriff. Das Verhältnis des Lehrers, des Ausbildenden, des Heimerziehers, der Erzieherin im Hort zu ihren Kindern sind jedoch Obhutsverhältnisse.

Dienst- und Arbeitsverhältnis
Was ist aber mit einem Jugendlichen, der bereits in einem »Dienst- oder Arbeitsverhältnis« steht? Auch dieses Abhängigkeitsverhältnis wird als Obhutsverhältnis angesehen, selbst wenn es nicht der Ausbildung oder Betreuung dient. Für die noch nicht 16-Jährigen dürfte dies nicht so erheblich sein, denn sie sind in diesem Alter meist Auszubildende, stehen also ohnehin in einem Obhutsverhältnis zum Ausbildenden.

Missbrauch des Abhängigkeitsverhältnisses
Für die Gruppe der noch nicht 18-Jährigen ist nur der »Missbrauch eines Abhängigkeitsverhältnisses« strafbar. Ein solcher Missbrauch liegt dann vor, wenn das Übergewicht der Position, das Ansehen oder das Vertrauen dazu ausgenutzt werden, den Minderjährigen willfährig zu machen.

Regelungen des Sexualstrafrechts

Art der sexuellen Handlung	Opfer ist jünger als 14 Jahre bestraft wird:	Opfer ist jünger als 16 Jahre bestraft wird:	Opfer ist jünger als 18 Jahre bestraft wird:
mit Körperkontakt zum Täter	jeder, der vornimmt oder vornehmen lässt § 176 Abs. 1	wer obhutspflichtig ist §174 Abs. 1	wer Obhutsverhältnis missbraucht; leibliche u. Adoptiveltern, Pflege- und Stiefeltern § 1 74 Abs. 1 Nr. 2 u. 3
ohne Körperkontakt zum Täter	jeder, der vornimmt und vornehmen lässt § 176 Abs. 4 Nr. 1 u. 2	wer obhutspflichtig ist §174 Abs. 2 Nr. 1 u. 2, um sich oder Jugendlichen sexuell zu erregen	wer Obhutsverhältnis missbraucht; leibliche u. Adoptiveltern, Pflege- und Stiefeltern, um sich oder Kind sexuell zu erregen §174 Abs. 2
mit Körperkontakt zu Dritten gegen Entgelt	jeder, der das Kind bestimmt § 176 Abs. 2	wer Vorschub leistet §180 Abs. 1; außer Sorgeberechtigtem, wenn nicht missbräuchlich	wer Obhutsverhältnis missbraucht, um zu bestimmen §180 Abs. 3 jeder, der bestimmt oder Vorschub leistet § 1 80 Abs. 2
ohne Körperkontakt zu Dritten gegen Entgelt	jeder, der ein Kind dazu bestimmt, sexuelle Handlungen vorzunehmen §176 Abs. 4 Nr. 2	wer Vorschub leistet §180 Abs. 1; außer Sorgeberechtigtem, wenn nicht missbräuchlich	wer Obhutsverhältnis missbraucht, um zu bestimmen §180 Abs. 3 jeder, der bestimmt oder Vorschub leistet § 180 Abs. 2
Pornografie			wer anbietet, überlässt, zugänglich macht; wer für Jugendliche einsehbar dafür wirbt oder ausstellt §184 Abs. 1 Nr. 1, 2, 3 a, 5
Ausübung der Prostitution			wer die Prostitution in der Nähe von Orten ausübt, die von Jugendlichen aufgesucht werden müssen (Schule, Wohnhaus), wenn sittlich gefährdende Ausübung § 184 d

Beispiel 7
Der Chef stellt eine Gehaltsaufbesserung in Aussicht; der Heimleiter verspricht, eine Verfehlung nicht zu ahnden; ein Lehrer sagt, dass er sich die Sache mit der Versetzung noch überlegen wolle.

Ein Missbrauch liegt aber auch dann noch vor, wenn der Minderjährige der sexuellen Handlung zustimmt oder wenn er gar den Anstoß dazu gegeben hat.

Beispiel 8
Die Schülerin, die ihren Lehrer zu Hause aufsucht, um »mit allen Mitteln« eine Versetzung zu erreichen. Wenn der Lehrer darauf eingeht, macht er sich strafbar.

Vorschub leisten

»Vorschub leisten« ist die Vermittlung oder Gewährung und Verschaffung von Gelegenheit zur Vornahme sexueller Handlungen.

Beispiel 9
Wer Adressen von Callgirls vermittelt; wer einer Prostituierten Kundschaft bringt oder ein Zimmer zur Verfügung stellt; wer die Adresse eines Stundenhotels weitergibt. Aber auch, wer, ohne Personensorgeberechtigter zu sein, Jugendliche unter 16 Jahren unbeaufsichtigt Sex-Parties feiern lässt.

Sexuelle Handlungen
Allgemeines Sittlichkeitsgefühl

Eine strafbare »sexuelle Handlung« ist jede Handlung, die objektiv einen Bezug zur Sexualität hat und das »allgemeine Sittlichkeitsgefühl in geschlechtlicher Beziehung erheblich verletzt« – so in einer Gerichtsentscheidung. Das »allgemeine Sittlichkeitsgefühl« wird dabei nicht durch das tatsächliche Sexualleben der Bevölkerung bestimmt (es richtet sich nicht nach dem Kinsey-Report), sondern durch Wertvorstellungen, wie sie insbesondere im Grundgesetz ihren Niederschlag gefunden haben.

Erheblichkeit

Strafbar sind also nicht alle sexuellen Handlungen, sondern nur Handlungen, die eine gewisse »Erheblichkeit« haben. So ist normales Küssen oder Umarmen eines Kindes nicht erfasst, auch nicht ein Umfassen der Hüften oder Berühren des nackten Oberschenkels. Die Erheblichkeit einer sexuellen Handlung ergibt sich nicht nur aus der Art der Handlung, sondern auch aus dem Alter des Minderjährigen. Ein Zungenkuss bei einem 13-jährigen Kind ist erheblicher als bei einem 17-Jährigen. Unter demselben Gesichtspunkt ist auch eng aneinandergepresstes Tanzen zu beurteilen.

Um die Erheblichkeit zu beurteilen, ist der »Gesamteindruck« der Handlung heranzuziehen, also das Alter, die Umgebung, die Absicht des Täters, aber auch das Verhalten des Minderjährigen. Im Zweifel dürfte es wohl pädagogisch richtiger sein, eine Strafverfolgung nicht anzustrengen, um nicht durch die Befragung durch die Polizei, den Richter, die Staatsanwälte und Verteidiger einen größeren Schaden anzurichten als durch die Handlung selbst (vgl. auch Beispiel 1).

Gesamteindruck der Handlungen

Sexueller Missbrauch von Kindern (§ 176 f. StGB)

Bei der Durchsicht der in der Tabelle aufgeführten verbotenen Handlungen zeigt sich, dass der Gesetzgeber Kinder, also die noch nicht 14-Jährigen, von jeder Art der Sexualität freihalten will.

Kinder = noch nicht 14-Jährige

Um den Schutz so umfassend wie möglich zu gestalten, wird die Strafdrohung gegenüber jedem ausgesprochen. So sind nicht nur die Eltern, die Erzieher oder Ausbildende betroffen, sondern auch Passanten auf der Straße, Arbeitskollegen und Nachbarn. Der Gesetzgeber will erreichen, dass Kinder bis zum 14. Lebensjahr in ihrer Entwicklung nicht durch sexuelle Handlungen gestört werden. Davon ist jedoch eine vernünftige und umfassende Sexualerziehung ausgenommen. Arztspiele von Kindern untereinander sind zwar vom Grundsatz her erfasst, doch entfällt hier eine Strafbarkeit, weil Kinder strafunmündig sind (siehe Kapitel 14).

Umfassender Schutz

Sexueller Missbrauch von Jugendlichen (§ 182 StGB)

Mit dieser Strafvorschrift sollen männliche und weibliche Jugendliche vor sexuellem Missbrauch geschützt werden. Bestraft wird der sexuelle Missbrauch von Jugendlichen unter 16 Jahren durch Personen über 18 Jahren unter Ausnutzung einer Zwangslage oder gegen Entgelt.

Jugendliche unter 16 Jahren

Strafbar ist auch sexueller Missbrauch, der von über 21-jährigen Personen an Jugendlichen unter 18 Jahren verübt wird, wenn der Täter dabei die fehlende Fähigkeit des Opfers zur sexuellen Selbstbestimmung ausnutzt.

Sexueller Missbrauch von Schutzbefohlenen (§ 174 StGB)

Dem Jugendlichen über 14 Jahren billigt der Gesetzgeber bereits eine gewisse Eigenverantwortlichkeit zu. Hier schützt er deshalb nur den Bereich, in welchem dem Jugendlichen die Selbstbestimmung nur schwer möglich sein wird. Dies ist auch der Bereich der Abhängigkeits- oder Obhutsverhältnisse. Sie sollen von jeder Art sexueller Betätigung freigehalten werden. Eine Abstufung findet für die 16- bis 18-Jährigen insoweit statt, als für die Älteren das Abhängigkeitsverhältnis missbraucht werden muss, was bei den Jüngeren für den Straftat bestand nicht erforderlich ist.

Förderung sexueller Handlungen Minderjähriger (§ 180 StGB) und Förderung der Prostitution (§ 180 a Abs. 2 StGB)

Eine dritte Gruppe von mit Strafe bedrohten Tatbeständen soll verhindern, dass Jugendliche Gelegenheit erhalten, sich sexuell zu betätigen. So wird jedes Vorschubleisten sexueller Handlungen mit Strafe bedroht, ebenso das Verleiten zur Prostitution oder auch das Gewähren von Unterkunft zur Ausübung der Prostitution durch noch nicht 18-Jährige.

Prostitution

Beispiel 10
Eine 17-Jährige, die sich ihr Geld durch Prostitution verdienen will, steht vor großen Schwierigkeiten. Eine Wohnung oder eine sonstige Bleibe darf ihr nicht zur Ausübung ihres Gewerbes überlassen werden. Ein Kfz kann sie noch nicht führen. Sie ist somit auf die wenigen Fälle der Freier mit »sturmfreier Bude« angewiesen, sodass sie nach Meinung des Gesetzgebers zur Aufgabe ihres Berufes gezwungen wäre.

Verbreitung pornografischer Schriften (§ 184 ff. StGB)

Pornografie

Durch das Verbot, pornografische Schriften Jugendlichen zugänglich zu machen, will der Gesetzgeber einerseits erreichen, dass die Fantasie des jungen Menschen nicht durch anstößige Abbildungen verbildet wird, andererseits will er dadurch einer Einstellung entgegenwirken, die insbesondere die Frau als bloßes Sexualobjekt betrachtet und die körperliche Liebe zur reinen sexuellen Befriedigung herabwürdigt.

Nach § 184 Abs. 2 StGB kann der Personensorgeberechtigte seinen unter 18 Jahren alten Kindern oder Mündeln pornografische Schriften überlassen, ohne von der Strafdrohung des § 184 StGB erfasst zu werden. Ähnlich wie beim Erzieherprivileg des § 180 StGB gilt dies nur für den Personensorgeberechtigten im gesetzlichen Sinn und nicht für einen Erzieher, der sein Erziehungsrecht vom Personensorgeberechtigten übertragen bekommen hat.

Teilzusammenfassung

Das heutige Sexualstrafrecht soll die sexuelle Selbstbestimmung des Menschen gewährleisten. Verschiedene Vorschriften tragen vor allem dem erhöhten Schutzbedürfnis des jungen Menschen Rechnung. Er soll davor bewahrt werden, dass er sexuell missbraucht oder vorzeitig, d. h. nicht seinem Entwicklungsstand entsprechend, zu sexuellen Handlungen verführt wird. Sexuelle Handlungen mit Kindern unter 14 Jahren sind überhaupt verboten. Jugendliche zwischen 14 und 18 Jahren genießen einen besonderen Schutz, insoweit sie unter Ausnutzung einer Zwangslage oder gegen Entgelt oder unter Ausnutzung der fehlenden Fähigkeiten zur sexuellen Selbstbestimmung oder in einem Abhängigkeitsverhältnis sexuell missbraucht werden. Bei Jugendlichen zwischen 16 und 18 Jahren sind sexuelle Handlungen nur noch strafbar, wenn sie unter Missbrauch des Abhängigkeitsverhältnisses vorgenommen werden. Außerhalb eines solchen Verhältnisses sind nur schwerwiegende sexuelle Handlungen strafbar, wobei die Schwere der Handlung einmal durch das Alter des Jugendlichen bestimmt ist, zum anderen durch die Art der Handlung.

Schutz der Erziehung und Fürsorge

Wie beurteilt der Gesetzgeber Fälle, in denen Eltern ihr Kind ständig mit »Bierbröckerln« unter Alkohol halten, damit es schön ruhig ist, oder ihre Kinder nicht ausreichend ernähren, um ihr Geld anderweitig ausgeben zu können, oder einen Säugling ohne jeden seelischen Kontakt aufziehen, sodass es zu schweren Entwicklungsschäden kommt, oder wenn Kinder zum Diebstahl angeleitet werden? Diese Handlungen werden durch § 171 StGB mit Strafe bedroht.

§171 StGB
Wer seine Fürsorge- oder Erziehungspflicht gegenüber einer Person unter 16 Jahren gröblich verletzt und dadurch den Schutzbefohlenen in Gefahr bringt, in seiner körperlichen oder psychischen Entwicklung erheblich geschädigt zu werden, einen kriminellen Lebenswandel zu führen oder der Prostitution nachzugehen, wird mit Freiheitsstrafe bis zu drei Jahren oder mit Geldstrafe bestraft.

Gröbliche Verletzung

Voraussetzung für eine Strafbarkeit sind also die gröbliche Verletzung einer Erziehungs- oder Fürsorgepflicht und die konkrete Gefahr eines Entwicklungsschadens.

Betroffener Personenkreis

Von dieser Vorschrift betroffen sind nicht nur die Eltern, sondern alle, die eine Erziehungs- oder Fürsorgepflicht haben. Diese kann sich aus Gesetzen ergeben, wie bei den Eltern, Pflegern oder Vormunden, aus einem Vertrag, wie bei Privatschulen, Internaten oder auch aus tatsächlicher Übernahme durch Verwandte oder Bekannte oder aus behördlicher Anordnung, wie bei Heimunterbringung oder Einweisung in ein Gefängnis.

Erziehungs- und Fürsorgepflicht

Die Pflicht umfasst die seelische und körperliche Gesunderhaltung. Das bedeutet auch das Fernhalten schädlicher Einflüsse oder die ärztliche Betreuung bei Krankheit, aber auch die sittliche Erziehung, wofür die Anschauungen unserer Gesellschaft maßgeblich sind.

Grundsätze schwer zu verwirklichen

Diese Grundsätze klingen schön, doch welche Verwirklichung finden sie in der Praxis? Wann ist insbesondere die psychische Entwicklung gefährdet im Sinne dieser Vorschrift? Wann wird die Gefährdung bestraft? Gefährdungen sind z. B. Hospitalisationsschäden, Verhaltensstörungen, die auf übersteigertem Leistungsdruck der Eltern gegenüber dem Kind beruhen, sowie Jugendkriminalität durch ungenügende Erziehung in sozial schwachen Gruppen, Leistungsangst oder Schulversagen, das seine Ursachen im Fehlverhalten des Lehrers hat.

- Auch wenn durch das Fehlverhalten eine Gefahr für die psychische Entwicklung gegeben ist, wird der Verantwortliche jedoch nur bestraft werden können, falls er seine Pflichten gröblich verletzt hat.

Handeln im guten Glauben

Ob eine Verletzung gröblich ist, bemisst sich aber nicht nur an der objektiven Beurteilung, sondern auch nach subjektiven Kriterien. So werden Eltern, die ihr Kind zu Höchstleistungen zwingen, immer der Ansicht sein, nur das »Beste« zu tun; Heime sind meist nicht in der Lage, eine Bezugsperson für jedes Kind zu stellen, da ihnen das Personal fehlt; mancher Lehrer meint, nur Härte und Strenge brächten gute Leistungen der Schüler zuwege. Sie alle handeln im guten Glauben und können deshalb nicht bestraft werden.
Da das Strafrecht von niemandem verlangen kann, nur anerkannte richtige Erziehungsmethoden anzuwenden, wird das Merkmal der gröblichen Verletzung immer subjektive Momente beinhalten. Ähnlich wie bei der Frage des Vorsatzes muss hier der Betreffende gegen sein besseres Wissen handeln, um sich strafbar zu machen.

Verpflichtung sich zu informieren

Der Verantwortliche muss also seine Verpflichtung kennen und muss aus Gründen, die nicht zu billigen sind, dieser Verpflichtung zuwiderhandeln. Wer jedoch beruflich in der Erziehung tätig ist, ist in bestimmtem Umfang verpflichtet, seine Kenntnisse auf dem laufenden zu halten, damit er als schädlich erkannte Methoden aufgeben kann. Aber auch Eltern wird die Verpflichtung auferlegt, sich an allgemein als richtig erkannten Maßstäben zu orientieren. Eine besonders laxe Einstellung oder eine fanatisch vertretene Einzelmeinung ist im Zweifelsfall keine Entschuldigung vor dem Strafrichter.

Zusammenfassung

Das Strafgesetzbuch schützt durch eine Reihe von Normen den jungen Menschen mehr als den Erwachsenen, z. B. vor körperlichen Misshandlungen, denen er meist wehrlos ausgeliefert wäre. Weiterhin soll sich aber auch seine geistige und seelische Entwicklung ungestört vollziehen können. Daher versucht der Gesetzgeber, alle Einflüsse, die diese Entwicklung stören könnten, von Kindern und Jugendlichen fernzuhalten. Dies gilt insbesondere für den sexuellen Bereich, dem deshalb auch die meisten Vorschriften gewidmet sind. Hier sollen vor allem sexueller Missbrauch von Kindern und Jugendlichen verhindert und Abhängigkeitsverhältnisse von sexuellen Handlungen freigehalten werden. Auch das Erziehungsverhältnis steht unter dem Schutz des Strafrechts. Es wird vom Strafrecht insoweit geregelt, als eine missbräuchliche Machtausübung untersagt ist. Ein Missbrauch liegt z. B. vor, wenn jemand das Fürsorge- und Erziehungsrecht gröblich verletzt. Das Strafrecht ergänzt und unterstützt also den Jugendschutz, der bereits durch andere Gesetze gegeben ist, z. B. durch Bestimmungen des BGB. Strafrechtliche Jugendschutzbestimmungen finden sich aber auch in weiteren Gesetzen, so im Jugendschutzgesetz.

Kapitel 12

Jugendschutz

Das Kinder- und Jugendhilfegesetz will mit seinem Leistungsangebot die Erziehungskraft der Familie stärken und die jungen Menschen befähigen, sich selbst vor gefährdenden Einflüssen zu schützen. Die Vorschriften des Strafgesetzbuchs sanktionieren die Verletzung der Rechtsgüter wie körperliche Integrität und sexuelle Entwicklung. Das Jugendschutzgesetz hingegen soll Kinder und Jugendliche vor den Verlockungen des Genussmittelhandels und der „Vergnügungsindustrie" sowie vor Gefährdungen durch die Medien schützen. Vom Schutz vor psychischen und körperlichen Überforderungen und Gefährdungen am Arbeitsplatz wird im nächsten Kapitel die Rede sein.

Der Jugendschutz war bis 31. März 2003 in zwei verschiedenen Gesetzen, nämlich im Gesetz zum Schutz der Jugend in der Öffentlichkeit und im Gesetz über die Verbreitung jugendgefährdender Schriften und Medieninhalte geregelt. Das Jugendschutzgesetz (JuSchG), das am 31. April 2003 zusammen mit dem Jugendmedienschutz-Staatsvertrag (JMStV) in Kraft getreten ist, regelt nunmehr den Jugendschutz in der Öffentlichkeit und den Jugendschutz im Bereich der Medien mit Ausnahme der Telemedien (namentlich des Internets), mit denen sich der Jugendmedienschutz-Staatsvertrag befasst.

Schutz für Kinder und Jugendliche

Geschützt nach dem Jugendschutzgesetz und dem Jugendmedienschutz-Staatsvertrag sind Kinder und Jugendliche. Kind im Sinne dieser Regelungen ist, wer noch nicht 14 Jahre und Jugendlicher, wer 14 aber noch nicht 18 Jahre alt ist (§ 1 Abs. 1 Nr. 1 und 2 JuSchG, § 3 Abs. 1 JMStV). Ausgenommen ist eine kleine Gruppe, nämlich die verheirateten Jugendlichen (§ 1 Abs. 5). Aufgrund der Regelung über die Ehemündigkeit (§ 1303 BGB) können jedoch nur 16- bis 18-jährige Personen von dieser Ausnahmeregelung betroffen sein. Der Sinn dieser Ausnahme liegt darin, dass Minderjährigen, denen die Führung einer Ehe zugetraut wird, auch zugetraut werden muss, dass sie selbstverantwortlich über ihre Vergnügungen entscheiden. Es wäre auch widersinnig, z. B. einer 17-jährigen verheirateten Mutter das Recht zuzubilligen, ihr Kind zu erziehen, sie aber andererseits selbst unter ein Erziehungsgesetz fallen zu lassen.

Keine Geltung für verheiratete Jugendliche

1. Verfassungsrechtliche Ausgangslage

Beim Lesen der einzelnen Vorschriften des Jugendschutzgesetzes fällt auf, dass es überwiegend aus minuziösen Detailregelungen besteht. Da darf z. B. nicht einfach eine Schrift Jugendlichen nicht zugänglich gemacht werden, sondern es werden zahlreiche Umstände angeführt.

Zahlreiche Detailregelungen

§ 15 JuSchG

(1) Trägermedien, deren Aufnahme in die Liste jugendgefährdender Medien ... bekannt gemacht ist, dürfen nicht

1. einem Kind oder einer jugendlichen Person angeboten, überlassen oder sonst zugänglich gemacht werden,
2. an einem Ort, der Kindern oder Jugendlichen zugänglich ist oder von ihnen eingesehen werden kann, ausgestellt, angeschlagen, vorgeführt oder sonst zugänglich gemacht werden,

Grundgesetzlich geschützter Freiraum

Der Grund für eine derart detaillierte Beschreibung ist in unserer Verfassung zu suchen. Sie garantiert dem Bürger grundsätzlich einen uneingeschränkten Freiraum, d. h., jeder darf grundsätzlich alles tun und lassen, was nicht ausdrücklich verboten ist (vgl. Kapitel 1). Diese Freiheit wird jedoch durch die Rechte anderer, durch die verfassungsgemäße Ordnung und durch das Sittengesetz eingeschränkt (Art. 2 Abs. 1 GG).

Bestimmtheit des Eingriffes nötig

Um der Verfassung Rechnung zu tragen, muss daher jeder Eingriff in die grundsätzliche Freiheit des Bürgers so exakt definiert und so abgrenzbar wie möglich sein. Der Einzelne soll ersehen können, ob und inwieweit er von einem Gesetz betroffen ist. Da aber gleichzeitig durch das Gesetz alle gleichartigen Fälle geregelt werden müssen, ist eine abstrakte Fassung erforderlich, die in präzisen juristischen Begriffen das betreffende Verbot festlegt.

Indirekt wird durch das Jugendschutzgesetz und den Jugendmedienschutz-Staatsvertrag das Betätigungsfeld jugendlicher Personen eingeschränkt. Die Einschränkungen sollen aber Entwicklungsschäden vermeiden helfen. Insofern sind sie im Hinblick auf das Grundrecht der freien Entfaltung der Persönlichkeit gerechtfertigt.

2. Der Zweck des JuSchG und des JMStV

Strafrecht = Abwehrrecht

Wir haben in Kapitel 11 gesehen, dass die Normen des Strafrechts Abwehrrechte darstellen. So soll durch § 242 StGB, bzw. durch die Strafandrohung dieses Paragrafen, jeder davon abgehalten werden, das Eigentum eines anderen zu verletzen. Es wird im StGB nur ganz selten verlangt, dass jemand etwas tun soll, meist wird gefordert, dass er ein bestimmtes Tun zu unterlassen hat. JuSchG und JMStV verlangen dagegen von den Betroffenen ein bestimmtes Handeln oder zumindest ein bestimmtes Verhalten gegenüber Jugendlichen.

JuSchG und JMStV verlangen aktives Tun

Beispiel 1

In § 8 JuSchG heißt es: ... Wenn nötig, hat sie (die zuständige Behörde) das Kind oder die jugendliche Person

1. zum Verlassen des Ortes anzuhalten,
2. der erziehungsberechtigten Person ... zuzuführen oder, wenn keine erziehungsberechtigte Person erreichbar ist, in die Obhut des Jugendamtes zu bringen.

Fernhalten von Gefahren

Das gebotene Handeln zielt darauf ab, bestimmte Gefahren von den jungen Menschen fernzuhalten. Der Gesetzgeber geht dabei von der Vorstellung aus, dass gewisse Dinge, wie Alkoholgenuß, Rauchen, Besuch von Discos, gewaltverherrlichende Videofilme usw. für den jungen Menschen Gefahren darstellen. Er verpflichtet daher jeden, in dessen Einflussbereich sich solche Gefahren befinden, zum Einschreiten.

Die Dinge, um die es dabei geht, können für einen Erwachsenen selbstverständliche Bestandteile des Lebens sein, für den jungen Menschen aber, der noch in der Entwicklung steht, sehr wohl eine Gefahr darstellen.

Beispiel 2

Ein Erwachsener, der einen Sexfilm besucht, wird in der Regel keinen Schaden an seiner Entwicklung erleiden, denn er ist »erwachsen«, d. h. fertig entwickelt. Bei einem 14-Jährigen hingegen, der in der Pubertät um das Verhältnis zur Sexualität ringt, kann ein Pornofilm tief greifende Verwirrung hervorrufen und eine echte Gefahr für seine Entwicklung werden.

Selbstverständlich geht der Gesetzgeber hierbei von einem bestimmten Erziehungs- oder Entwicklungsmodell aus, das zeitbedingt ist und aufgrund neuerer wissenschaftlicher Erkenntnisse sich ändern kann. Zeitbedingtes Erziehungsmodell

Auch die Gefahren für die Entwicklung der Kinder und Jugendlichen bleiben nicht die Gleichen. Manche verschwinden, weil nicht mehr zeitgemäß, andere entstehen durch technische Entwicklung neu. Der Gesetzgeber muss darauf reagieren. So werden z. B. jugendgefährdende Veranstaltungen, die heute keine große Rolle mehr spielen wie Catch-Veranstaltungen oder Frauenringkämpfe, nicht mehr im JuSchG aufgeführt. Es ist ausreichend, solche Veranstaltungen nach den allgemeinen und pauschalen Eingriffsmöglichkeiten des § 7 JuSchG im Einzelfall für Kinder und Jugendliche zu sperren.
Dafür werden neue Gefährdungen erfasst, die von Videofilmen bestimmten Inhalts (§ 12), sogenannten elektronischen Bildschirmspielgeräten ohne Gewinnmöglichkeit (§13 JuSchG), ausgehen können. Andere Gefährdungen, die bislang schon gesetzlich erfasst waren, sind neu formuliert und schärfer geregelt worden. So dürfen alkoholische Getränke nicht mehr in allgemein zugänglichen Automaten (§ 9 Abs. 3) angeboten werden und nicht mehr an Kinder oder Jugendliche unter 16 Jahren abgegeben werden (§ 9 Abs. 1 Nr. 2).

> Beispiel 3
> Im Gegensatz zu früher darf der noch nicht 16-Jährige für seinen Vater das Bier nicht mehr aus der Wirtschaft holen.

JuSchG und JMStV verlangen von den Betroffenen ein Verhalten, das Entwicklungsschäden von den Jugendlichen fernhalten soll. Hinsichtlich der schädlichen Einflüsse unterscheidet das JuSchG zwischen absoluten und relativen Gefahren.

Definition 1

- Absolute Gefahren sind Gefahren, die unter allen Umständen eine Gefahr für die Entwicklung darstellen. Absolute Gefahren

Als absolute Gefahren im Sinne dieser Definition gelten z. B. Branntweingenuss, der Aufenthalt in Spielhallen oder Computerspiele, mit denen Gewalttätigkeiten dargestellt werden.

Definition 2

- Relative Gefahren sind nur unter bestimmten Voraussetzungen gefährlich; unter anderen Umständen können sie für die Erziehung nützlich sein. Relative Gefahren

Die wichtigsten Beispiele für eine relative Gefahr sind der Kino- und Videofilm. Durch kaum ein anderes Medium wird der junge Mensch so stark beeinflusst wie durch Spielfilme. Die suggestive Wirkung von Bild und Ton und die Art der Darstellung (Größe der Leinwand, Länge der Vorführung, Geschlossenheit der Handlung, Herausstellen eines »Helden«) fördern seine Identifizierung mit einer Filmpersönlichkeit. Dabei können ebenso negative wie positive Leitbilder übernommen werden.

Positiver und negativer Jugendschutz

Positiver Jugendschutz

Bei den relativen Gefahren zeigt sich auch die Erziehungsabsicht des JuSchG. So sind Tanzveranstaltungen oder sonstige Veranstaltungen in Gaststätten, die von einem anerkannten Träger der Jugendhilfe durchgeführt werden oder der Brauchtumspflege oder der künstlerischen Betätigung dienen, auch für Kinder bis 22 Uhr und für Jugendliche unter 16 Jahren bis 24 Uhr zugänglich (§ 5 Abs. 2 JuSchG). Es wird hierbei davon ausgegangen, dass solche Veranstaltungen der Erziehung förderlich sind, dies insbesondere dann, wenn die Kinder und Jugendlichen aktiv mitwirken.

Beispiel 4

Filme, die von Jugendlichen gedreht wurden, Kabaretts oder Theateraufführungen, die von Jugendlichen für Jugendliche aufgeführt werden

Diese Formen des positiven Jugendschutzes sollen bei Maßnahmen nach dem JuSchG im Vordergrund stehen und nicht so sehr die repressiven Formen des negativen Jugendschutzes.

Negativer Jugendschutz

Auch beim negativen Jugendschutz, also bei repressiven Maßnahmen, hat das JuSchG den Charakter eines Erziehungsgesetzes. Es unterscheidet deutlich zwischen Maßnahmen gegen jemanden, der Jugendliche gefährdet, und Maßnahmen für den gefährdeten Jugendlichen. Wenn z. B. bei einer Polizeikontrolle um 24 Uhr in einem etwas verrufenen Tanzlokal mehrere 14-Jährige aufgegriffen werden, kann zunächst einmal gegen den Gewerbetreibenden vorgegangen werden. Er ist wegen Verstoßes gegen § 5 Abs. 1 JuSchG mit einem Bußgeld zu belegen (§ 28 Abs. 1 Nr. 6 JuSchG).

Erziehungsmaßnahmen

Für Jugendliche sieht das Gesetz keine Strafe, sondern Erziehungsmaßnahmen vor. Als solche kommt hier insbesondere die Aussprache mit dem Erziehungsberechtigten in Betracht. In schweren Fällen gibt es nach § 27 ff. SGB VIII Hilfe zur Erziehung. Ist die Gefährdung auf das Verhalten der Eltern zurückzuführen, so kann ihr Erziehungsrecht nach § 1666 BGB beschränkt werden.

Zweck der Maßnahmen

Der Jugendliche soll durch die Erziehungsmaßnahmen einerseits dazu gebracht werden, dass er künftig von sich aus die Gefahr meidet, andererseits sollen bereits eingetretene Schädigungen wieder ausgeglichen werden.

Verstoß bedeutet kein Verschulden des Jugendlichen

In der Öffentlichkeit dürfte vielfach zu wenig bekannt sein, dass vor allem das JuSchG als Erziehungsgesetz gedacht ist. Das bedeutet auch, dem jungen Menschen sollte ein Verstoß gegen das Gesetz nicht als persönliche Schuld angelastet werden. Schließlich ahmt er ja nur seine Vorbilder, die Erwachsenen, nach, wenn er Schnaps trinkt, Zigaretten raucht oder sich in Spielhöllen herumtreibt. Das Anliegen des JuSchG ist, den Jugendlichen durch persönliche Hilfestellung in die Lage zu versetzen, den allgemein anerkannten Werten entsprechende Zielvorstellungen zu finden und so zu einem mündigen Mitglied der Gesellschaft zu werden.

Das Jugendschutzrecht verlangt von den Betroffenen bestimmtes Handeln, um Gefahren von den Jugendlichen fernzuhalten wie Alkoholgenuss, Tanzveranstaltungen, Glücksspiele. Seinem Wesen nach ist das JuSchG ein Erziehungsgesetz. Es unterscheidet zwischen absoluten und relativen Gefahren. Absolute Gefahren sind unter allen Umständen von den Jugendlichen fernzuhalten, relative Gefahren können, je nach den Umständen, für die Erziehung schädlich oder nützlich sein. Ein Beispiel dafür ist der Film. Bei Verstößen bedroht das JuSchG nur den Verantwortlichen mit Geldbuße. Für den beteiligten Jugendlichen sieht es Erziehungsmaßnahmen vor.

Teilzusammenfassung

3. Der Jugendschutz in der Öffentlichkeit

Die Tabelle auf den Seiten 140/141 soll dem Leser einen Überblick über die Verbote des JuSchG geben.

Was ist unter Öffentlichkeit zu verstehen?

Zutritt ohne Auswahl nach persönlichen Merkmalen

Wer die §§ 4 und 5 JuSchG liest, wird sich fragen, ob z. B. die Faschingsparty, die im Jugendheim gefeiert wird und zu der auch fremde Jungen und Mädchen Zutritt haben, eine verbotene Tanzveranstaltung oder ob in einem Freizeitheim der Raum, in dem ein Kickergerät, ein Lochbillard und zwei Flipper stehen, eine öffentliche Spielhalle ist, weil alle Besucher Zugang haben. In der Rechtsprechung wird Öffentlichkeit dann angenommen, wenn »unbestimmt viele, nicht durch persönliche Beziehung verbundene« Personen Zutritt oder Zugang haben.

- Es kommt nicht darauf an, wie viele Personen anwesend sind, oder ob der Eintritt frei oder mit Kosten verbunden ist. Entscheidend ist nur, ob persönliche Merkmale den Zutritt ermöglichen oder nicht.

Öffentlich

Museen, Theater, Kino, Badeanstalten, Straßen, Wege, öffentliche Verkehrsmittel, Faschingsbälle, Volksfeste sind daher öffentlich; denn jeder kann dorthin gehen, ohne dass dies von einem persönlichen Merkmal abhängig ist.

Geschlossen

Dagegen sind geschlossene Veranstaltungen, Hochzeitsfeiern, Partys, Betriebsfeiern nicht öffentlich; bei diesen Feiern hängt die Teilnahmeerlaubnis davon ab, dass der Betreffende ein »persönliches Merkmal« hat. Das kann je nach Art der Feier verschieden sein: Bei der Hochzeit ist es. z. B. die Verwandtschaft, bei der Party die direkte oder indirekte Freundschaft zum Gastgeber usw.

Party im Jugendheim kann öffentlich sein

Ob eine Party im Jugendheim öffentlich ist oder nicht, wird also davon abhängen, wer eingeladen ist. Sind nur die Mitglieder der Jugendgruppe und deren Freunde eingeladen, so ist sie nicht öffentlich; kann dagegen jeder kommen, der Lust hat, und wird auch die Werbetrommel derart gerührt, dass der Besucherkreis bewusst auf »beliebig viele und beliebig welche« ausgedehnt ist, so ist die Festlichkeit öffentlich.

Die Frage der Öffentlichkeit ist nicht nur bedeutend für Tanzveranstaltungen, sondern auch für Filmvorführungen, für das Glücksspiel und das Rauchen.

Was ist ein Glücksspiel?

Aufenthalt und Teilnahme untersagt

§ 6 JuSchG unterscheidet zwei Tatbestände. Einmal ist der Aufenthalt in einer öffentlichen Spielhalle oder ähnlichen Räumen untersagt, zum anderen die Teilnahme an Spielen mit Gewinnmöglichkeit.

> Beispiel 5
> Es ist also nicht nur das Flippern in einem Spielsalon verboten, sondern bereits der Aufenthalt darin.
> Verboten ist es, bei einem – erlaubten – Besuch in einer Gaststätte »17 und 4« mit Geldeinsatz zu spielen, nicht verboten ist es jedoch, in einer Gaststätte an einem Tischfußballgerät seine Geschicklichkeit zu erproben.

Der Zufall ist gewinnentscheidend

Ist nun ein Skat um einen zehntel Cent oder ein »Zehnerl-Schafkopf« ein Glücksspiel? Die Rechtsprechung versteht unter Glücksspiel eine Spielart, »bei der die Entscheidung über Gewinn oder Verlust nicht wesentlich von den Fähigkeiten und Kenntnissen und dem Grad der Aufmerksamkeit der Spieler bestimmt wird, sondern allein oder hauptsächlich vom Zufall, d. h. vom Wirken unberechenbarer, dem Einfluss der Beteiligten entzogener Ursachen«.

- Glücksspiele in diesem Sinne sind: Pokern, 17 und 4, Black Jack, Würfeln, Roulett, Baccara, Spielautomaten, sogenannte einarmige Banditen usw.

Relative Höhe des Einsatzes

Bei Skat, Schafkopf oder Schach hängt dagegen die Gewinnaussicht in erster Linie vom Geschick des Spielers ab, auch wenn er mal »gar kein Glück« beim Verteilen der Karten hatte oder ein Match mit Schwarz beginnen muss. Aber nicht nur die Spielart ist entscheidend, sondern auch die Höhe des Einsatzes im Verhältnis zum Einkommen der Spieler. Ist der Einsatz relativ gering, so wird das Glücksspiel zum bloßen Unterhaltungsspiel.

> Beispiel 6
> 17 und 4 um Cents mit Höchsteinsatz von zehn Cent ist bei 17-jährigen Auszubildenden mit EUR 450,00 Einkommen wohl kein Glücksspiel.

Fließende Grenzen

Aufenthalt in Spielhalle

Doch sind hier die Grenzen fließend und die Beurteilung unterschiedlich, da auch ein Steigerungseffekt nicht außer acht gelassen werden darf. Es ist aber nicht nur das Spielen selbst untersagt, sondern bereits der bloße Aufenthalt in einer öffentlichen Spielhalle. Eine Spielhalle ist ein Raum, in dem mit mechanischen oder elektronischen Vorrichtungen ausgestattete Spielgeräte aufgestellt sind oder Glücksspiele veranstaltet werden.

> Beispiel 7
> Spielkasinos, in denen Roulett, Baccara, Black Jack u. ä. Glücksspiele ausgetragen werden, sind Spielhallen i. S. des § 6 Abs. 1 JuSchG. Aber auch all die kleinen Räume, in denen Flipper, Kicker, Lochbillard, Geschicklichkeitsspiele u. ä. Geräte stehen, bei denen höchstens ein Freispiel zu gewinnen ist, sind Spielhallen; ebenso Internetcafés, wenn an den im Internetcafé aufgestellten Computern schwerpunktmäßig bestimmungsgemäß Computerspiele gespielt werden können.
> Der Kellerraum im Jugendheim, in dem ein paar mechanische Spielgeräte stehen, ist jedoch keine Spielhalle, da das Merkmal der Öffentlichkeit fehlt.

Zugang für jeden

Entscheidend ist, ob die Räume jedermann zugänglich sind. Unerheblich ist die Bezeichnung; auch eine »Sporthalle« oder ein »Sportpalast« ist eine Spielhalle, wenn die Merkmale des § 6 Abs. 1 JuSchG zutreffen.

Der Aufenthalt darin und das Spielen sind dem Jugendlichen untersagt, weil er nach Ansicht des Gesetzgebers zum Nichtstun und zum leichten Gelderwerb verführt wird und weil das dort anwesende Publikum einen gefährlichen Einfluss haben kann. Gefährdung durch Nichtstun und Milieu

Was wird unter Branntwein verstanden?

Die Bezeichnung »Branntwein« rührt vom Herstellungsprozess her. Ein Schnaps wird »gebrannt«, d. h., aus der natürlichen Grundsubstanz (Wein, Most o. Ä.) wird durch Erhitzen Wasser entzogen, sodass sich der Alkoholgehalt erhöht. Alle Getränke, deren Alkoholgehalt auf diese Weise erhöht wurde, sind Branntweine im Sinne des Gesetzes, auch wenn die Ausgangssubstanz kein Obstwein ist, z. B. Whisky, Kartoffelschnäpse. Erhöhter Alkoholgehalt durch Verdampfen

- Der Genuss von Branntwein darf auch in Form von Mixgetränken nicht gestattet werden. Mixgetränke sind z. B. Liköre, Cocktails, Longdrinks und die sogenannten Alcopops.

Die Verbote des Jugendschutzgesetzes (JuSchG)

Bestimmungen	Kinder unter 6 Jahren	Kinder 6–12 Jahre	Kinder 12–14 Jahre	Jugendliche 14–16 Jahre	Jugendliche 16–18 Jahre	Bemerkungen
Aufenthalt in Gaststätten § 4	verboten	verboten	verboten	verboten	frei bis 24 Uhr	verboten für Kinder und Jugendliche in Gaststätten, die als Nachtbar oder Nachtclub geführt werden, oder in vergleichbaren Vergnügungsbetrieben
	außer in Begleitung einer personensorgeberechtigten oder erziehungsbeauftragten Person, auf Reisen, lediglich zum Essen und Trinken, zum Besuch einer Veranstaltung eines anerkannten Trägers der Jugendhilfe					
Branntwein Verkauf und Genuss § 9 Abs. 1 Nr. 1	verboten	verboten	verboten	verboten	verboten	verboten auch das öffentliche Anbieten von alkoholischen Getränken in Automaten
öffentliche Tanzveranstaltung § 5	verboten	verboten	verboten	verboten	frei bis 24 Uhr, später nur in Begleitung eines Erziehungsberechtigten	Ausnahme durch Jugendamt möglich
	außer in Begleitung einer personensorgeberechtigten oder erziehungsbeauftragten Person					
	frei, wenn Veranstaltung von einem anerkannten Träger der Jugendhilfe durchgeführt wird oder künstlerischer Betätigung oder Brauchtumspflege dient					
	bis 22 Uhr	bis 22 Uhr	bis 22 Uhr	bis 24 Uhr		
Glücksspiele § 6 Abs. 2	verboten	verboten	verboten	verboten	verboten	
	außer bei Volksfesten und ähnlichen Veranstaltungen, wenn nur geringer Gewinn in Waren möglich					
Spielhallen § 6 Abs. 1	verboten	verboten	verboten	verboten	verboten	
elektronische Bildschirm-Unterhaltungsspiel-Geräte (Videospielgeräte) § 13 Abs. 1	verboten	verboten	verboten	verboten	frei	auch an Geräten ohne Gewinnmöglichkeit
	wenn öffentlich zur entgeltlichen Benutzung aufgestellt, außer in Begleitung einer personensorgeberechtigten oder erziehungsbeauftragten Person					
Abgabe von Tabakwaren Rauchen in der Öffentlichkeit § 10 Abs. 1	verboten	verboten	verboten	verboten	verboten bis 18 Jahre	

<table>
<tr><th>Bestimmungen</th><th>Kinder unter 6 Jahren</th><th>Kinder 6–12 Jahre</th><th>Kinder 12–14 Jahre</th><th>Jugendliche 14–16 Jahre</th><th>Jugendliche 16–18 Jahre</th><th>Bemerkungen</th></tr>
<tr><td rowspan="2">Film § 6</td><td rowspan="2">frei
wenn freigegeben ohne Altersbeschränkung oder ab 12 Jahren und in Begleitung einer personensorgeberechtigten oder erziehungsbeauftragten Person</td><td>frei
wenn freigegeben ab 6 Jahren bis 20 Uhr</td><td>frei
wenn freigegeben ab 12 Jahren bis 20 Uhr</td><td>frei
wenn freigegeben ab 14 Jahren und für Vorführungen bis 22 Uhr</td><td>frei
wenn freigegeben unter 18 Jahren und für Vorführungen bis 24 Uhr</td><td rowspan="2">gilt für alle öffentlichen Filmvorführungen, auch für Werbevorspanne und Beiprogramme, nicht aber für nicht für gewerbliche Zwecke hergestellte Filme, solange sie nicht gewerblich genutzt werden</td></tr>
<tr><td colspan="4">außer in Begleitung einer personensorgeberechtigten oder erziehungsbeauftragten Person</td></tr>
<tr><td rowspan="2">Aufenthalt an Orten mit unmittelbarer Gefahr für das körperliche, geistige und seelische Wohl § 8</td><td>verboten</td><td>verboten</td><td>verboten</td><td>verboten</td><td>verboten</td><td rowspan="2"></td></tr>
<tr><td colspan="5">wenn die zuständige Behörde zum Verlassen aufgefordert hat</td></tr>
<tr><td rowspan="2">Zugänglichmachen, Anbieten, Überlassen, Vertreiben von Bildträgern mit Filmen oder Spielen § 12</td><td>verboten</td><td>verboten</td><td>verboten</td><td>verboten</td><td>verboten</td><td rowspan="2">Diese Videofilme oder Spiele dürfen nicht im Einzelhandel außerhalb von Geschäftsräumen, in Kiosken und anderen Verkaufsstellen, die der Kunde nicht zu betreten pflegt, oder im Versandhandel angeboten oder überlassen werden. Kein bespielter Bildträger darf in Automaten angeboten werden.</td></tr>
<tr><td colspan="5">wenn sie von der obersten Landesbehörde der freiwilligen Selbstkontrolle nicht für die Altersstufe freigegeben sind</td></tr>
</table>

Auch branntweinhaltige Lebensmittel (Weinbrandbohnen; Eisbecher, denen ein Glas Likör beigemischt ist) sind vom Abgabeverbot des § 9 Abs. 1 Nr. 1 JuSchG erfasst, sofern sie nicht Branntwein in nur geringer Menge enthalten wie z. B. Saucen oder Geschmacksaromen.

Natürlicher Gehalt an Alkohol

Alle anderen Getränke, die einen natürlichen Gehalt an Alkohol haben, sind »andere alkoholische Getränke« i. S. des § 9 Abs. 1 Nr. 2 JuSchG, z. B. Bier, Wein, Sekt, Most, Beerenweine. Hier wird auch keine Ausnahme gemacht für Mischgetränke wie Radlermaß oder Weinschorle. Auch diese Getränke sind alkoholische Getränke im Sinne des Gesetzes.

4. Durchführung des Gesetzes

Eingriffsgesetz

Das JuSchG ist ein Eingriffsgesetz des öffentlichen Rechts, d. h., es werden durch einseitige Anordnung des Staates bestimmte Rechtspositionen eingeschränkt. Wenn derartige Einschränkungen finanzielle Einbußen mit sich bringen, werden sie in aller Regel nicht freiwillig eingehalten. Welcher Spielhallenbesitzer würde wohl einem 17-Jährigen die Tür weisen, wenn das Gesetz ihn nicht dazu zwänge?

Strafdrohung

Dies geschieht insbesondere durch das Androhen von Bußgeld, Geld- und Freiheitsstrafen, aber auch gewerberechtlicher Sanktionen, wie der Entziehung von Konzessionen.

Veranstalter und Gewerbetreibender

Verpflichtung, Jugendliche auszuschließen

Aushang der Bestimmungen

Das Gesetz spricht in erster Linie Veranstalter und Gewerbetreibende an, also Besitzer von Gaststätten, Kinos, Läden, in denen Alkohol verkauft wird, Spielhallenbesitzer und Veranstalter von Tanzvergnügen. Sie werden durch das Gesetz verpflichtet, Jugendliche, die nicht alt genug sind, auszuschließen. Sie müssen die einschlägigen Bestimmungen des Gesetzes deutlich sichtbar und gut lesbar aushängen (§ 3 Abs. 1 JuSchG) und in Zweifelsfällen das Alter der Besucher überprüfen (§ 2 Abs. 2 S. 2 JuSchG).

Gewerbetreibender, zwischen Geschäftsinteressen und der Anwendung von § 4 Abs. 1 JuSchG schwankend.

Darin liegt oft ein Problem; insbesondere das Alter von Mädchen kann in vielen Fällen nur schlecht geschätzt werden. 14-Jährige sehen oft wie 16- oder 18-Jährige aus, und 17-Jährige erscheinen häufig als erwachsen, sodass beim Verantwortlichen nicht einmal Zweifel hinsichtlich des Alters auftauchen. Andererseits ist die Überprüfung des Alters meist auch gar nicht möglich. Zwar besteht in der Bundesrepublik Deutschland eine Ausweispflicht, d. h., jeder über 16 Jahre alte Bürger muss einen Personalausweis besitzen, doch muss er ihn nicht bei sich tragen. Deshalb sieht § 2 Abs. 2 S. 1 JuSchG vor, dass Kinder und Jugendliche auf Verlangen ihr Alter auf geeignete Weise nachweisen müssen. Ebenso haben Erziehungsbeauftragte ihre Berechtigung auf Verlangen darzulegen (§ 2 Abs. 1). Bleiben Zweifel, ist der Verantwortliche gehalten einzugreifen, d. h. zum Beispiel keinen Whisky zu verkaufen, den Filmbesuch nicht zu gestatten usw. Handeln Veranstalter oder Gewerbetreibende ihren Verpflichtungen zuwider, so können sie je nach Schwere ihrer Verfehlungen mit Bußgeld bis zu 50 000 EUR, Geld- oder Freiheitsstrafe belegt werden (§§ 27, 28 JuSchG).

Überprüfung des Alters schwierig

Bußgeld, Geld- oder Freiheitsstrafe

Neben diesen Strafen können auch Maßnahmen nach der Gewerbeordnung eingeleitet werden: so das Verbot, alkoholische Getränke zu verkaufen, oder bestimmte Auflagen bei der Konzessionsverlängerung oder auch Einziehung der Konzession.

Maßnahmen nach der Gewerbeordnung

Jeder Einzelne

Nicht nur die Veranstalter oder Gewerbetreibenden sind verpflichtet, die Einhaltung des JuSchG zu gewährleisten, sondern jeder Einzelne. Dabei sind die Verpflichtungen der anderen nicht so weitgehend wie die des Gewerbetreibenden oder Veranstalters (§ 28 Abs. 4 JuSchG).

Damit ist eine volljährige (Privat-)Person zwar nicht verpflichtet, einen Jugendlichen daran zu hindern, etwas durch das Gesetz Verbotenes zu tun, sie darf solches Verhalten aber auch nicht herbeiführen oder fördern.

Nicht herbeiführen oder fördern

> Beispiel 8
> Der Lehrer, der in einer Ausflugsgaststätte für seine durstigen 13-jährigen Buben eine Radlermaß bestellt; der erwachsene Freund, der mit seiner 17-jährigen Freundin ein öffentliches Faschingsfest besucht und erst um drei Uhr früh den Saal verlässt; der erwachsene Freund, der seinen 17-jährigen Kumpan zwecks Aufklärung bei Nacht auf einen Reeperbahnbummel mitnimmt – sie alle handeln ordnungswidrig im Sinne von § 28 Abs. 4 JuSchG.

Ungeklärt ist, wer verhindern soll, dass Jugendliche in der Öffentlichkeit rauchen. Einen Veranstalter oder Gewerbetreibenden gibt es nicht, der einzelne Passant wäre nur dann haftbar, wenn er selbst zum Rauchen aufgefordert hätte. Durch das Gesetz sind somit lediglich der Erziehungsberechtigte, der Lehrer, der Gruppenleiter oder eine sonstige erziehungsbeauftragte Person angesprochen, ihren Einfluss geltend zu machen, dass die Jugendlichen auf der Straße nicht rauchen. Im Übrigen ist der § 10 Abs. 1 JuSchG eine Art Rückendeckung für jeden, der Jugendlichen das Rauchen in der Öffentlichkeit verbieten will.

Rauchen in der Öffentlichkeit

Der Erziehungsberechtigte

Erziehungsberechtigter im Sinn des § 1 Abs. 1 Nr. 3 und 4 JuSchG ist nicht nur der Personensorgeberechtigte, sondern jede Person über 18 Jahren, soweit sie auf Dau-

Personenberechtigte, Erziehungsbeauftragte

er oder zeitweise aufgrund einer Vereinbarung mit dem Personensorgeberechtigten Aufgaben der Erziehung wahrnimmt oder soweit sie das Kind oder den Jugendlichen im Rahmen der Ausbildung oder der Jugendhilfe betreut.

> Beispiel 9
> Der erwachsene Freund, der lediglich mit Wissen der Eltern seine 17-jährige Freundin auf eine Tanzveranstaltung mitgenommen hat, ist deswegen noch keine erziehungsbeauftragte Person; d. h., das Mädchen muss um 24 Uhr die Disco verlassen.

In der Erziehungsfreiheit gebunden

Eine Einflussnahme des Erziehungsberechtigten auf den Jugendlichen ist vom Gesetz nicht vorgeschrieben. Er kann sich jedoch wie jeder Beliebige strafbar machen, wenn er ein Verhalten des Jugendlichen fördert, das den Bestimmungen des JuSchG zuwiderläuft. Insoweit ist der Erziehungsberechtigte in seiner Erziehungsfreiheit gebunden.

Beachtung im privaten Bereich

Er sollte jedoch nicht vergessen, dass das Verhalten eines jungen Menschen homogen ist; ein Jugendlicher, der zu Hause rauchen und trinken darf, wird dies auch in der Öffentlichkeit tun wollen. Der Erziehungsberechtigte soll daher im Interesse des Jugendlichen die Verbote des Gesetzes auch für den privaten Bereich beachten, um dem jungen Menschen eine Konfliktsituation zu ersparen, die eventuell zu Maßnahmen des Jugendamtes führen könnte.

Teilzusammenfassung

Das JuSchG enthält öffentlich-rechtliches Eingriffsrecht, das Veranstaltern und Gewerbetreibenden die Pflicht auferlegt, Jugendlichen bestimmten Alters bestimmte Dinge nicht zu gestatten: den Aufenthalt in Gaststätten, den Genuss von Alkohol, den Besuch von öffentlichen Tanzveranstaltungen, die Teilnahme an Glücksspielen und den Aufenthalt in Spielhallen. Da in den §§ 4 bis 10 nicht alle Gefährdungen erfasst werden können, gestattet § 7 JuSchG den zuständigen Behörden im Einzelfall anzuordnen, dass Gewerbetreibende die Anwesenheit von Kindern und Jugendlichen nicht gestatten dürfen, wenn von einer öffentlichen Veranstaltung oder einem Gewerbebetrieb Gefahren ausgehen, vor denen das Gesetz Kinder und Jugendliche schützen will. Auf diesem Weg soll Gefahren, die von Drogen, Alkoholkonsum, Jugendprostitution und Zuhälterei drohen, begegnet werden.

Das Gesetz verbietet auch das Rauchen in der Öffentlichkeit und den Aufenthalt an jugendgefährdenden Orten. Hier ist insbesondere der Erziehungsberechtigte aufgefordert, den Jugendlichen von solchen Gefahren fernzuhalten.

Da das Gesetz als Erziehungsgesetz angelegt ist, droht es Strafen nur den Verantwortlichen an, für den Jugendlichen sind Erziehungsmaßnahmen vorgesehen.

5. Jugendschutz im Bereich der Trägermedien

Einschränkungen der freien Meinungsäußerung

Das JuSchG ist ein öffentlich-rechtliches Eingriffsgesetz. Der Freiraum, der durch Gesetz eingeschränkt wird, ist das im Grundgesetz eingeräumte Recht der freien Meinungsäußerung.

> Art. 5 Abs. 1 und 2 GG:
> (1) Jeder hat das Recht, seine Meinung in Wort, Schrift und Bild frei zu äußern und zu verbreiten und sich aus allgemein zugänglichen Quellen ungehindert zu unterrichten. . .

(2) Diese Rechte finden ihre Schranken in den Vorschriften der allgemeinen Gesetze, den gesetzlichen Bestimmungen zum Schutz der Jugend und in dem Recht der persönlichen Ehre.

In Absatz 2 wird also dem Gesetzgeber erlaubt, dieses Grundrecht zum Schütze der Jugend einzuschränken.

Der Jugendschutz im Bereich der Trägermedien erfasst alle Medien mit Texten, Bildern oder Tönen auf gegenständlichen Trägern, die zur Weitergabe geeignet, zur unmittelbaren Wahrnehmung bestimmt oder in einem Vorführ- oder einem Spielgerät eingebaut sind. Trägermedien

Dem gegenständlichen Verbreiten, Überlassen, Anbieten oder Zugänglichmachen von Trägermedien steht das elektronische Verbreiten, Überlassen, Anbieten oder Zugänglichmachen gleich (§ 1 Abs. 2 JuSchG).

Beispiel 10

Das JuSchG versteht unter den Trägermedien also alle Offlinemedien wie Bücher, Zeitschriften, Filme, Audio- und Videokassetten, CDs, CD-ROMs, DVDs und Bildschirmspielgeräte.

Die elektronische Verbreitung z. B. einer Videokassette als Attachement zu einer E-Mail steht der gegenständlichen Verbreitung gleich. Das Gleiche gilt für Faxe.

6. Wie soll der Schutzzweck erreicht werden?

Kino-Filme dürfen nach § 11 Abs. 1 JuSchG Kindern und Jugendlichen öffentlich nur vorgeführt werden, wenn sie für deren Altersstufe freigegeben und entsprechend gekennzeichnet sind. Filme

Desgleichen dürfen Bildträger mit Film- und Spielprogrammen – dazu zählen Videokassetten genauso wie Computerspiele, CD-ROMs und DVDs – Kindern und Jugendlichen in der Öffentlichkeit nur zugänglich gemacht werden, wenn die Programme mit entsprechender Alterskennzeichnung freigegeben sind (§ 12 Abs. 1 JuSchG). Bildträger

Nicht gekennzeichnete oder mit „Keine Freigabe" gekennzeichnete Bildträger dürfen Kindern und Jugendlichen nicht angeboten, überlassen oder zugänglich gemacht werden und nicht im Einzelhandel außerhalb von Geschäftsräumen oder im Versandhandel angeboten oder überlassen werden (§ 12 Abs. 3 JuSchG). Verbote

Ohne Begleitung durch personensorgeberechtigte oder erziehungsbeauftragte Personen darf nach § 13 Abs. 1 JuSchG das Spielen an öffentlich aufgestellten Bildschirmspielgeräten nur gestattet werden, wenn die Programme für die jeweilige Altersstufe freigegeben sind. Bildschirmspielgeräte

Alterskennzeichnung

§ 14 JuSchG regelt die Kennzeichnung von Filmen sowie Film- und Spielprogrammen. In das Kennzeichnungsverfahren einbezogen sind Filme (§ 11), Bildträger (§ 12) und Programme für Bildschirmspielgeräte (§ 13).

Die Kennzeichnung nehmen die obersten Landesjugendbehörden vor. Das sind in der Regel diejenigen Länderministerien, denen das Jugendressort zugeordnet ist. Diese können zur Erfüllung ihrer Aufgaben Organisationen der freiwilligen Selbstkontrolle einschalten bzw. beteiligen. Am bekanntesten ist die Freiwillige Selbstkontrolle der Filmwirtschaft, die sog. FSK.

§ 14 Abs. 2 JuSchG

Die oberste Landesbehörde oder eine Organisation der freiwilligen Selbstkontrolle kennzeichnet die Filme und die Film- und Spielprogramme mit

1. „Freigegeben ohne Altersbeschränkung“,
2. „Freigegeben ab sechs Jahren“,
3. „Freigegeben ab zwölf Jahren“,
4. „Freigegeben ab sechszehn Jahren“,
5. „Keine Jugendfreigabe“.

- Schutzziel und Orientierung für die Alterseinstufung ist nach § 14 Abs. 1 JuSchG die Verhinderung von Beeinträchtigungen der Entwicklung von Kindern und Jugendlichen oder ihrer Erziehung zu einer eigenverantwortlichen und gemeinschaftsfähigen Persönlichkeit.

Wenn ein Trägermedium schwer jugendgefährdend ist oder eine Jugendgefährdung durch das Indizierungsverfahren (s. Abschnitt 7) festgestellt wurde, erhält es keine Kennzeichnung.

Schwer jugendgefährdend

Schwer jugendgefährdend sind insbesondere solche Trägermedien, die den Krieg verherrlichen, die Menschen in einer die Menschenwürde verletzenden Weise darstellen oder das Kind oder den Jugendlichen in geschlechtsbetonter Körperhaltung zeigen.

Sanktionen gegen Veranstalter und Gewerbetreibende

Verstöße gegen die Ge- und Verbote der §§11–13 JuSchG werden nach § 28 mit Geldbuße und in schweren Fällen mit Freiheitsstrafe bis zu einem Jahr oder mit Geldstrafe geahndet.

Anmerkung zu den Telemedien

Der Schutz der Kinder und Jugendlichen vor Angeboten der Informations- und Kommunikationsmedien – darunter versteht man den Rundfunk und die Telemedien – wird durch den Jugendmedienschutz-Staatsvertrag (JMStV) geregelt. Die Anbieter der Telemedien sind die Betreiber von Homepages als Inhaltsanbieter, ferner die Anbieter von Speicherplätzen und die Anbieter des Internetzugangs.
Auf die Verantwortlichkeit dieser Anbieter (Provider) für Inhalte und Service ihrer Angebote wird in diesem Buch nicht näher eingegangen.

7. Indizierung von Träger- und Telemedien

Liste jugendgefährdender Medien

Träger- und Telemedien (s. Abschnitt 5 und 6), die geeignet sind, die Entwicklung von Kindern und Jugendlichen oder ihre Erziehung zu einer eigenständigen und gemeinschaftsfähigen Persönlichkeit zu gefährden, sind nach § 18 Abs. 1 JuSchG von der „Bundesprüfstelle für jugendgefährdende Medien“ in die Liste jugendgefährdender Medien aufzunehmen. Dazu zählen vor allem unsittliche, verrohend wirkende, zu Gewalttätigkeit, Verbrechen oder Rassenhass anreizende Medien. So indizierte Trägermedien sind nach § 15 JuSchG mit weitreichenden Abgabe-, Vertriebs- und Werbeverboten belegt.

Das Gleiche gilt auch für Trägermedien, ohne dass sie in die Liste aufgenommen sind, wenn sie schwer jugendgefährdend sind (§ 15 Abs. 2 JuSchG). Filme, Film- und Spielprogramme, die eine Kennzeichnung nach § 14 Abs. 2 JuSchG erhalten haben, werden nicht in die Liste aufgenommen, weil sie im Kennzeichnungsverfahren schon auf ihre Jugendgefährdung hin überprüft sind.

Indizierungsverfahren (§ 21 JuSchG)

Die Bundesprüfstelle für jugendgefährdende Medien wird in der Regel auf Antrag tätig. Antragsberechtigt sind die Jugendbehörden; sie kann auch tätig werden, wenn eine andere Behörde (z. B. Gewerbeaufsichtsamt, Polizei) oder ein Träger der freien Jugendhilfe die Anregung dafür gibt. Antragsberechtigte

Auch ohne Antrag ist ein Medium in die Liste aufzunehmen, wenn ein Gericht – meist wird es ein Strafgericht sein – festgestellt hat, dass das Medium schwer jugendgefährdend ist (§15 Abs. 5 JuSchG).

Wenn die Bundesprüfstelle ein Telemedium in die Liste aufnehmen will, ist vor der Entscheidung über die Aufnahme eine Stellungnahme der Zentralen Aufsichtsstelle der Länder für den Jugendmedienschutz, der sog. Kommission für Jugendmedienschutz (KJM) einzuholen, sofern diese nicht selbst die Aufnahme des Mediums in die Liste beantragt hat (§18 Abs. 6 JuSchG).

Möglichkeiten des Erziehers

Welche Möglichkeit hat der Erzieher, falls er am nächsten Kiosk ein Medium entdeckt, das ihm jugendgefährdend erscheint? Er kann jederzeit bei einem Antragsberechtigten oder bei einem Träger der freien Jugendhilfe anregen, dass das Medium geprüft und eventuell in die Liste jugendgefährdender Medien aufgenommen wird. Sollte er ein bereits indiziertes Medium entdecken, kann er auch eine polizeiliche Anzeige erstatten.

Aus diesen Gründen ist es auch für den Erzieher wichtig zu wissen, wann eine Schrift, ein Ton- oder Bildträger, Abbildungen und andere Darstellungen jugendgefährdend sind.

8. Jugendschutz im Wandel der Zeit

Da die gesellschaftlichen Bedingungen wie die Lebensbedingungen und -entwürfe der Menschen sich verändern und auch die technische Entwicklung vor allem im Bereich der elektronischen Medien weitergeht, müssen die Verantwortlichen für die Entwicklung und Erziehung junger Menschen ständig im Diskurs und in der gesellschaftlichen Kommunikation über die Gefährdungen des Aufwachsens in dieser Gesellschaft bleiben.

Dem Wandel der Bedingungen und der Überzeugungen der Gesellschaft werden die gesetzlichen Regelungen des Jugendschutzes immer wieder angepasst werden müssen.

Zusammenfassung

Ziel des JuSchG ist es, den jungen Menschen frei von Störungen heranwachsen zu lassen, die ihn bei der sozialethischen Normenbildung mehr oder weniger behindern würden. Das JuSchG ist im weiteren Sinn ein Erziehungsgesetz. Es schränkt den im Grundgesetz garantierten Freiraum der Bürger im Interesse der Jugendlichen ein. Das JuSchG verpflichtet Veranstalter und Gewerbetreibende, Jugendlichen bestimmten Alters den Aufenthalt in Gaststätten, den Genuss von Alkohol, den Besuch von Tanz-, Film- und ähnlichen Veranstaltungen, die Teilnahme an Glücksspielen und den Aufenthalt in Spielhallen zu verwehren. Es verbietet, dass Medien die jugendgefährdend sind, Jugendlichen zugänglich gemacht werden. Die Beurteilung der Jugendgefährdung bemisst sich nach den im Grundgesetz verankerten Wertvorstellungen, die unserer Gesellschaftsordnung zugrunde liegen. Die Jugendgefährdung kann offensichtlich sein, d. h. für jeden vernünftigen Menschen erkennbar; in diesem Fall ist es grundsätzlich verboten, Jugendlichen solche Medien zugänglich zu machen oder für sie zu werben. Oder die Jugendgefährdung wird von der Bundesprüfstelle festgestellt, die das betreffende Medium indiziert. Das JuSchG bedroht nur die für eine Jugendgefährdung Verantwortlichen mit Strafe oder Geldbuße; für den Jugendlichen sind Erziehungsmaßnahmen möglich.

Kapitel 13

Der Schutz der Jugendlichen bei der Arbeit

Das Jugendarbeitsschutzgesetz (abgekürzt: JArbSchG) ist als das klassische Jugendschutzgesetz anzusehen. Es regelt die Arbeitsbedingungen eines Jugendlichen, gleichgültig, ob er Auszubildender, Hilfsarbeiter oder angelernte Kraft ist, ob er voll- oder teilzeitbeschäftigt ist oder ob er in einer Fabrik oder einem kleinen Handwerksbetrieb arbeitet. Jugendarbeitsschutz

Jugend- und Kinderarbeit sind wohl das traurigste Kapitel der Industrialisierung. Besonders schreckliche Ausmaße hatten sie in der Zeit des Überganges vom Agrarstaat zum Industriestaat. Zu Beginn des 19. Jahrhunderts mussten Kinder oft täglich zehn Stunden und mehr schwere körperliche Arbeit verrichten. Die Körpergröße von fünf- bis achtjährigen Buben bot sich gerade dazu an, diese Kinder in Bergwerkstollen, deren Höhe dann besonders niedrig gehalten werden konnte, die gehauene Kohle abtransportieren zu lassen. Erst als deutlich wurde, dass Knaben, die von früher Schwerstarbeit gezeichnet waren, später keine tauglichen Soldaten mehr abgaben, hatte das Bemühen um einen Jugendarbeitsschutz Erfolg. Kinderarbeit

Der Kampf um einen guten und ausreichenden Arbeitsschutz für Jugendliche richtete sich aber nicht nur gegen »ausbeuterische« Arbeitgeber, sondern auch gegen die Eltern und teilweise auch gegen die Erzieher, die in der frühen Arbeit der Kinder eine wertvolle Hinführung zu bürgerlichen Tugenden wie Fleiß und Arbeitsamkeit sahen. Die Eltern waren auch dafür dankbar, dass die Kinder in der Fabrik »beaufsichtigt« und mit einer sinnvollen Tätigkeit beschäftigt wurden, statt auf der Straße herumzulungern. Kampf um Arbeitsschutz

Bemerkenswert ist in diesem Zusammenhang: Um die Mitte des 19. Jahrhunderts wurde ein Jugendarbeits- und Erziehungsmodell eines Fabrikanten öffentlich belobigt und oft kopiert, das vorsah, die Kinder und Jugendlichen nach zehnstündiger Arbeit am Webstuhl noch zwei Stunden im Schreiben, Lesen und Rechnen zu unterrichten. Um unnötige Fehlzeiten zu vermeiden, brachte der Arbeitgeber die Kinder auch noch in der Nähe der Fabrik unter. Aber auch heute noch wird die Arbeit nicht nur als Produktionsfaktor begriffen, sondern darüber hinaus als geeignetes Erziehungsmittel. Dies ist die Praxis der Strafvollzugsgesetze. Auch aus Befragungen der Bevölkerung zu dem Thema, was am besten gegen Punker und Hooligans unternommen werden könnte, geht hervor, dass ein Großteil der Befragten in einem – auch zwangsweisen – Anhalten zur Arbeit das beste Mittel sieht, um aus den Gammlern »anständige Menschen« zu machen. Arbeit als Erziehungsmittel

Demgegenüber steht die Meinung, der Jugendliche solle wenigstens bis zu seinem 18. Lebensjahr noch nicht in einen Arbeitsprozess eingegliedert sein, um nicht körperliche und vor allem seelische Schäden zu erleiden. Besser wäre es, den Lernprozess zu verlängern, damit sich seine geistigen Anlagen voll entfalten können. Verlängerung der Lernzeit

In diesem Spannungsfeld muss sich der Gesetzgeber bewegen und versuchen, den gegensätzlichen Meinungen Rechnung zu tragen.

1. Das JArbSchG als öffentlich-rechtliches Eingriffsgesetz

Aufgabe des Jugendarbeitsschutzes

Das »Gesetz zum Schütze der arbeitenden Jugend«, abgekürzt auch Jugendarbeitsschutzgesetz (JArbSchG) genannt, erfasst den gesamten Bereich der abhängigen Arbeitsleistung des jungen Menschen. Es hat die Aufgabe, diesen Bereich so zu regeln, dass der Jugendliche in seiner geistigen und körperlichen Gesundheit keinen Schaden leidet und in die Lage versetzt wird, den gewählten Beruf zu erlernen bzw. sich fortzubilden. Das Gesetz strebt dieses Ziel durch eine Reihe von Mitteln an, die sich bereits bei anderen arbeitsrechtlichen Regelungen bewährt haben. Im Gegensatz zum allgemeinen Arbeitsrecht, das zum größten Teil dem privaten Recht angehört, wurde dem JArbSchG die Form eines öffentlich-rechtlichen Gesetzes gegeben. Wie wir bei den anderen Jugendschutzgesetzen gesehen haben, bedeutet dies, dass der Gesetzgeber kraft seiner Hoheitsgewalt in den Rechtskreis der Betroffenen eingreifen kann, um seine Vorstellungen durchzusetzen.

Grenzen, Verbote, Verpflichtungen

Vertragsfreiheit wird beschränkt

Eingegriffen wird durch das JArbSchG in das Recht der Vertragsfreiheit, das sonst im Arbeitsrecht grundsätzlich gilt. Die Eingriffe geschehen in verschiedenerweise. Entweder das Gesetz legt Grenzen fest, die nicht überschritten werden dürfen.

Beispiel 1
§ 8 JArbSchG bestimmt, dass die tägliche Arbeitszeit acht Stunden nicht übersteigen darf. Dadurch wird eine neunstündige Arbeitszeit ausgeschlossen, nicht aber eine siebenstündige.

Oder das Gesetz spricht Verbote aus.

Beispiel 2
§ 5 JArbSchG bestimmt: Die Beschäftigung von Kindern (unter 15 Jahren) ist verboten.

Oder das Gesetz legt Verpflichtungen auf.

Beispiel 3
§ 47 JArbSchG bestimmt: Wer Jugendliche im Betrieb beschäftigt, muss das JArbSchG und die Anschrift der zuständigen Aufsichtsbehörde an geeigneter Stelle aushängen oder auslegen, damit alle Jugendlichen sich über den Inhalt des Gesetzes informieren können.

Beschränkung auch für Jugendliche

Dabei darf man nicht übersehen, dass sich solche Eingriffe nicht nur gegen den Arbeitgeber richten. Vielmehr wird auch in das Recht des Jugendlichen eingegriffen, seine Arbeitskraft so zu verkaufen, wie er das für gut, d. h. gewinnbringend, hält. So ist er in seinen Rechten dadurch beschränkt, dass man ihm bestimmte gefährliche Arbeiten nicht übertragen darf, auch wenn er es wollte, weil sie wesentlich besser bezahlt werden.

Vielzahl von Einzelregelungen

Das JArbSchG regelt einen weitaus umfangreicheren Lebensbereich als etwa das JuSchG. Es muss auch wegen seiner besonderen Zielrichtung gegen Arbeitgeber und Jugendliche besonders ausgewogen sein. Deshalb enthält es eine Vielzahl von Einzelrechnungen. Um der Vielfalt von Arbeitsverhältnissen gerecht werden zu können, muss das JArbSchG einerseits bestimmte Grundsätze aufstellen, andererseits aber auch eine Reihe von Ausnahmen und Variationen zulassen.

Grundsätze, Ausnahmen

Beispiel 4
Nach § 16 Abs. 1 JArbSchG dürfen Jugendliche an Samstagen nicht beschäftigt werden. Für Gewerbezweige, die gerade an diesen Tagen tätig sein müssen, wie Gaststätten oder Konditoreien, wäre diese Regelung jedoch wenig sinnvoll. Gleiches gilt für Krankenhäuser oder Kinderheime. Daher werden in § 16 Abs. 2 vom Grundsatz des Abs. 1 für eine Reihe von Berufen Ausnahmen zugelassen.

Wegen der Vielzahl der Regelungen und der Ausnahmen können im Rahmen dieses Kapitels nur die Grundzüge des JArbSchG besprochen werden, d. h., welche grundsätzlichen Beschränkungen und Verpflichtungen bestehen.

2. Begrenzung des Geltungsbereichs und Ausnahmen

Ein allgemeines Verbot der Arbeitsleistung von Kindern unter 15 Jahren, das keinerlei Ausnahmen zuließe, wäre – nicht zuletzt auch aus pädagogischen Gründen – nicht sinnvoll. In den §§ 1, 5, 6 und 7 JArbSchG sind daher verschiedene Ausnahmen vorgesehen:

Begrenzung des Geltungsbereichs

Bestimmte Arbeitsleistungen erfasst das JArbSchG überhaupt nicht, um damit eindeutig zum Ausdruck zu bringen, dass diese Arbeiten im Grunde genommen keine Beschäftigungen im arbeitsrechtlichen Sinne sind. Dies sind gelegentliche, geringfügige Hilfeleistungen, die z. B. aus Gefälligkeit oder in Einrichtungen der Jugendhilfe erbracht werden. Unter Einrichtungen der Jugendhilfe sind Einrichtungen zu verstehen, die das Jugendamt oder Träger der freien Jugendhilfe in Erfüllung ihrer Aufgaben geschaffen haben.

Gelegentliche geringfügige Hilfeleistungen

Beispiel 5
Die Mithilfe von Kindern bei der Errichtung eines Pfadfinderlagers, die Übernahme von Aufgaben wie Kochen, Zeltreinigen oder Einkaufen wird nicht vom JArbSchG erfasst, da die Pfadfinderverbände Träger der freien Jugendhilfe sind und die Aufgaben nicht die Grenzen des § 1 Abs. 2 Nr. 1 c JArbSchG überschreiten.

Ebenso werden geringfügige, gelegentliche Hilfeleistungen nicht vom Gesetz erfasst, wenn sie aufgrund familienrechtlicher Vorschriften erbracht werden. Die wichtigste Vorschrift dieser Art ist der § 1619 BGB, wonach Kinder verpflichtet sind, im Haus und im Geschäft der Eltern in einer den Kräften des Kindes entsprechenden Weise Dienste zu leisten.

Mithilfe im Geschäft und im Haushalt

Beispiel 6
So kann die achtjährige Tochter der Mutter gelegentlich helfen, in ihrem Laden Bonbons und Eis zu verkaufen, ohne dass eine Übertretung nach dem JArbSchG vorliegt.

Ausnahmen vom grundsätzlichen Verbot der Beschäftigung von Kindern

Die Beschäftigung von Kindern ist nach § 5 Abs. 1 JArbSchG grundsätzlich verboten. Gemäß § 2 Abs. 1 JArbSchG sind Kinder Personen unter 15 Jahren.

Weisungen

Ausgenommen von diesem grundsätzlichen Verbot sind z. B. Beschäftigungen im Rahmen der Berufswahlvorbereitung, zur Erfüllung richterlicher Weisungen oder die Mithilfe in der Landwirtschaft bis zu drei Stunden täglich, Handreichungen beim Sport oder das Austragen von Zeitungen von Kindern über 13 Jahre bis zu zwei Stunden täglich, aber nicht zwischen 18 und 8 Uhr und nicht vor dem Schulunterricht oder während des Unterrichts. Bei diesen durch § 5 Abs. 2 und 3 JArbSchG zugelassenen Ausnahmen gilt für die Durchführung der Beschäftigung im Übrigen das JArbSchG (z. B. die Regelungen über die Lage der Arbeitszeit, über Ruhepausen oder über Beschäftigungsverbote).

Künstlerische Darbietungen

Kinder können auch bei Film-, Fernseh- und Hörfunkaufnahmen, bei Theater- oder Musikvorführungen und bei Werbeveranstaltungen mitwirken, wenn dies auf Antrag des Verantwortlichen von der Aufsichtsbehörde unter Beachtung der Vorbehalte des § 6 JArbSchG bewilligt wurde.

Berufsausbildung

Kinder, die nicht mehr der Vollzeitschulpflicht unterliegen, können im Rahmen eines Berufsausbildungsverhältnisses oder im Übrigen mit leichten und für sie geeigneten Tätigkeiten bis zu sieben Stunden täglich oder 35 Stunden wöchentlich beschäftigt werden (§ 7 Abs. 2 JArbSchG).

Diese geringfügige Hilfeleistung eines Ferienkindes auf dem Bauernhof fällt nicht unter den Geltungsbereich.

Jugendliche

Jugendliche sind Personen, die 15, aber noch nicht 18 Jahre alt sind (§ 2 Abs. 2).

3. Beschäftigungsverbote für Jugendliche

Einige Beschäftigungsarten hält der Gesetzgeber bei Jugendlichen für so gefährlich, dass er sie völlig verbietet. Dabei handelt es sich um:

- Akkord- und Fließbandarbeit,
- gefährliche Arbeiten,
- Beschäftigung durch bestimmte Personen.

Akkord- und Fließbandarbeit

§ 23 JArbSchG verbietet, Jugendliche mit Akkord- und Fließbandarbeit zu beschäftigen außer zu Ausbildungszwecken oder nach Abschluss der Ausbildung in diesem Beruf, wenn ihr Schutz durch eine fachkundige Aufsicht gewährleistet ist.

Verboten: Anreiz zu erhöhtem Arbeitstempo

§ 23 JArbSchG soll alle Arbeitsweisen unterbinden, die durch höheres Entgelt einen unmittelbaren Anreiz zum beschleunigten Arbeiten bieten oder dem jugendlichen Arbeitnehmer ein Arbeitstempo vorschreiben, das er nicht beeinflussen kann. Somit sind alle Formen, wie Geldakkord, Schätzakkord, Stückakkord, Zeitakkord, Prämienakkord, Gruppen- oder Zwischenmeisterakkord, für Kinder und Jugendliche untersagt. Das Verbot gilt für jede Arbeit am Fließband, an Fertigungsstraßen oder Sortierbändern.

Das Arbeitstempo selbst bestimmen

Der jugendliche Arbeitnehmer soll in der Lage sein, den Rhythmus und die Schnelligkeit der Arbeit selbst zu bestimmen. Er soll vor allem nicht durch den Anreiz höherer Entlohnung zu einem Arbeitstempo angespornt werden, das seine Kräfte zu schnell verbrauchen würde.

Gefährliche Arbeiten

Nach § 22 JArbSchG dürfen Jugendliche nicht mit Arbeiten beschäftigt werden, die z. B.

- ihre Leistungsfähigkeit übersteigen oder
- bei denen sie sittlichen Gefahren ausgesetzt sind.

Arbeiten, die ihre körperlichen Kräfte übersteigen

Mit Arbeiten, die ihre Leistungsfähigkeit übersteigen, sind in erster Linie schwere körperliche Arbeiten gemeint. Da dies ein recht dehnbarer Begriff ist, sind zu seiner Präzisierung eine Reihe von Verordnungen erlassen worden. Auf sie soll hier nicht näher eingegangen werden, weil sie in erster Linie den Arbeitgeber angehen. Der Sinn dieses Verbots ist nicht zuletzt darin zu sehen, dass der Arbeitgeber, aber auch etwa die Kollegen im Betrieb, gehindert werden, Jugendlichen gerade solche Arbeiten aufzubürden, die schon von Erwachsenen als schwer empfunden werden und vor denen sie sich vielleicht gerne drücken möchten.

Andere gefährliche Arbeiten

Gefährliche Arbeiten im Sinne von § 22 JArbSchG sind ferner Arbeiten, bei denen besondere Gesundheitsgefahren durch Gase, Staub oder Hitzeeinwirkung drohen.

Sittliche Gefährdung

Sittlichen Gefahren wären Jugendliche ausgesetzt, wenn sie z. B. in Nachtklubs, in Stripteaselokalen oder in Druckereien arbeiten, wo Pornografie hergestellt wird.

Überprüfungspflicht des Arbeitgebers

Das Gesetz und die dazu erlassenen Verordnungen geben aber nur Anhaltspunkte dafür, welche Arbeiten für Jugendliche verboten sind. Der Arbeitgeber ist verpflichtet, die Belastung der Jugendlichen durch die Arbeit laufend zu überprüfen. Zeigt sich, dass die Belastung zu groß wird, so muss er ihnen einen anderen Arbeitsplatz zuweisen.

Kommt der Arbeitgeber dieser Verpflichtung, die er natürlich auch delegieren kann, nicht nach, so kann er mit Bußgeld oder ausnahmsweise mit Freiheitsstrafe bestraft werden.

Beschäftigung durch bestimmte Personen

Vorbestrafte Arbeitgeber und Ausbilder

§ 25 JArbSchG schließt bestimmte Personen als Arbeitgeber und Ausbilder von Jugendlichen aus. Denn Gefahren können dem jugendlichen Arbeitnehmer nicht nur von der Arbeit selbst drohen, sondern unter Umständen auch von Vorgesetzten und Kollegen. Wie wir im Strafrecht gesehen haben, wird dort der Missbrauch eines Abhängigkeitsverhältnisses unter Strafe gestellt. Es wäre nun sehr widersprüchlich, wenn es Personen, die sich dessen schuldig gemacht haben, weiterhin erlaubt wäre, Jugendliche zu beschäftigen oder sie bei der Arbeit anzuleiten. Daher verbietet das JArbSchG allen Personen, die einschlägig vorbestraft sind, und denen, die wegen eines sonstigen Verbrechens zu mindestens zwei Jahren Freiheitsstrafe verurteilt wurden, die Beschäftigung oder Anleitung und Beaufsichtigung von Jugendlichen.

Beispiel 7

Jugendliche beschäftigen oder bei der Arbeit anleiten darf nicht, wer wegen sexuellen Missbrauchs von Schutzbefohlenen, homosexueller Handlungen mit Männern unter 18 Jahren, sexueller Nötigung, Zuhälterei, Verbreitung pornografischer Schriften, Misshandlung Abhängiger, Vernachlässigung der Fürsorge- oder Erziehungspflicht vorbestraft ist. Auch wer nach dem JuSchG wenigstens zweimal verurteilt wurde, darf Jugendliche nicht beschäftigen oder anleiten.

Ende des Verbots

Das Verbot endet erst, wenn fünf Jahre seit Rechtskraft des Urteils oder – bei Vollzug einer Freiheitsstrafe – fünf Jahre seit Verbüßung der Strafe verstrichen sind; d. h., dann darf ein solcher Arbeitgeber wieder Jugendliche beschäftigen oder ein solcher Betriebsangehöriger wieder Jugendliche bei der Arbeit anleiten. Aber auch wenn keine Verurteilung erfolgt, die betreffende Person aber ungeeignet erscheint, Jugendliche zu beaufsichtigen oder anzuleiten, kann das Gewerbeaufsichtsamt als zuständige Behörde ein Verbot gemäß § 27 Abs. 2 JArbSchG aussprechen. Diese Möglichkeit ist sicherlich die effektivere, weil relativ schnell eingegriffen und damit ernsthaften Gefahren vorgebeugt werden kann. Erforderlich ist jedoch, dass der Jugendliche über Vorkommnisse Mitteilung macht, die ein solches Verbot rechtfertigen, und dies von den Verantwortlichen, also z. B. von den Erziehern, dem Jugendamt bzw. dem Gewerbeaufsichtsamt bekannt gegeben wird.

Verbot durch Gewerbeaufsichtsamt

4. Regelung der Arbeitszeit

Über die Regelung der Arbeitszeit hinaus, die durch das Arbeitszeitgesetz getroffen wird, setzt das JArbSchG für den jugendlichen Arbeitnehmer eine Reihe von Sonderbestimmungen fest. Diese Sonderbestimmungen regeln

- die Länge der Arbeitszeit,
- die Lage der Arbeitszeit,

- die Ruhepausen und
- den Urlaub der Jugendlichen.

Länge der Arbeitszeit

Die tägliche Arbeitszeit darf für Jugendliche acht Stunden, bei wöchentlicher Berechnung 40 Stunden nicht übersteigen (§ 8 Abs. 1 JArbSchG). Abweichende Regelungen in Tarifverträgen oder bei Ausnahmen in Notfällen (§§ 21 a, 21) sind möglich. Acht Stunden pro Tag, 40 Stunden pro Woche

Der Berufsschultag zählt als Arbeitstag, wenn mehr als fünf Stunden Unterricht stattfinden (§ 9 Abs. 1 Nr. 2 JArbSchG). Bei Blockunterricht von mindestens 25 Stunden an mindestens fünf Tagen wird die Woche mit 40 Stunden angerechnet. Eine Unterrichtsstunde wird mit 45 Minuten gerechnet. Berufsschultag

Lage der Arbeitszeit

Zur Nachtzeit, also von 20 Uhr abends bis 6 Uhr früh, dürfen Jugendliche grundsätzlich nicht beschäftigt werden. Ausnahmen gelten für über 16-jährige Arbeitnehmer, die z. B. in Gaststätten, Bäckereien oder Schichtbetrieben beschäftigt sind (§ 14 Abs. 2 JArbSchG). Nachtarbeitsverbot

An Samstagen dürfen Jugendliche nicht beschäftigt werden (§ 16 JArbSchG). Auch hierfür sind eine Reihe von Ausnahmen zulässig. Samstagsruhe

> Beispiel 8
> Für Kfz-Reparaturwerkstätten, für Bäcker oder Krankenpfleger gelten Ausnahmen.

An Sonn- und gesetzlichen Feiertagen besteht Arbeitsverbot (§§ 17, 18 JArbSchG). Aber auch hiervon sind Ausnahmen zugelassen, wenn dies durch die Besonderheit der Arbeit erforderlich ist. Sonn- und Feiertage

Bei allen Ausnahmen muss jedoch beachtet werden, dass die tägliche Freizeit nach Beendigung der Arbeit zwölf Stunden nicht unterschreiten darf (§ 13 JArbSchG). Zwölf Stunden Freizeit

Ruhepausen

Die Arbeitszeit ist für Jugendliche nach spätestens viereinhalb Stunden durch eine Ruhepause zu unterbrechen (§ 11 Abs. 2 JArbSchG). Nach viereinhalb Stunden

- Unter Arbeitszeit ist hierbei die Zeit vom Beginn bis zum Ende der Arbeit ohne die Ruhepausen zu verstehen.

Die »Zigarettenpausen« nach jeder Stunde, die in manchen Betrieben üblich sind, gelten jedoch nicht als Ruhepausen, da Arbeitsunterbrechungen von mindestens 15 Minuten Dauer vorgeschrieben sind. Die Länge der Pausen muss bei sechs- bis achtstündiger Arbeitszeit insgesamt mindestens 60 Minuten, bei viereinhalb- bis sechsstündiger Arbeitszeit insgesamt mindestens 30 Minuten betragen. 60 bzw. 30 Minuten

Urlaub

25 bis 30 Werktage

Nach § 19 JArbSchG hat der jugendliche Arbeitnehmer Anspruch auf einen bezahlten Urlaub von 30 Werktagen, wenn er noch nicht 16 Jahre, 27 Werktagen, wenn er noch nicht 17 Jahre und 25 Werktagen, wenn er noch nicht 18 Jahre alt ist; maßgebend ist das Alter zu Beginn des Kalenderjahres. Für jugendliche Arbeitnehmer im Bergbau kommen jeweils drei Tage hinzu. Der Urlaub soll in einem Stück genommen werden und soll Berufsschülern in der Ferienzeit gegeben werden.

Keine andere Arbeit im Urlaub

Während des Urlaubs darf der jugendliche Arbeitnehmer keine andere Erwerbstätigkeit leisten. Im Übrigen gelten ähnliche Bestimmungen wie im Allgemeinen Arbeitsrecht, wie Abgeltung des Anspruchs in Geld, wenn der Urlaub nicht genommen werden kann, oder Übertragung des Anspruchs auf den neuen Arbeitgeber.

5. Besondere Verpflichtungen des Arbeitgebers

Die §§ 28 bis 50 JArbSchG legen dem Arbeitgeber eine Reihe von besonderen Verpflichtungen auf, die alle dem Ziel dienen, dass sich die Entwicklung des Jugendlichen auch am Arbeitsplatz möglichst ungestört von schädlichen Einflüssen vollziehen kann. Im Rahmen dieses Kapitels wird aber nur summarisch darauf eingegangen. Eine der wichtigsten Verpflichtungen ist:

Ärztliches Zeugnis

- Der Jugendliche muss vor Antritt der Arbeit ärztlich untersucht werden. Der Arbeitgeber hat den Untersuchungsbefund insoweit zu beachten, als er den Jugendlichen mit den darin als schädlich aufgeführten Arbeiten nicht beschäftigt (§§ 32 bis 46 JArbSchG).

Fernhalten von Gefahren

Züchtigungsverbot

Eine Gruppe von Verpflichtungen des Arbeitgebers hat den Zweck, die Arbeitsbedingungen des Jugendlichen so zu gestalten, dass Gefährdungen sittlicher und körperlicher Art nicht eintreten können. Neben der Verpflichtung, die einzelnen bereits besprochenen Verbote und Auflagen zu beachten, hat er dafür zu sorgen, dass jugendliche Arbeitnehmer nicht gezüchtigt werden und andere Arbeitnehmer sie nicht misshandeln oder sittlich gefährden (§§ 28 und 31 JArbSchG).

Beispiel 9

Eine sittliche Gefährdung können die sogenannten Montagsgespräche von Arbeitern sein, in denen sie meist stark übertrieben und in anstößiger Weise über sexuelle Erlebnisse berichten. Unter Umständen muss der Arbeitgeber versuchen, durch Platzwechsel oder Raumteilung die Gefahr zu verringern.

Arbeitsunfall

Körperliche Schäden sind auch durch entsprechende Maßnahmen an Maschinen, Werkzeugen und Geräten nach Möglichkeit zu verhindern. Die Gewerbeämter können dazu besondere Vorkehrungen anordnen, um Arbeitsunfälle zu vermeiden.

Einweisung

Einer Gefährdung des Jugendlichen soll ferner seine ausreichende Information entgegenwirken. Der Arbeitgeber hat Sorge zu tragen, dass der Jugendliche in seine Tätigkeit entsprechend eingeführt wird. Er muss mit den besonderen Gefahren seiner Arbeit vertraut sein und wissen, wie er ihnen begegnen kann (§ 29 JArbSchG).

Einwandfreie Unterkunft

Arbeitgeber, die Jugendliche in ihre häusliche Gemeinschaft aufnehmen, müssen ihnen eine angemessene, in gesundheitlicher und sittlicher Beziehung einwandfreie Unterkunft und eine ausreichende und gesunde Kost gewähren. Im Krankheitsfall haben sie für ärztliche Betreuung zu sorgen. Das Gewerbeaufsichtsamt kann hinsichtlich Unterkunft, Kost und Pflege bei Krankheit Anordnungen erlassen und bestimmen, welche Anforderungen erfüllt sein müssen. Dies gilt z. B. nicht nur für Hausgehilfinnen, die beim Arbeitgeber wohnen, sondern vor allem für Lehrlingsheime und ähnliche Unterkünfte, die der Arbeitgeber seinen jugendlichen Arbeitnehmern zur Verfügung stellt (§ 30 JArbSchG).

Ärztliche Betreuung

Der Arbeitgeber darf, entsprechend dem JuSchG, dem jugendlichen Arbeitnehmer keine branntweinhaltigen Getränke ausschenken lassen. Die über 16-Jährigen können aber andere alkoholische Getränke erhalten (§ 31 Abs. 2 JArbSchG).

Alkohol und Tabak

Informationspflichten

Neben diesen Verpflichtungen, die der Abwehr von Gefahren dienen, hat der Arbeitgeber eine Reihe von Informationspflichten. Er muss

- das JArbSchG an einer Stelle auslegen oder aushängen, an der es jeder jugendliche Arbeitnehmer einsehen kann;

Aushänge

- im Betrieb auf einem Aushang an gut sichtbarer Stelle den Beginn und das Ende der Arbeitszeit und der Ruhepausen bekannt geben;
- ein Verzeichnis aller jugendlichen Arbeitnehmer führen, in dem neben den Personalien der Tag der Einstellung und der bereits gewährte Urlaub vermerkt sind.

Die Aushänge haben den Zweck, dem Jugendlichen das JArbSchG bekannt zu machen, damit er über seine Rechte informiert ist und sie wahrnehmen kann. Das Verzeichnis ist für die Überwachung durch das Gewerbeaufsichtsamt gedacht (§§ 47 bis 50 JArbSchG).

6. Theorie und Praxis des JArbSchG

Viele Missstände bleiben unbekannt

Das JArbSchG mag in seinen Bestimmungen gut sein. In vielen Fällen bleiben jedoch die Vorschriften, die es enthält, Theorie, die an der praktischen Durchführung scheitert. Ähnlich wie im Strafrecht kann nach dem JArbSchG nur dann eingegriffen werden, wenn die zuständigen Ämter von Missständen Kenntnis bekommen. Nur in solchen Fällen ist es möglich, die Verantwortlichen zur Rechenschaft zu ziehen, Strafen zu verhängen, Auflagen und Verbote auszusprechen. Wahrscheinlich würde eine bessere Kenntnis der Behörden von den Vorgängen in den Betrieben bei den Arbeitgebern ein höheres Maß an Gesetzestreue bewirken, d. h., schon eine bessere Kontrolle könnte viele Verstöße verhindern.

Ungenügende Kontrolle

Die Kontrolle durch die Gewerbeaufsichtsämter oder die Berufsgenossenschaften ist jedoch ungenügend. Diese Stellen haben meist zu wenig Personal. In vielen Fällen werden nur Routineuntersuchungen durchgeführt, deren Zeitpunkt vorher meist auch noch bekannt ist.

Anzeigen selten

Anzeigen von geschädigten oder gefährdeten Jugendlichen sind selten. Die Jugendlichen fürchten Repressalien im Betrieb, oder sie kennen ihre Rechte nur wenig.

»Keine Herrenjahre«

Manche Angehörige der älteren Generation lehren neben Fachkenntnissen auch die Einstellung: »Lehrjahre sind keine Herrenjahre«. Viele Jugendliche werden auf diese Weise dazu gebracht, selbst eine unwürdige Behandlung oder ausbildungsfremde und ausbildungsungeeignete Arbeiten hinzunehmen. Auch von zu Hause können sie in den meisten Fällen kaum eine Unterstützung erwarten. Dieses Verharren in einer ohnmächtigen Haltung kann seitens der Gerichte auch durch noch so fortschrittliche Urteile nur allmählich im Sinne des JArbSchG beeinflusst werden.

> Beispiel 10
> Ein Urteil aus dem Jahre 1972 sprach einem Lehrling Schadensersatz für verlorene Jahre zu. Er hatte wegen ungenügender Unterrichtung im Betrieb die Gesellenprüfung nicht bestanden.

Auch hinsichtlich des Gefahrenschutzes, des Arbeitsschutzes und des Urlaubsrechts gibt es zahlreiche Urteile, die den Intentionen des Jugendschutzes gerecht werden. Oftmals ist es also nicht so wichtig, nach besseren Gesetzen zu rufen. Der konsequente Vollzug der vorhandenen Gesetze würde, wie im Falle des Jugendschutzes, vielen Übeln abhelfen.

Möglichkeiten für den Erzieher

Auch der Erzieher, der z. B. in einem Wohnheim jugendliche Arbeitnehmer betreut, hat hier ein weites Feld an Einflussmöglichkeiten. Er sollte die Jugendlichen über ihre Rechte informieren und sie beraten, wie sie ihre Rechte wahrnehmen können. Vor allem sollte er sich nicht scheuen, sie aufzufordern, ihm Missstände am Arbeitsplatz zu berichten. Der Erzieher hat die Möglichkeit, Missstände oder Verstöße gegen das Gesetz dem Gewerbeaufsichtsamt oder dem Jugendamt zu melden. Gerade wegen der geringen personellen Besetzung sind besonders die Gewerbeaufsichtsämter auf derartige Hinweise geradezu angewiesen.

Zusammenfassung

Das JArbSchG ist ein Jugendschutzgesetz, das den Bereich der abhängigen Arbeitsleistung regelt. Es stellt einen Interessenausgleich dar zwischen den Interessen des Jugendschutzes und den Interessen der Arbeitgeber, aber auch zwischen denen der Jugendlichen und ihrer Eltern. Den Zweck des Jugendschutzes am Arbeitsplatz strebt der Gesetzgeber dadurch an, dass er das JArbSchG als öffentlich-rechtliches Eingriffsgesetz gestaltet hat, sodass hoheitliche Eingriffe und bei Verstößen Strafen möglich sind. Eingegriffen wird über das Maß der sonstigen arbeitsrechtlichen Regelungen hinaus in das Recht der Vertragsfreiheit. Die Beschäftigung von Kindern, die noch der Schulpflicht unterliegen, ist bis auf wenige Ausnahmen verboten. Kinder und Jugendliche dürfen nicht mit gefährlicher Arbeit oder mit Akkord- oder Fließbandarbeit beschäftigt werden. Sie dürfen auch nicht von Personen ausgebildet, angeleitet oder beaufsichtigt werden, die wegen einschlägiger Vergehen bestraft wurden.
Die Arbeitszeit beträgt höchstens acht Stunden pro Tag. Nachtarbeit ist grundsätzlich ausgeschlossen, ebenso Arbeit am Samstag und am Sonntag. Während der Arbeit müssen genügend lange Pausen gewährt werden. Der Jugendliche hat einen Urlaubsanspruch von bis zu 30 Tagen. Der Arbeitgeber ist verpflichtet, Schädigungen vom Jugendlichen fernzuhalten, die ihm aus seiner Arbeit oder seiner Umgebung erwachsen können. Das JArbSchG hätte eine bessere Wirkung, wenn die Gewerbeaufsichtsämter von den Jugendlichen besser über Verstöße informiert würden.

Kapitel 14

Das Jugendgerichtsgesetz (JGG)

Das JGG enthält Sondervorschriften für die strafrechtliche Behandlung junger Täter. Ob die Handlung eines Jugendlichen oder eines Heranwachsenden eine strafbare Handlung ist, wird in den Strafgesetzen, in erster Linie im Strafgesetzbuch, festgelegt. Welche »Strafe« ihn trifft und welches Verfahren angewandt wird, regelt das JGG.

Da das JGG als Erziehungsgesetz angelegt ist, weicht es vom regulären Strafrecht insoweit ab, als es dem Richter für das Verfahren und die anzuwendenden Maßnahmen relativ freie Hand lässt. Leitlinie hierfür ist die Erziehung des jugendlichen Täters. Dieser Absicht dient auch die Jugendgerichtshilfe, die den erzieherischen Aspekt im Verfahren als objektive und fachkundige Beteiligte wahren und vertreten soll.

1. Ab welchem Alter ist jemand schuldfähig?

Altersgrenzen der Schuldunfähigkeit

Zu größeren Schwierigkeiten in der Beurteilung kommt es bei der Frage der Grenzziehung, der Frage also, ab welchem Alter sich ein Jugendlicher geistig und sittlich so weit entwickelt hat, dass er in gewissem Umfang strafrechtlich verantwortlich ist, also das Unrecht seiner Tat einzusehen vermag und auch gemäß dieser Einsicht handeln kann.

Beispiel 1
Zwei achtjährige Buben stoßen ihren Spielkameraden ins Wasser, um einmal zu sehen, wie ein Mensch ertrinkt. Sie wissen, dass ihre Handlung den Tod des anderen herbeiführen kann, und sie wissen auch, wie dieser Erfolg zu erreichen ist. Trotz der Gefühlskälte, die in ihrer Tat zum Ausdruck kommt, sind sie jedoch strafrechtlich nicht verantwortlich, da ihnen die geistige Voraussetzung fehlt, das Unrecht der Tat zu begreifen und sie deswegen zu unterlassen.

bedingt strafrechtlich verantwortlich

Der Gesetzgeber ist bei dem Problem der Schuldfähigkeit vor die undankbare Aufgabe gestellt, bestimmte Grenzen festlegen zu müssen. Hinsichtlich der strafrechtlichen Verantwortlichkeit legte er sich auf 14 und 18 Jahre fest. Wegen der Unterschiede in der Entwicklung des einzelnen können solche Gesetze aber lediglich Grundsatzgrenzen sein, d. h., sie müssen Ausnahmen zulassen – nicht nur für Jugendliche, sondern allgemein.

Beispiel 2
Ein Erwachsener ist strafrechtlich nicht verantwortlich, wenn er im Zustand der Schuldunfähigkeit gehandelt hat.

Wer das Gesetz anwenden muss, hat vom Normalfall auszugehen; im Falle einer Abweichung vom Normalfall muss das Untypische nachgewiesen werden. Diese Lösung ist sinnvoll, weil in aller Regel das Untypische seltener vorkommt als das Typische.

Erwachsenenstrafrecht nicht auf Jugendliche anzuwenden

Grenzen nur in einer Richtung durchlässig

Die Grenzziehung bei 14 und 18 Jahren ist aus solchen Gründen durchlässig gehalten, allerdings nur in einer Richtung. So ist es möglich, einen 19-Jährigen noch wie einen 17-Jährigen zu beurteilen, nicht aber einen 17-Jährigen wie einen 19-Jährigen. Ebenso kann ein 15-Jähriger noch wie ein Strafunmündiger behandelt werden, aber nicht ein 13-Jähriger wie ein bereits strafmündiger 14-Jähriger.

- Für die Gruppe, die noch nicht unter das Erwachsenenstrafrecht fällt, aber bereits in gewissem Umfang strafmündig ist, gilt das Jugendgerichtsgesetz (JGG).

Dieses Gesetz stellt nicht besondere Straftatbestände auf, sondern regelt, wie Jugendliche zu behandeln sind, die den durch die Strafgesetze geschützten Rechtskreis eines anderen Menschen verletzt haben.

Jugendstrafrecht

Der Begriff Jugendstrafrecht umfasst daher sowohl die »materiellen« Strafgesetze des StGB und aller öffentlich-rechtlichen Eingriffsgesetze, die ein Nichtbeachten ihrer Vorschriften unter Strafe stellen, als auch das »formelle« JGG, das Regelungen darüber enthält, wann ein Jugendlicher strafbar ist, wie er bestraft werden kann und welche Verfahrensweisen dabei anzuwenden sind.

2. Der Geltungsbereich des JGG

Das JGG befasst sich mit dem Jugendlichen, d. h. mit dem Täter, der zur Tatzeit das 14., aber noch nicht das 18. Lebensjahr vollendet hat, und mit dem Heranwachsenden, d. h. mit dem Täter, der zur Tatzeit das 18., aber noch nicht das 21. Lebensjahr vollendet hat (§ 1 Abs. 2 JGG).

Jugendlicher
Heranwachsender
Strafrechtliche Verantwortlichkeit

Für den Jugendlichen (aber nicht für den Heranwachsenden) verlangt es stets die Prüfung, ob er für die vorgeworfene Tat strafrechtlich verantwortlich ist. Die Voraussetzungen, wann ein Jugendlicher strafrechtlich verantwortlich ist, bestimmt das JGG so:

> § 3 JGG
> Ein Jugendlicher ist strafrechtlich verantwortlich, wenn er zur Zeit der Tat nach seiner sittlichen und geistigen Entwicklung reif genug ist, das Unrecht der Tat einzusehen und nach dieser Einsicht zu handeln.

»Einsichtsfähigkeit« und »ethische Reife«

Der Jugendliche ist also nur »bedingt strafmündig«. § 3 JGG verlangt in jedem Fall die Prüfung, ob der Jugendliche zur Tatzeit fähig war zu erkennen, dass sein Verhalten mit einem geordneten Leben in der bestehenden Gesellschaft nicht vereinbar ist und deshalb von der Rechtsordnung nicht hingenommen werden kann. Das setzt eine gewisse intellektuelle Reife (»Einsichtsfähigkeit«) und das Vorhandensein bestimmter sittlicher Wertvorstellungen (»ethische Reife«) voraus. Dazu muss die zur Vermeidung der Tat erforderliche Willensbildungsfähigkeit (d. h. die Fähigkeit, erforderliche Hemmungen aufzubauen) kommen.

> Beispiel 3
> Ein 15-jähriger Bogenschütze ist zornig auf seinen Spielkameraden, weil dieser sein Indianerzelt umgeworfen hat. Voll Wut legt er den Pfeil auf die Sehne und zielt auf dessen Wade. Der Wunsch ist hierbei, »dem anderen weh zu tun«. Seinem Alter entsprechend müsste er zu der Überlegung befähigt sein, dass diese Art der Rache nicht richtig ist,

weil sie zu schlimme Folgen haben kann, und nach dieser Überlegung zu handeln, also den Pfeil von der Sehne zu nehmen und seine Rache auf harmlosere Weise zu befriedigen.

Führt der Jugendliche trotz dieser Fähigkeit sein Vorhaben durch, so ist er dafür auch strafrechtlich verantwortlich; die Einsichtsfähigkeit macht ihn strafmündig. Hat ein Jugendlicher diese Fähigkeit nicht, so wird er einem noch nicht 14-Jährigen gleichgestellt, d. h., er wird als schuldunfähig angesehen. Zu dessen Erziehung kann der Jugendrichter dann dieselben Maßnahmen anordnen wie das Familiengericht (§ 3 Satz 2 JGG).
Der Heranwachsende ist immer strafmündig. § 3 JGG gilt für ihn nicht. Er steht bei jedem Strafverfahren vor dem Jugendgericht. Das Jugendgericht hat zu entscheiden, ob er nach allgemeinem Strafrecht oder nach Jugendstrafrecht verurteilt wird (§ 105 Abs. 1 JGG).

> §105 Abs. 1 JGG
> Begeht ein Heranwachsender eine Verfehlung, die nach den allgemeinen Vorschriften mit Strafe bedroht ist, so wendet der Richter die für einen Jugendlichen geltenden Vorschriften der §§ 4 bis 8, 9 Nr. 1, §§ 10, 11 und 13 bis 32 entsprechend an, wenn
> 1. die Gesamtwürdigung der Persönlichkeit des Täters bei Berücksichtigung auch der Umweltbedingungen ergibt, dass er zurzeit der Tat nach seiner sittlichen und geistigen Entwicklung noch einem Jugendlichen gleichstand, oder
> 2. es sich nach Art, den Umständen oder den Beweggründen der Tat um eine Jugendverfehlung handelt.

Die Fassung des § 105 JGG ist missglückt. Es gibt weder den »Jugendlichen« als »Typ«, noch ist die Anwendung des allgemeinen Strafrechts, wie § 105 JGG zu sagen scheint, die Regel. Bei § 105 Abs. 1 Nr. 1 JGG kommt es darauf an, ob die Gesamtentwicklung der Persönlichkeit des Heranwachsenden abgeschlossen ist. Im Zweifelsfall findet Jugendstrafrecht Anwendung.

Jugendverfehlung

Die 2. Alternative – »typische Jugendverfehlung« – macht die oft schwierige Persönlichkeitsanalyse des Täters unnötig, wenn die Tat schon nach ihrem gesamten Erscheinungsbild charakteristisch für junge Menschen ist (Beispiele dafür: Flegeleien, Laubübereien, Trotzhandlungen, aber auch Delikte, die sich aus der Entwicklung ergeben, ohne dass sie in der Persönlichkeit verankert sind, wie Gelegenheitsdiebstähle, Kurzschlusshandlungen o. a.).

Teilzusammenfassung

Das Jugendgerichtsgesetz (JGG) gilt für die 14- bis 18-Jährigen, die strafmündig sind, d. h. aufgrund ihrer geistigen und sittlichen Entwicklung das Unrecht einer Tat erkennen können und in der Lage sind, nach dieser Einsicht zu handeln. Der Gesetzgeber geht davon aus, im Normalfall sei diese Einsichts- und Steuerungsfähigkeit mit 14 Jahren gegeben. Wird festgestellt, dass sie im Einzelfall nicht vorhanden ist, so kann das JGG auf den betreffenden Jugendlichen nicht angewendet werden. Die 18- bis 20-jährigen Angeklagten stehen immer vor dem Jugendgericht, auch wenn sie mit über 21-Jährigen angeklagt sind (außer bei ganz wenigen Delikten). Das Jugendgericht hat dann zu entscheiden, ob allgemeines oder Jugendstrafrecht anzuwenden ist.

3. Verfahren nach dem JGG

Hat unser 15-jähriger Bub (Beispiel 3) in seiner Wut trotz besserer Einsicht den Pfeil von der Sehne geschossen und die anvisierte Wade getroffen, so wird er in die »Mühlen der Justiz« geraten.

Das Übersichtsschema auf der nächsten Seite zeigt den Ablauf eines solchen Verfahrens.

Verfahren nach dem JGG

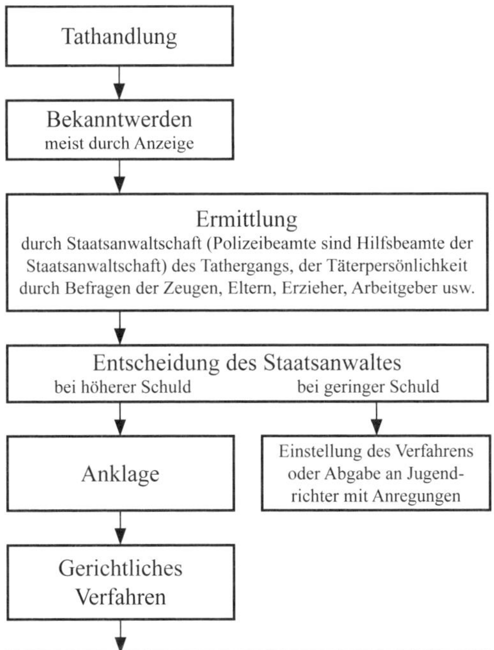

Voraussetzung	Verfahrensart	Folge
Täter mangels Reife nicht verantwortlich bereits erzieherische Maßnahmen getroffen oder Täter bemüht sich um Ausgleich mit dem Verletzten	Staatsanwalt führt das Verfahren ohne Einschaltung des Jugendrichters	eventuell Hilfen nach dem SGB VIII (vormals KJHG)
Jugendlicher ist geständig Jugendrichter ermahnt den Jugendlichen, erteilt Weisungen (nur Arbeitsleistung, Täter-Opfer-Ausgleich, Verkehrsunterricht), Auflagen	Staatsanwalt regt formloses Verfahren beim Jugendrichter an (§ 45 JGG)	nach Erledigung der jugendrichterlichen Anordnungen, Einstellung des Verfahrens durch Staatsanwalt
Antrag des Staatsanwalts auf vereinfachtes Verfahren (§ 76 JGG), wenn keine größere Beweisaufnahme und nur Weisungen (ohne Heimunterbringung), Erziehungsbeistandschaft, Zuchtmittel, Fahrverbot, Entziehung der Fahrerlaubnis mit Sperrfrist bis zu 2 Jahren, Verfall, Entziehung zu erwarten	Hauptverhandlung in der Regel ohne Staatsanwalt	Vollstreckung der vom Jugendrichter angeordneten Maßnahmen (kein Eintrag in polizeiliche Führungszeugnis)
wegen Art der Rechtsverletzung muß mit Weisungen oder Auflagen oder mit Jugnedstrafe zu rechnen sein	reguläre Hauptverhandlung	Vollstreckung des Urteils – bei Jugendstrafe bis zu 2 Jahren grundsätzlich mit Strafaussetzung zur Bewährung

4. Das JGG als Erziehungsgesetz

Bisher haben wir darüber gesprochen, wann ein Jugendlicher für eine strafbare Handlung einzustehen hat und durch welche Verfahren er zur Rechenschaft gezogen wird. Wir wollen jetzt untersuchen, inwieweit das JGG auch als ein Erziehungsgesetz zu verstehen ist.

Schutzgesetz, da Erziehungsgesetz

Die Maßnahmen, die es vorschreibt, zielen darauf, den jugendlichen Straftäter davor zu bewahren, dass er erneut eine Straftat begeht. Er soll davor geschützt werden, sich selbst und anderen durch nicht gesellschaftskonformes Verhalten zu schaden. Um dieses Ziel zu erreichen, sind die Rechtsfolgen der Straftat und das Strafverfahren vorrangig am Erziehungsgedanken auszurichten (§ 2 Abs. 1 JGG). Ähnlich wie das Vertrautmachen mit Gefahren den Gefahren entgegenwirken soll, dient das Vertrautmachen mit den Spielregeln der Gesellschaft dem Schutz vor Strafsanktionen dieser Gesellschaft.

Erziehungsstrafe

Der Straftat eines Jugendlichen begegnet die Gesellschaft bis zu einer gewissen Grenze noch mit Nachsicht. Sie verlangt aber, dass der jugendliche Täter durch geeignete Maßnahmen auf den »rechten Weg« geführt wird. Die Grenze der Nachsicht liegt bei schwersten kriminellen Handlungen wie Mord, Totschlag, schwerem Raub und bei Serientaten, wiederholtem Rückfall. Bei solchen Delikten ist Jugendstrafe, die dem Täter das Ausmaß seines Versagens und dessen Konsequenzen klarmachen soll, die Regel.

Das Hinführen auf den »rechten Weg« soll das JGG durch eine Reihe von Besonderheiten gegenüber dem normalen Strafprozess erreichen. Solche Besonderheiten sind:

- die Abstufung der Verfahrensarten,
- die Jugendgerichtshilfe,
- die Abstufung der anzuordnenden Maßnahmen,
- die Nichtöffentlichkeit des Verfahrens.

Die Abstufung der Verfahrensarten

Erziehung durch das Verfahren selbst

Bei geringeren Vergehen hat der Jugendrichter die Möglichkeit, die Verhandlung frei und nach seinem Gutdünken zu gestalten. Dadurch kann er unter Umständen besser auf den Jugendlichen einwirken, sodass die Verhandlung selbst schon eine Erziehungsmaßnahme ist. Lediglich beim regulären Verfahren ist der äußere Ablauf einem Strafverfahren nach der Strafprozessordnung ähnlich.

In der Jugendarbeit erfahrene Personen

Jugendgerichtshilfe und Verteidigung

Die Jugendämter wirken in Zusammenarbeit mit anerkannten Trägern der freien Jugendhilfe an den Jugendgerichtsverfahren mit; d. h., dem Gericht stehen während des gesamten Verfahrens Personen zur Seite, die in der Jugendarbeit erfahren und deswegen geeignet sind, Jugendgerichtshilfe zu leisten.

> § 38 Abs. 2 S. 1 und 2 JGG
> Die Vertreter der Jugendgerichtshilfe bringen die erzieherischen, sozialen und fürsorgerischen Gesichtspunkte im Verfahren vor den Jugendgerichten zur Geltung. Sie unterstützen zu diesem Zweck die beteiligten Behörden durch Erforschung der Persönlichkeit, der Entwicklung und der Umwelt des Beschuldigten und äußern sich zu den Maßnahmen, die zu ergreifen sind.

Die Jugendgerichtshilfe beginnt bereits beim Vorverfahren, wenn gegen den Jugendlichen ermittelt wird (§ 43 JGG). Sie bringt »die erzieherischen, sozialen und fürsorgerischen Belange« zur Geltung und äußert sich in der Hauptverhandlung umfassend zur Biografie und zur Persönlichkeit des Angeklagten (§ 38 JGG). Sie muss beim Jugendlichen zur Schuldfähigkeit und beim Heranwachsenden zur Anwendung des allgemeinen oder des Jugendstrafrechts Stellung nehmen und stets einen Vorschlag zur Ahndung machen. Der Jugendgerichtshilfe soll der Erlass eines Haftbefehls mitgeteilt werden. Sie ist zu unterrichten, wenn der Jugendliche nach seiner Festnahme dem Jugendrichter vorgeführt wird, ebenso wenn der Haftbefehl vollstreckt wird. Sie ist vor jeder Erteilung einer Weisung zu hören. Die Jugendgerichtshilfe steht aber weder im Dienste der Verteidigung des Jugendlichen noch im Dienste der Anklage. Sie soll dafür Gewähr bieten, dass die Erziehungsfunktion des JGG beachtet wird.

Bericht über Jugendlichen

Mitwirkung im Verfahren

Die gesetzlichen Vertreter und die Erziehungsberechtigten haben das gleiche Recht auf Anwesenheit, Anhörung und Antragstellung wie der Angeklagte. Sie sind zur Hauptverhandlung zu laden und können zum Erscheinen gezwungen werden wie ein Zeuge (§ 50 JGG). Sie können als Beistand bestellt werden, wenn nicht ein Fall der notwendigen Verteidigung vorliegt (weil dann ein Rechtsanwalt als Verteidiger bestellt werden muss). Akteneinsicht, die dem Verteidiger immer zusteht, haben sie nur, wenn sie der Vorsitzende gestattet. Sie haben wie der Angeklagte »das letzte Wort«.

Erziehungsberechtigte im Prozess

Stellung des Erziehers

In diesem Zusammenhang stellt sich die Frage, inwieweit der Erzieher, dem ein straffälliger Jugendlicher anvertraut ist, zur Auskunftserteilung und zur Zusammenarbeit mit der Jugendgerichtshilfe herangezogen werden kann. Grundsätzlich ist davon auszugehen, dass der Erzieher dem Jugendlichen aufgrund seiner Aufgabe in einer Weise gegenübersteht, die eine Übertragung der Aufgaben der Jugendgerichtshilfe auf ihn problematisch machen kann. Dies gilt auch für Teilbereiche, wie z. B. die Erstellung eines Berichts zum Entwicklungsstand des Jugendlichen. Die Jugendgerichtshilfe hat die Aufgabe, das Jugendgericht objektiv über den Jugendlichen in Bezug auf eine ihm angelastete Verfehlung aufzuklären. Würde der Erzieher diese Aufgabe übernehmen, käme er bei der Erfüllung seiner Erziehungsaufgabe und der übertragenen Aufklärungsarbeit notwendigerweise in einen unlösbaren Interessenkonflikt. Entweder würde er durch einen objektiven Bericht die Vertrauensgrundlage zu dem Jugendlichen zerstören, oder er würde dem Gericht einen nicht objektiven Bericht geben, der die Urteilsfindung erheblich beeinträchtigen kann. Aus diesen Überlegungen ergibt sich die Stellung des Erziehers. Er kann als Angehöriger des Jugendamtes oder eines entsprechenden Verbandes grundsätzlich als Jugendgerichtshelfer auftreten und auch als Bewährungshelfer bestellt werden, soll aber überlegen, ob er damit nicht mit seiner Stellung als Erzieher in Konflikt kommt. Er muss im Rahmen der allgemeinen Mitwirkungspflicht bei

Keine Doppelfunktion

Interessenkonflikt

der Aufklärung von Straftaten den ermittelnden Behörden Auskunft geben. Diese Auskünfte dürfen zwar nicht wissentlich falsch sein, dürfen aber, soweit es sich um Beurteilungen und Mutmaßungen handelt, subjektiv gefärbt sein. Diese Auskunftspflicht wird durch den Grundsatz der Amtshilfe nach Art. 31 Abs. 1 GG verstärkt, wenn der Erzieher bei einer Einrichtung einer Behörde beschäftigt ist. Zu beachten ist, dass der Erzieher im Gegensatz zu den Eltern und Geschwistern des angeklagten Jugendlichen kein Zeugnis- und Aussageverweigerungsrecht gegenüber den Ermittlungsbehörden hat. Sollte er von der Tat selbst, z. B. durch eine »Beichte« des Jugendlichen, Kenntnis erlangt haben, so müsste er, sofern erforderlich, über dieses Geständnis vor Gericht auch unter Eid aussagen. Bei der Polizei braucht niemand als Beschuldigter oder Zeuge auszusagen.

Auskunftspflicht

Kein Zeugnisverweigerungsrecht

Unter Berücksichtigung dieser Abgrenzungen sollte aber der Erzieher bemüht sein, mit der Jugendgerichtshilfe zusammenzuarbeiten, um durch gleichgerichtete Bemühungen den erstrebten Erfolg der Resozialisierung erreichen zu können.
Ist der Jugendliche im Rahmen der Hilfe zur Erziehung in einem Heim oder einer vergleichbaren Einrichtung untergebracht, so ist dem Leiter des Heimes bzw. der Einrichtung die Anwesenheit in der Hauptverhandlung gestattet.

Abstufung der anzuordnenden Maßnahmen

Auch die Art der Maßnahmen, die dem Gericht zur Verfügung stehen, zeigt, dass das JGG in erster Linie ein Erziehungsgesetz ist. Der Richter hat drei Arten von Maßnahmen zur Auswahl. Eine Übersicht darüber soll die folgende Tabelle geben.
Die Auswahl der Maßnahme richtet sich nicht in erster Linie nach der Schwere er Verfehlung, sondern nach der Einsicht des Jugendlichen und der Wirkung, die die betreffende Maßnahme für seine Erziehung voraussichtlich haben wird.

Voraussichtlicher Erfolg

Maßnahmen nach dem JGG

Erziehungsmaßregeln § 9 ff.	Erteilung von Weisungen Anordnung, Hilfe zur Erziehung in Form der Erziehungsbeistandschaft oder in einer Einrichtung über Tag und Nacht oder in sonstiger betreuter Wohnform in Anspruch zu nehmen	z. B. ein Ausbildungsverhältnis oder versicherungspflichtiges Arbeitsverhältnis einzugehen Verkehrsunterricht
Zuchtmittel § 13 ff.	Verwarnung Erteilung von Auflagen Jugendarrest	z. B. Schadenswiedergutmachung, Zahlung eines Geldbetrages an eine gemeinnützige Einrichtung Freizeitarrest (höchstens 2 Freizeiten), Kurzarrest (wenn zusammenhängender Arrest sinnvoller – höchstens 4 Tage), Dauerarrest (mindestens 1 Woche, höchstens 4 Wochen)
Jugendstrafe § 17 ff.	Freiheitsentzug Aussetzung der Strafe zur Bewährung	mindestens 6 Monate, höchstens 5 Jahre (bei besonders schweren Verbrechen bis zu 10 Jahren) Bewährungszeit mindestens 2 Jahre, höchstens 3 Jahre

§ 5 JGG
(1) Aus Anlass der Straftat eines Jugendlichen können Erziehungsmaßregeln angeordnet werden.
(2) Die Straftat eines Jugendlichen wird mit Zuchtmitteln oder mit Jugendstrafe geahndet, wenn Erziehungsmaßregeln nicht ausreichen.
(3)...

Dies heißt, eine schwerwiegendere Maßnahme kann erst angeordnet werden, falls eine leichtere keinen Erfolg verspricht. Dies gilt nur dann nicht, wenn wegen der Schwere der Schuld Jugendstrafe erforderlich ist.

Bewährung

Dem Erziehungscharakter des JGG entspricht es auch, dass eine Jugendstrafe bis zu 1 bis 2 Jahren zur Bewährung ausgesetzt werden kann. Die Zuordnung eines Bewährungshelfers und die Aufstellung eines Bewährungsplanes sollen dem Jugendlichen helfen, sich wieder in die Gesellschaftsordnung einzufügen (§ 21 JGG). Dem Jugendlichen soll also jede Möglichkeit geboten werden, sich trotz seines Verbleibens in der vertrauten Umgebung mit Unterstützung des Bewährungshelfers zu einer selbstverantwortlichen, strafrechtlich unauffälligen Persönlichkeit zu entwickeln.

Nichtöffentlichkeit der Verhandlung

Die Öffentlichkeit von Strafprozessen ist ein elementarer Grundsatz der Strafprozessordnung. Ein Verstoß dagegen ist allein schon ein ausreichender Grund, ein Urteil aufzuheben.

Übergeordneter Gesichtspunkt Persönlichkeitsschutz

Im Verfahren gegen Jugendliche weicht man jedoch von diesem Grundsatz ab, um den höherrangigen Zielen des Persönlichkeitsschutzes gerecht zu werden; d. h., Verhandlungen vor Jugendgerichten, einschließlich der Verkündung von Entscheidungen, sind nicht öffentlich (§ 48 JGG). Dieser Vorschrift liegt die Befürchtung zugrunde, eine öffentliche Verhandlung könnte das Ziel, erzieherisch auf den Jugendlichen einzuwirken, infrage stellen. Sie soll auch verhindern, dass der Jugendliche durch das Interesse von Zuschauern eine schädliche »negative Publizität« erfährt, die ihn auf seine Straftat vielleicht noch stolz macht. Unter solchen Umständen könnten die angestrebten Erziehungsziele nicht verwirklicht werden. Die Verhandlung gegen Heranwachsende ist grundsätzlich öffentlich. Die Öffentlichkeit kann aber für das ganze Verfahren in seinem Interesse ausgeschlossen werden (§ 109 JGG).

Zusammenfassung

Das JGG ist nicht als Strafgesetz, sondern als Erziehungsgesetz ausgelegt. Die Schwere der Tat, die Einsichtsfähigkeit des Jugendlichen und sein Reifegrad entscheiden über die Art des Verfahrens. Dem Jugendrichter stehen formlose Verfahren, das vereinfachte Jugendverfahren und das reguläre Verfahren zur Verfügung. Insbesondere bei den letzten beiden Verfahrensarten ist die Mitwirkung der Jugendgerichtshilfe erforderlich. Diese Hilfe wird vom Jugendamt oder von anerkannten Trägern der freien Jugendhilfe übernommen. Die Jugendgerichtshilfe wirkt bei jedem Verfahrensabschnitt mit. Zur Vorbereitung des Verfahrens verfertigt sie einen Bericht über die Biografie des Angeklagten, seine Persönlichkeitsentwicklung, Ausbildungs- und Berufssituation, soziales Umfeld. In der Hauptverhandlung vertritt sie – ohne Partei zu sein – die erzieherischen Belange und macht einen Vorschlag zur Ahndung. Am Vollzug der Entscheidung ist die Jugendgerichtshilfe insoweit beteiligt, als sie angeordnete Weisungen überwacht, mit dem zugeteilten Bewährungshelfer zusammenarbeitet und die Resozialisierung des Jugendlichen vorbereitet.

Der Erzieher ist im Ermittlungsverfahren und in der Hauptverhandlung zur Auskunft verpflichtet. Ein Aussageverweigerungsrecht über die Tat oder über belastende Beobachtungen steht ihm nicht zu. Die Auskunftsverpflichtung ergibt sich allgemein aus dem JGG und aus dem Institut der Amtshilfe. Dies heißt jedoch nicht, dass der Erzieher selbst ganz oder teilweise die Arbeit der Jugendgerichtshilfe übernehmen soll.

Die gesetzlichen Vertreter und Erziehungsberechtigten sind zur Hauptverhandlung zu laden. Sie sind als Interessenvertreter am Verfahren beteiligt. Alle Entscheidungen sind ihnen bekannt zu machen. Im Verfahren können sie Anträge stellen und können entweder einen Verteidiger bestellen oder sich selbst als Beistand bestellen lassen. Akteneinsicht haben sie nur, wenn der Vorsitzende des Jugendgerichts sie genehmigt. Verhandlungen vor dem Jugendgericht, einschließlich der Verkündung von Entscheidungen, sind außer bei Heranwachsenden nicht öffentlich.

Das Jugendgericht kann Erziehungsmaßregeln (Weisungen, Erziehungsbeistandschaft, Erziehung in einem Heim oder in einer sonstigen betreuten Wohnform), Zuchtmittel (Verwarnung, Auferlegung besonderer Pflichten, Jugendarrest) und Jugendstrafe verhängen.

Der Vollzug der Jugendstrafe kann zur Bewährung ausgesetzt werden. In einem Bewährungsplan setzt der Richter bestimmte Weisungen fest und teilt dem Jugendlichen einen Bewährungshelfer für die gesamte Bewährungszeit oder einen Teil davon zu. Der Bewährungshelfer steht dem Probanden helfend und betreuend zur Seite. Er überwacht seine Lebensführung und die Erfüllung der erteilten richterlichen Weisungen. Grobe Verstöße und Zuwiderhandlungen sind dem Richter zu melden.

Kapitel 15

Erzieher(innen) als Arbeitnehmer(innen)

Die Erzieherin übt ihren Beruf in der Regel im Angestelltenverhältnis aus. Weil sie als Arbeitnehmerin meistens wirtschaftlich schwächer ist als der Arbeitgeber, gibt es Gesetze, die sie gegenüber dem Anstellungsträger schützen. Mit solchen Gesetzen und anderen Rechtsnormen, die das Anstellungsverhältnis mit seinen Rechten und Pflichten regeln, wollen wir uns im letzten Kapitel befassen.

Sonderrecht der Arbeitnehmer

Unter Arbeitsrecht verstehen wir das Sonderrecht der Personen, die in abhängiger Arbeit beschäftigt sind. Mit abhängiger Arbeit ist eine Arbeitsleistung gemeint, die jemand für einen anderen erbringt, zu dem er in einem persönlichen Abhängigkeitsverhältnis steht.
Wir wollen nun klären, was ein Arbeitsverhältnis ist, wie es zustande kommt, welche Rechte und Pflichten sich daraus ergeben und wie es endet.

1. Begriff des Arbeitsverhältnisses

Rechtsverhältnis zwischen Arbeitgeber und Arbeitnehmer

Definition 1

- Unter Arbeitsverhältnis verstehen wir ein Rechtsverhältnis (also Rechtsbeziehungen) zwischen einem Arbeitgeber und einem Arbeitnehmer, das durch einen Arbeitsvertrag begründet wird.

Arbeitgeber

Arbeitgeber ist jeder, der einen anderen in einem Arbeitsverhältnis als Arbeitnehmer beschäftigt. Arbeitgeber können Privatpersonen oder juristische Personen sein (Gemeinden, Städte, Kirchengemeinden, Kirchenstiftungen und eingetragene Vereine).

Arbeitnehmer

Arbeitnehmer ist, wer aufgrund eines privatrechtlichen Vertrages zur Leistung von Diensten verpflichtet ist, in die Arbeitsorganisation des Arbeitgebers eingegliedert und dabei weisungsgebunden ist.

Keine Arbeitnehmer sind daher Vereinsmitglieder, Vorstandsmitglieder eines Vereins und Personen, die aus ideellen Beweggründen (z. B. Ordensangehörige, Diakonissen) abhängige Arbeit leisten. Für sie gelten die arbeitsrechtlichen Bestimmungen nicht. Bei Ordensangehörigen schließen die Mutterhäuser sog. Gestellungsverträge mit den Arbeitgebern.

Sind Praktikanten auch Arbeitnehmer?

Definition 2

- Praktikanten sind Personen, die berufliche Kenntnisse, Fertigkeiten und Erfahrungen in einem Betrieb oder einer Einrichtung erwerben sollen, weil sie diese im Rahmen ihrer Gesamtausbildung nachweisen müssen.

Vor- und Berufspraktikanten sind Arbeitnehmer

Mit den Praktikanten des Vor- und Berufspraktikums im Rahmen der Ausbildung zum staatlich anerkannten Erzieher werden besondere Ausbildungsverträge vereinbart, die sich von normalen Arbeitsverträgen vor allem dadurch unterscheiden, dass bei ihnen der Ausbildungszweck im Vordergrund steht. Auch auf sie werden die für ein Arbeitsverhältnis geltenden Vorschriften angewandt, soweit das Berufsbildungsgesetz, das gemäß § 19 für solche Ausbildungsverträge gilt, der Ausbildungsvertrag und ministerielle Ausbildungsrichtlinien nichts anderes vorsehen. Die ministeriellen Ausbildungsrichtlinien gelten für das Arbeitsverhältnis nur, wenn beide Vertragspartner (der Praktikant und der Arbeitgeber) darüber einig sind, dass sie Inhalt des Arbeitsverhältnisses sein sollen. Diese Praktikanten haben auch einen Anspruch auf eine angemessene Vergütung.

Schulpraktikanten sind keine Arbeitnehmer

Andere Praktikanten, deren Praktikum Bestandteil einer Schul- oder Hochschulausbildung ist (z. B. das Praktikum der Schüler bzw. Studenten von Fachschulen, Berufsfachschulen, Fachoberschulen, Fachakademien, Fachhochschulen und anderen Hochschulen), sind keine Arbeitnehmer. Sie sind nicht in die Arbeitsorganisation des Arbeitgebers eingegliedert. Für sie gilt das Berufsbildungsgesetz nicht. Sie haben auch keinen Anspruch auf Vergütung. Für Berufspraktikanten im öffentlichen Dienst (vor allem bei Gemeinden oder Städten) gilt außerdem der Tarifvertrag über die Regelung der Arbeitsbedingungen der Praktikanten.

2. Entstehung eines Arbeitsverhältnisses

Arbeitsvertrag

Ein Arbeitsverhältnis wird durch einen Arbeitsvertrag begründet. Der Arbeitsvertrag ist eine besondere Art des in den §§ 611–630 BGB geregelten Dienstvertrages. Er wird zwischen dem Arbeitgeber (Dienstberechtigten) und dem Arbeitnehmer (Dienstverpflichteten) geschlossen. Als Hauptpflichten stehen sich die Pflicht des Arbeitnehmers zur Arbeitsleistung und die Pflicht des Arbeitgebers zur Zahlung einer Vergütung gegenüber.

Bewerbung und Vorstellung

Arbeitsvermittlung durch die Arbeitsagentur

Wenn ein Erzieher einen Arbeitsplatz sucht, wird er sich für Stellenangebote in Tageszeitungen, Zeitschriften oder im Internet interessieren. Er kann sich auch um eine Stellenvermittlung durch die Arbeitsagentur bemühen. Bevor Arbeitgeber und Arbeitnehmer den Arbeitsvertrag abschließen, führen sie meistens ein Einstellungsgespräch, bei dem der Bewerber Näheres über die Arbeitsstelle und ihre Anforderungen erfährt. Der Arbeitgeber erkundigt sich dabei nach den persönlichen Verhältnissen des Bewerbers.

Welche Fragen darf der Arbeitgeber dem Bewerber stellen?

Der Arbeitgeber darf nur solche Fragen stellen, die mit der Arbeitsstelle oder der zu leistenden Arbeit im Zusammenhang stehen. Andere Fragen brauchen nicht wahrheitsgemäß beantwortet zu werden.

Beispiel 1

Der Bewerber muss Fragen nach der beruflichen Qualifikation – insbesondere nach Zeugnisnoten – wahrheitsgemäß beantworten;
auch Fragen nach früheren Arbeitsverhältnissen. Die Frage nach der Gewerkschaftszuge-

hörigkeit ist grundsätzlich unzulässig. Sie ist nur berechtigt, wenn der Arbeitgeber gleichzeitig mitteilt, dass er Mitglied eines bestimmten Arbeitgeberverbandes ist und die Angaben zur Prüfung der Tarifbindung benötigt.
Ob der Bewerber oder die Bewerberin bald heiraten will, darf nicht gefragt werden, auch nicht, ob die Bewerberin schwanger ist. Der Bewerber braucht frühere Krankheiten nicht zu offenbaren. Auf Frage muss er jedoch seinen Gesundheitszustand im Hinblick auf seine Einsatzbereitschaft angeben.
Die Frage nach den Vermögensverhältnissen ist beim pädagogischen Fach- und Hilfspersonal unzulässig. Nach Vorstrafen muss sogar gefragt werden, wenn der Bewerber Aufgaben der Kinder- und Jugendhilfe wahrnehmen soll (§ 72 a SGB VIII). Ein Erzieher darf z. B. danach gefragt werden, ob er wegen Aufsichtspflichtverletzung oder eines Sexualdelikts vorbestraft ist. Im Allgemeinen kann der Bewerber sich als unbestraft bezeichnen, wenn die Strafe nicht im Strafregister eingetragen ist oder wegen Fristablaufs nicht mehr in das Führungszeugnis aufgenommen werden darf. Nach der Religions- und Parteizugehörigkeit darf grundsätzlich nicht gefragt werden, nach der Religionszugehörigkeit jedoch schon, wenn der Bewerber bei einem kirchlichen, caritativen oder diakonischen Träger angestellt werden will.

Die Vorstellungskosten trägt der Arbeitgeber

Unabhängig davon, ob es zum Abschluss eines Arbeitsvertrages kommt, kann der Bewerber vom Arbeitgeber die ihm entstandenen notwendigen Auslagen (Fahrt-, Übernachtungs- und Verpflegungskosten) ersetzt verlangen, nicht aber die Abgeltung für einen Urlaubstag. Voraussetzung für diesen Anspruch ist, dass der Arbeitgeber den Bewerber aufgefordert hat, sich bei ihm vorzustellen. Will der Arbeitgeber die Auslagen nicht erstatten, muss er das dem Bewerber vor Antritt der Reise rechtzeitig und ausdrücklich mitteilen.

Vertragsabschluss durch Minderjährige

Minderjährige brauchen zum Abschluss eines Arbeits- oder Ausbildungsvertrages die Zustimmung ihrer gesetzlichen Vertreter (Einzelheiten dazu siehe Kapitel 5, Abschnitte 5 bis 7).

Form des Arbeitsvertrages

Nachweisgesetz schreibt Schriftform vor

Grundsätzlich bedarf der Arbeitsvertrag nach dem Gesetz über den Nachweis der für ein Arbeitsverhältnis geltenden wesentlichen Bedingungen (Nachweisgesetz – NachwG) der Schriftform, wenn der Arbeitnehmer nicht nur zu vorübergehender Aushilfe von höchstens einem Monat eingestellt wird.
Nach § 2 dieses Gesetzes hat der Arbeitgeber spätestens einen Monat nach dem vereinbarten Beginn des Arbeitsverhältnisses die wesentlichen Vertragsbedingungen schriftlich niederzulegen, die Niederschrift zu unterzeichnen und dem Arbeitnehmer auszuhändigen. In die Niederschrift sind mindestens aufzunehmen:

Mindestinhalte

1. der Name und die Anschrift der Vertragsparteien,
2. der Zeitpunkt des Beginns des Arbeitsverhältnisses,
3. bei befristeten Arbeitsverhältnissen: die vorhersehbare Dauer des Arbeitsverhältnisses,
4. der Arbeitsort oder, falls der Arbeitnehmer nicht nur an einem bestimmten Arbeitsort tätig sein soll, ein Hinweis darauf, dass der Arbeitnehmer an verschiedenen Orten beschäftigt werden kann,

5. eine kurze Charakterisierung oder Beschreibung der vom Arbeitnehmer zu leistenden Tätigkeit,
6. die Zusammensetzung und die Höhe des Arbeitsentgelts einschließlich der Zuschläge, der Zulagen, Prämien und Sonderzahlungen sowie anderer Bestandteile des Arbeitsentgelts und deren Fälligkeit,
7. die vereinbarte Arbeitszeit,
8. die Dauer des jährlichen Erholungsurlaubs,
9. die Fristen für die Kündigung des Arbeitsverhältnisses,
10. ein in allgemeiner Form gehaltener Hinweis auf die Tarifverträge, Betriebs- oder Dienstvereinbarungen, die auf das Arbeitsverhältnis anzuwenden sind.

Die Angaben nach Nr. 6 bis 9 können ersetzt werden durch einen Hinweis auf die einschlägigen Tarifverträge, Betriebs- oder Dienstvereinbarungen und ähnlichen Regelungen, die für das Arbeitsverhältnis gelten. Ist in den Fällen der Nr. 8 und 9 die jeweilige gesetzliche Regelung maßgebend, so kann hierauf verwiesen werden.

Wenn die Schriftform nicht eingehalten wird, ist der Arbeitsvertrag ungültig (§ 125 Satz 1 BGB). In diesem Falle läge ein sogenanntes faktisches Arbeitsverhältnis vor. Während der Dauer des faktischen Arbeitsverhältnisses richten sich nach h. A. die Rechte und Pflichten von Arbeitgeber und Arbeitnehmer grundsätzlich nach den Vorschriften, die für ein wirksames Arbeitsverhältnis gelten. Der Arbeitnehmer hat Anspruch auf eine angemessene oder übliche Vergütung. Statt einer Kündigung genügt eine form- und fristlose Beendigungserklärung.

Das Prinzip der Vertragsfreiheit

Freie Vereinbarung der Arbeitsbedingungen

Für den Arbeitsvertrag gilt grundsätzlich das Prinzip der Vertragsfreiheit, d. h., die Vertragsparteien können die Arbeitsbedingungen (Umfang und Inhalt der Rechte und Pflichten des Arbeitnehmers) frei vereinbaren. Diese Vertragsfreiheit ist jedoch zum Schutz des Arbeitnehmers, der in der Regel die schwächere Partei ist, durch zwingende gesetzliche und tarifvertragliche Regelungen in mannigfacher Hinsicht eingechränkt.

3. Rechtliche Grundlagen des Arbeitsverhältnisses

Wesentliche Rechtsgrundlagen

a) Der Arbeitsvertrag

- Für die wesentlichen Rechte und Pflichten zwischen Arbeitnehmer und Arbeitgeber (Vergütung, Arbeitszeit, Urlaub) ist der Arbeitsvertrag maßgeblich, wenn nicht zwingende gesetzliche Regelungen oder ein Tarifvertrag etwas anderes vorschreiben.

b) Zwingende gesetzliche Regelungen

Den arbeitsvertraglichen Bestimmungen gehen zwingende gesetzliche oder tarifvertragliche Regelungen vor. Wenn nach dem Wortlaut oder Sinn eines Gesetzes bestimmte Arbeitsbedingungen nicht zuungunsten des Arbeitnehmers geändert werden dürfen, können Arbeitgeber und Arbeitnehmer keine Vereinbarung (vertragliche Abmachung) treffen, die den Arbeitnehmer schlechter stellt, als das Gesetz es vorsieht.

Vereinbaren sie dennoch eine solche Arbeitsbedingung, hat der Arbeitnehmer gleichwohl Anspruch auf die Arbeitsbedingung, die im Gesetz festgelegt ist.

Beispiel 2

Arbeitnehmerschutz

Solche gesetzlichen Regelungen finden sich insbesondere zum Schutz des Arbeitnehmers

- im Grundgesetz (GG). Nichtig wäre nach Art. 9 Abs. 3 S. 2 GG eine Vertragsbestimmung, nach der das Arbeitsverhältnis bei Eintritt des Arbeitnehmers in eine Gewerkschaft endet. Dieser Grundrechtsartikel schützt die Koalitionsfreiheit des einzelnen. Aus dem Grundrecht der freien Berufswahl (Art. 12 GG) leitet die Rechtsprechung ab, dass der Arbeitgeber bei der Gewährung von Zuwendungen (z. B. Weihnachtsgratifikation, Erstattung von Umzugskosten) sich die Rückzahlung dieser Zuwendung für den Fall des Ausscheidens des Arbeitnehmers aus dem Arbeitsverhältnis nur für einen bestimmten Zeitraum vorbehalten darf.

Weitere Schutzbestimmungen kennen:

- Das Allgemeine Gleichbehandlungsgesetz (AGG). Dieses Gesetz verbietet Benachteiligungen aus Gründen der Rasse oder wegen der ethnischen Herkunft, des Geschlechts, der Religion oder Weltanschauung, einer Behinderung, des Alters oder der sexuellen Identität.
- Das Entgeltfortzahlungsgesetz. Es regelt die Lohn- und Gehaltsfortzahlung im Krankheitsfall bis zu 6 Wochen, sofern nicht Arbeitsvertrag oder Tarifvertrag längere Fristen vorsehen.
- Das Arbeitszeitgesetz (ArbZG). Hier ist u. a. festgelegt, welche Arbeitszeit ein Arbeitnehmer an einem Werktag höchstens leisten darf und welche Ruhepausen während der Arbeitszeit mindestens eingehalten werden müssen.
- Das Bundesurlaubsgesetz (BUrlG). Es schreibt für alle Arbeitnehmer einen bezahlten Mindesterholungsurlaub von 24 Werktagen vor, der nur dann in Geld abgegolten werden darf, wenn das Arbeitsverhältnis endet, bevor der Urlaub angetreten werden kann.
- Das Mutterschutzgesetz (MuSchG) mit seinen Beschäftigungsverboten bei Lohnfortzahlung, dem Beschäftigungsverbot für die Zeit von sechs Wochen vor bis acht Wochen nach der Entbindung, bei Mehrlings- und Frühgeburten bis zwölf Wochen, mit dem Verbot von Mehrarbeit und dem Kündigungsverbot für den Arbeitgeber während der Schwangerschaft bis zum Ablauf von vier Monaten nach der Entbindung und während des Erziehungsurlaubs.
- Das Jugendarbeitsschutzgesetz (JArbSchG), das auch für Praktikantenverhältnisse gilt, mit seinen begrenzten täglichen Arbeitszeiten, seinem verlängerten Urlaub, den Beschäftigungsverboten und -beschränkungen und den Vorschriften über die gesundheitliche Betreuung (siehe Kapitel 13).
- Das Kündigungsschutzgesetz (KSchG) mit seinem Schutz vor einer sozial ungerechtfertigten Kündigung; das ist dann der Fall, wenn die Kündigung nicht durch Gründe, die in der Person oder dem Verhalten des Arbeitnehmers liegen, oder durch dringende betriebliche Erfordernisse bedingt ist.

c) Der Tarifvertrag

Definition 3

Tarifverträge sind privatrechtliche Verträge zwischen tariffähigen Parteien (Gewerkschaften, einzelnen Arbeitgebern oder Vereinigungen von Arbeitgebern).

Die Tarifvertragsparteien können im Tarifvertrag vor allem Rechtsnormen über den Abschluss (z. B. Schriftform), Inhalt (z. B. Arbeitsentgelt, Urlaub usw.) und Beendigung von Arbeitsverhältnissen (Kündigung) schaffen.

Regelt zwingend das Arbeitsverhältnis

- Sie regeln unmittelbar und zwingend die einzelnen Arbeitsverhältnisses zwischen den Mitgliedern der Tarifvertragsparteien, d. h., sie gelten für das einzelne Arbeitsverhältnis, ohne dass dies im Arbeitsvertrag gesagt sein muss, und sie können nicht zum Nachteil des Arbeitnehmers im Arbeitsvertrag ausgeschlossen werden, wenn nicht der Tarifvertrag abweichende Abmachungen ausdrücklich zulässt.

Wenn Vertragsparteien tarifgebunden sind

- Die Rechtsnormen des Tarifvertrages gelten für das Arbeitsverhältnis aber nur dann zwingend, wenn die Parteien des Arbeitsvertrags tarifgebunden, also Mitglieder von Tarifvertragsparteien sind. Der Arbeitgeber muss also zu dem betreffenden Arbeitgeberverband, der Arbeitnehmer zu der betreffenden Gewerkschaft gehören.

Kommunale Kindertageseinrichtungen stellen nach dem TVöD an

Tarifvertragsparteien

Im sozialpädagogischen Bereich haben wir den Tarifvertrag für den öffentlichen Dienst (TVöD) mit der Bundesrepublik Deutschland und der Vereinigung der kommunalen Arbeitgeberverbände (VkA) auf der Arbeitgeberseite und der Gewerkschaft ver.di (Vereinte Dienstleistungsgewerkschaft) auf der Arbeitnehmerseite. Dieser Tarifvertrag gilt für alle Arbeitnehmer des Bundes, der Kommunen und Kommunalverbände (Gemeinden, aus Gemeinden gebildete Zusammenschlüsse, Städte, Landkreise und Bezirke), sofern sie tarifgebunden sind. Die Arbeitgeber des öffentlichen Dienstes machen allerdings in der Praxis keinen Unterschied, ob ein Arbeitnehmer der Gewerkschaft angehört oder nicht. Sie erklären in aller Regel den TVöD zum Inhalt des Einzelarbeitsvertrages, indem im Arbeitsvertrag festgelegt wird, dass die Regelungen des TVöD für das Arbeitsverhältnis entsprechend gelten sollen. Die Tarifbestimmungen werden hier durch Vereinbarung der Vertragspartner Inhalt des Einzelarbeitsvertrages.

Für Arbeitnehmer der Länder gilt der Tarifvertrag für den öffentlichen Dienst der Länder (TV-L).

Freie Träger wenden den TVöD oder den TV-L häufig entsprechend an

Nicht kommunale Träger, also freigemeinnützige und sonstige Träger von sozialpädagogischen Einrichtungen, wenden häufig den TVöD oder den TV-L entsprechend an, d. h., sie machen die Regelungen des Tarifvertages oder Teile davon zum Inhalt des Arbeitsvertrages.

Welche Bedeutung haben die AVR?

Entsprechen weitgehend dem TVöD

Freie Träger haben für ihren Bereich Arbeitsvertrags-Richtlinien (AVR) erlassen; so gibt es z. B. AVR des Deutschen Caritasverbandes und AVR des Diakonischen Werkes. Mit der Eingruppierung (Vergütungsgruppen) und den Vergütungssätzen (Lohntarifen) lehnen sich die AVR eng an die entsprechenden Regelungen des TVöD an. Rechtlich sind die AVR als vorformulierte Vertragsbedingungen anzusehen. Sie müssen erst zum Inhalt des einzelnen Vertrages erklärt werden, wenn sie gültig für das einzelne Arbeitsverhältnis sein sollen. Tarifverträge sind sie nicht. Die Kirchen haben eigene arbeitsvertragliche Regelungen.

d) Betriebsvereinbarung und Dienstvereinbarung

Definition 4

- Die Betriebsvereinbarung ist nach h. M. ein privatrechtlicher Vertrag zwischen dem Arbeitgeber und dem Betriebsrat, durch den auch Arbeitsbedingungen unmittelbar und zwingend gestaltet werden können, soweit zwingende gesetzliche Vorschriften oder Tarifverträge solche Regelungen zulassen.

Eine Betriebsvereinbarung kann keine Arbeitsbedingungen regeln, die üblicherweise durch Tarifverträge geregelt werden, so z. B. nicht Vergütungen oder die Länge der wöchentlichen Arbeitszeit, wohl aber den täglichen Beginn oder das Ende der Arbeitszeit.

Der Betriebsvereinbarung entspricht im Bereich des öffentlichen Dienstes die Dienstvereinbarung. Sie ist nach h. A. ein öffentlich-rechtlicher Vertrag zwischen dem öffentlichen Arbeitgeber und dem Personalrat über bestimmte Arbeitsbedingungen. Dienstvereinbarung

Betriebs- und Dienstvereinbarungen sind im sozialpädagogischen Bereich relativ selten. Regelungen über Beginn und Ende der täglichen Arbeitszeit, Anrechnung von Zeiten für die Vor- und Nachbereitung, Elternberatung, Mitarbeiterkonferenzen usw. auf die Arbeitszeit u. a. erfolgen meist in Dienstordnungen oder durch Dienstanordnungen des Arbeitgebers, zu denen er aufgrund seines Direktions- oder Weisungsrechts berechtigt ist. Selten im sozialpädagogischen Bereich

e) Betriebliche Übung

Definition 5

- Unter betrieblicher Übung versteht man die tatsächliche, gleichmäßige Übung innerhalb eines Betriebes oder bei einem Anstellungsträger (Zahlung von Weihnachtsgeld oder anderen Gratifikationen, ohne durch Tarifvertrag dazu verpflichtet zu sein), die stillschweigend zum Inhalt des Arbeitsvertrages wird oder zur Auslegung des Arbeitsvertrages herangezogen werden kann.

Entscheidend ist dabei, ob die Arbeitnehmer davon ausgehen durften, dass der Arbeitgeber sich rechtlich dahin binden will, sich in Zukunft wie bisher schon zu verhalten. Die betriebliche Übung dient in der Praxis auch zur Ausfüllung der Treue- und Fürsorgepflichten und als Richtschnur und Begrenzung der Ausübung des Direktionsrechts. Bindet den Arbeitgeber

f) Weisungsrecht des Arbeitgebers

Mit dem Arbeitsvertrag ist im Allgemeinen nur die Art der Arbeitsverpflichtung des Arbeitnehmers festgelegt. Die Einzelheiten der Aufgabenstellung ergeben sich aus ihm nicht.

- Mit seinem Weisungsrecht kann der Arbeitgeber die vom Arbeitnehmer im Arbeitsvertrag übernommenen Pflichten konkretisieren. Er kann damit aber einseitig keine neuen Pflichten einführen oder Änderungen vornehmen, die üblicher Weise vertraglich vereinbart werden.

- So darf er z. B. nicht eine andere Art von Tätigkeit (außer im Notfall für begrenzte Zeit) anordnen oder die vereinbarte oder tarifvertraglich fest gelegte Arbeitszeit erhöhen, wohl aber die Aufteilung der Arbeitszeit auf das Jahr, die Woche und den Tag näher bestimmen. Die genauen Aufgaben der Mitarbeiter(innen) legen die Träger meist in schriftlichen Dienstordnungen fest, die sie in ihren jeweiligen Fassungen zum Inhalt des Arbeitsvertrages machen und mit denen sie auch die Weisungsgebundenheit und das Weisungsrecht der Mitarbeiter(innen) regeln.

Dienstordnung

- Weisungen zu sittenwidrigem (Lügen), ordnungswidrigem oder gar strafbarem Handeln braucht der AN nicht zu befolgen; desgleichen Weisungen, die gegen Arbeitnehmerschutzgesetze verstoßen.

Weisungsrecht im Kindergarten

Beispiel 3

Im Kindergarten werden durch Dienstordnung oder auch Einzelanweisungen die Diensteinteilung, die Anrechnung von Vor- und Nachbereitungszeiten auf die Arbeitszeit, die genauen Aufgaben der Leitung und Gruppenleitung geregelt. Der Arbeitgeber (Rechtsträger) kann aufgrund seines Weisungsrechts Einfluss nehmen auf die pädagogische Arbeit der Erzieherinnen in der Gruppe, auf die Zusammenarbeit der Gruppenleiterinnen untereinander und mit der Kindergartenleiterin, die Zusammenarbeit mit den Eltern und dem Elternbeirat usw. Größtenteils wird er – jederzeit widerruflich – sein Weisungsrecht gegenüber den Gruppenleiterinnen, dem sonstigen Personal auf die Kindergartenleiterin delegieren. Im Umfang der Delegation hat dann die Kindergartenleiterin Weisungsrecht. Ähnliches gilt im Heimbereich.

Wenn es um die Ordnung der Dienststelle oder das Verhalten der Arbeitnehmer im Betrieb geht, hat der Betriebsrat oder der Personalrat bei kommunalen Arbeitgebern bzw. die Mitarbeitervertretung bei kirchlichen, caritativen und diakonischen Trägern ein Mitwirkungsrecht.

Teilzusammenfassung

Das Arbeitsverhältnis ist das besondere Rechtsverhältnis zwischen einem Arbeitgeber und einem Arbeitnehmer. Der Arbeitnehmer leistet abhängige Arbeit. Auch Vor- und Berufspraktikanten sind Arbeitnehmer. Das Arbeitsverhältnis wird durch einen Arbeitsvertrag begründet. Soweit nicht zwingende gesetzliche Regelungen entgegenstehen oder ein einschlägiger Tarifvertrag etwas anderes vorsieht, können die Arbeitsbedingungen (Rechte und Pflichten aus dem Arbeitsverhältnis) zwischen dem Arbeitgeber und dem Arbeitnehmer frei vereinbart werden. Der einschlägige Tarifvertrag für angestellte Erzieher ist der TVöD. Zur genaueren Festlegung der Aufgaben und Pflichten des Arbeitnehmers steht dem Arbeitgeber ein Weisungsrecht zu.

4. Pflichten des Arbeitnehmers aus dem Arbeitsverhältnis

Der Arbeitnehmer ist nach dem Arbeitsvertrag vor allem zur Arbeitsleistung verpflichtet. Außerdem hat er bestimmte »Treue- und Gehorsamspflichten«.

Arbeitspflicht

Art, Ort und Zeitumfang der Arbeitsleistung gehören zu den Arbeitsbedingungen. Sie sind im Arbeitsvertrag und in den sonstigen rechtlichen Grundlagen des Arbeitsverhältnisses (Gesetzen, Tarifvertrag) geregelt. Weil diese Arbeitsbedingungen nicht in allen Einzelheiten im Anstellungsvertrag, in Gesetzen oder im Tarifvertrag festgelegt sein können, hat der Arbeitgeber ein Weisungsrecht (siehe oben).

Art der Arbeit

Welche Arbeit der Arbeitnehmer zu verrichten hat, bestimmt sich, soweit es nicht vertraglich genau festgelegt ist, danach, was von anderen Arbeitnehmern in gleicher Stellung üblicherweise verlangt werden kann. Eine andere als die vereinbarte Arbeit kann der Arbeitgeber nur in Notfällen und für begrenzte Zeit fordern. In jedem Fall muss die Arbeit den körperlichen und geistigen Fähigkeiten des Arbeitnehmers entsprechen und zumutbar sein.

Beispiel 4
Wenn die Küchenhilfe in einem Kindergarten ausfällt, kann einem Erzieher für begrenzte Zeit zugemutet werden, in der Küche auszuhelfen.

Ort der Arbeit, Versetzung in einen anderen Kindergarten

Wo die Arbeit zu leisten ist, ist dem Arbeitsvertrag zu entnehmen. Auch ohne besondere Vereinbarung kann der Arbeitnehmer am gleichen Ort in eine andere Einrichtung (z. B. Kindergarten) versetzt werden.
Die Arbeitszeit wird – wie die übrigen Arbeitsbedingungen auch – im Arbeitsvertrag vereinbart. Wenn die Vertragsparteien Dauer und Lage der Arbeitszeit nicht ausdrücklich festgelegt haben, gilt die betriebsübliche Arbeitszeit als vereinbart. Anfang und Ende der täglichen Arbeitszeit, Bereitschaftsdienst und Pausen kann der Arbeitgeber gemäß seinem Weisungsrecht bestimmen.

Umfang der Arbeitszeit ist durch Tarifvertrag und Gesetz beschränkt

Der Umfang der Arbeitszeit ist allerdings durch Tarifvertrag – sofern ein solcher für das Arbeitsverhältnis gilt – und durch gesetzliche Regelungen (Arbeitszeitgesetz, Mutterschutzgesetz und Jugendarbeitsschutzgesetz) weitgehend beschränkt.
So darf – von Notfällen abgesehen – die werktägliche Arbeitszeit 8 Stunden nicht überschreiten. Sie kann bis auf 10 Stunden verlängert werden, wenn innerhalb von 6 Kalendermonaten oder innerhalb von 24 Wochen im Durchschnitt 8 Stunden nicht überschritten werden (§ 3 ArbZG). Die Ruhepausen rechnen nicht zur Arbeitszeit (§ 2 Abs. 1 ArbZG). Sie müssen im Voraus feststehen und die Arbeit 30 Minuten bei einer Arbeitszeit von mehr als 6 Stunden und 45 Minuten bei einer Arbeitszeit von mehr als 9 Stunden unterbrechen. Die Ruhepausen können auch in Zeitabschnitte von mindestens 15 Minuten aufgeteilt werden (§ 4 ArbZG).
Weitere Ausnahmen und nähere Regelungen zur Arbeitszeit, Nachtarbeit und zur Sonntags- und Feiertagsarbeit können Tarifverträge, Betriebsvereinbarungen und, wenn solche für eine Einrichtung nicht gelten, diesen entsprechende einzelvertragliche Regelungen vorsehen. Die Kirchen können entsprechende Abweichungen auch in ihren Regelungen vorsehen.

Überarbeit (Überstunden)

Arbeitet der Arbeitnehmer länger, als im Arbeitsvertrag vereinbart oder im Tarifvertrag geregelt ist, dann leistet er Überarbeit (Überstunden), die entweder mit Freizeit ausgeglichen oder mit einem Zuschlag vergütet wird. Der Arbeitnehmer kann Überarbeit bis zum gesetzlich erlaubten Umfang nicht verweigern.

Treuepflicht

Als Folge des persönlichen Charakters des Arbeitsverhältnisses hat der Arbeitnehmer auch eine Treuepflicht, der auf der anderen Seite die Fürsorgepflicht des Arbeitgebers entspricht. Grundsätzlich lässt sich dazu sagen: Je mehr Vertrauen der Arbeitgeber dem Arbeitnehmer entgegenbringt, desto größer ist die Treuepflicht des Arbeitnehmers.

Treuepflicht

Die Treuepflicht verlangt vom Arbeitnehmer, dass er die Interessen des Arbeitgebers in zumutbarem Umfang wahrnimmt. So muss er darauf achten, dass die Sachen des Arbeitgebers (z. B. Geräte, Spielsachen, Räume) nicht beschädigt und Schäden gemeldet werden. Desgleichen muss er auf drohenden Schaden an oder durch Sachen (z. B. defektes Klettergerüst, lockeres Treppengeländer) hinweisen.

Haftung bei Pflichtverletzung

Verletzt der Arbeitnehmer diese Pflichten vorsätzlich oder grob fahrlässig, dann haftet er dem Arbeitgeber dafür.

Aufsichtspflicht

Eine sehr wichtige Pflicht aus dem Arbeitsverhältnis ist die Aufsichtspflicht (siehe Kapitel 7).

Schweigepflicht

Der Arbeitnehmer hat auch eine Schweigepflicht hinsichtlich aller internen Vorgänge und Kenntnisse, z. B. Familienverhältnisse der Kinder, sogar noch nach seinem Ausscheiden aus dem Arbeitsverhältnis. Die Grenzen der Schweigepflicht liegen dort, wo ihm strafbare Handlungen bekannt werden. Strafbare Handlungen des Arbeitgebers darf der Arbeitnehmer aber nur nach sorgfältiger Prüfung anzeigen und nur, wenn ihm oder Arbeitskollegen Schaden droht oder auf andere Weise nicht Abhilfe geschaffen werden kann.

Besondere Treuepflicht

Eine besondere Treuepflicht haben nach Lehre und Rechtsprechung Arbeitnehmer von kirchlichen, caritativen und diakonischen Anstellungsträgern. Sie dürfen in ihrem dienstlichen und außerdienstlichen Verhalten nicht den Grundsätzen ihrer Kirche zuwiderhandeln. Sie und ihre Einrichtungen würden sonst gegenüber denen unglaubwürdig, die ihnen z. B. ihre Kinder anvertrauen. Der Träger einer kirchlichen Einrichtung muss nach Meinung der Kirchen darauf bestehen können, dass die für ihn handelnden Personen jene Grundsätze, die sie darstellen und durch ihr Beispiel verkünden sollen, auch selbst beachten.

Beispiel 5

Ein Erzieher ist in einem Heim der evangelischen Kirche tätig. Er tritt aus der Kirche aus. Er verletzt damit seine besondere Treuepflicht (Loyalitätspflicht gegenüber seiner Kirche). Die Erziehungsarbeit im Heim erschöpft sich nicht im sozialpädagogischen Beitrag. Sie gehört zum Wirken der Kirche in der Welt. Durch seine Loslösung von der Kirche kann er die Grundsätze der Kirche nicht mehr glaubwürdig vertreten.
Ähnliches gilt, wenn eine Erzieherin eines katholischen Kindergartens sich scheiden lässt und wieder heiratet oder eine ledige Erzieherin einen geschiedenen Mann heiratet. Sie verstoßen damit gegen den nach der katholischen Glaubenslehre wesentlichen Grundsatz der Unauflöslichkeit der Ehe.

Kündigung

Folge der Pflichtverletzung kann die Kündigung sein.

5. Pflichten des Arbeitgebers

Der Arbeitsvertrag verpflichtet den Arbeitgeber in erster Linie zur Lohnzahlung. Daneben hat er vor allem eine Fürsorgepflicht gegenüber dem Arbeitnehmer.

Lohnzahlungspflicht

Der Arbeitgeber ist nach § 611 BGB verpflichtet, dem Arbeitnehmer den vereinbarten Lohn zu zahlen. Die Höhe des Lohnes ergibt sich häufig aus einem Tarifvertrag.

Lohnabzüge

Von dem Bruttolohn muss der Arbeitgeber die Lohn- und Kirchensteuer und die auf den Arbeitnehmer entfallenden Beitragsanteile zur Sozialversicherung einbehalten und abführen.

Der Angestellte behält nach dem Lohnfortzahlungsgesetz, wenn er erkrankt, seinen Lohnanspruch bis zur Dauer von sechs Wochen. Tarifverträge können eine längere Lohnfortzahlung vorsehen. Lohnfortzahlung bei Krankheit

Auch für die Zeit des arbeitsvertraglich oder tarifvertraglich festgelegten Erholungsurlaubs behält der Arbeitnehmer seinen Lohnanspruch. Bezahlter Erholungsurlaub

Fürsorgepflicht

Der Treuepflicht des Arbeitnehmers entspricht die Fürsorgepflicht des Arbeitgebers. Sie umfasst sehr verschiedenartige Einzelpflichten. So muss der Arbeitgeber für ein erträgliches Betriebsklima sorgen; zerstrittene Arbeitnehmer soll er möglichst nicht an einem Platz – zusammen in einer Gruppe – einsetzen. Er muss dem Arbeitnehmer Einsicht in die Personalakten gewähren. Er hat auch dafür zu sorgen, dass die von den Arbeitnehmern notwendigerweise mitgebrachten Sachen sicher aufbewahrt werden können. Der Arbeitgeber ist nicht nur gegenüber den Sozialversicherungsträgern, sondern auch gegenüber dem Arbeitnehmer verpflichtet, die sozialversicherungsrechtlichen Vorschriften zu beachten, damit die Rechte des Arbeitnehmers aus der Sozialversicherung nicht beeinträchtigt werden. Einsicht in Personalakte

Verletzt er vor allem die letzten beiden Pflichten, kann er vom Arbeitnehmer haftbar gemacht werden. Haftung

6. Änderung des Arbeitsverhältnisses

Oft will ein Arbeitgeber das Arbeitsverhältnis nicht beenden, sondern nur zu anderen Bedingungen fortsetzen (z. B. soll der Arbeitnehmer nicht mehr 39, sondern nur noch 19 Stunden in der Woche arbeiten). In einem solchen Falle wird er dem Arbeitnehmer eine Änderung des Arbeitsvertrages anbieten oder eine Änderungskündigung aussprechen. Das ist eine Kündigung mit dem Angebot, das Arbeitsverhältnis mit geänderten Bedingungen fortzusetzen. Geht der Arbeitnehmer auf das Angebot nicht ein, endet das Arbeitsverhältnis mit Ablauf der Kündigungsfrist. Um seinen möglichen Kündigungsschutz nicht zu verlieren, kann der Arbeitnehmer das mit der Kündigung verbundene Änderungsangebot unter dem Vorbehalt annehmen, dass die Änderung der Arbeitsbedingungen nicht sozial ungerechtfertigt ist (§ 2 KSchG). Änderungskündigung

7. Beendigung des Arbeitsverhältnisses

Abgesehen von der Kündigung – dem wichtigsten und häufigsten Fall der Beendigung eines Arbeitsverhältnisses – kann ein Arbeitsverhältnis durch Zeitablauf und Auflösungsvertrag beendet werden.

Beendigung durch Auflösungsvertrag

Mit einem Auflösungsvertrag (auch Aufhebungsvertrag genannt) können Arbeitgeber und Arbeitnehmer ein Arbeitsverhältnis jederzeit einverständlich beenden. Selbst nach einer Kündigung ist ein Auflösungsvertrag noch möglich und sogar relativ häufig. Nicht selten bietet der Arbeitgeber mit einem Auflösungsvertrag auch eine finanzielle Abfindung an. Denn diese Art, ein Arbeitsverhältnis zu beenden, hat auch Abfindung für den Arbeitgeber Vorteile. Vor allem vermeidet er die Belastungen eines möglicherweise lang andauernden Kündigungsschutzprozesses. Damit ist aber auch schon der Nachteil angesprochen, dass der Arbeitnehmer bei einem solchen Vertrag seinen Kündigungsschutz verliert. Hinzu kommt, dass beim Bezug von Arbeitslosengeld eine Sperrfrist droht. Sie kann nur vermieden werden, wenn der Arbeitnehmer glaubhaft macht, dass er sonst gekündigt worden wäre. Es empfiehlt sich deshalb, den Grund für die Aufhebung des Arbeitsverhältnisses in den Aufhebungsvertrag aufzunehmen und auch sonst alles zu regeln, was später leicht zum Streit führen kann, z. B. die Höhe der Abfindung, Inhalt des Arbeitszeugnisses, Resturlaub usw.

Beendigung durch Zeitablauf

Wenn ein Arbeitsverhältnis für eine bestimmte Zeit eingegangen worden ist, endet es nach Ablauf der vereinbarten Zeit. Innerhalb dieser Zeit kann es ordentlich nur gekündigt werden, wenn dies ausdrücklich vereinbart worden ist. Außerordentlich kann immer gekündigt werden (zur ordentlichen und außerordentlichen Kündigung s. unten). Zeitverträge bedürfen nach § 14 des Teilzeit- und Befristungsgesetzes (TzBfG) eines sachlichen Grundes für die Befristung. Ohne sachlichen Grund ist eine Befristung nur bis zu zwei Jahren und innerhalb dieser Gesamtdauer eine höchstens dreimalige Verlängerung möglich.

Zeitverträge

Beispiel 6

Sachliche Gründe für eine Befristung: Befristung im Anschluss an eine Ausbildung oder ein Studium; Vertretung eines erkrankten Arbeitnehmers; Schwangerschaftsvertretung; Vertretung in der Elternzeit; Befristung zur Erprobung.

Beendigung durch Kündigung

Sowohl Arbeitgeber als auch Arbeitnehmer können das Arbeitsverhältnis durch einseitige schriftliche (§ 623 BGB) Erklärung beenden. Der TVöD, TV-L, die kirchlichen sowie die diakonischen und caritativen Vertragswerke verpflichten die Arbeitgeber, die Kündigung zu begründen. Die Rechtsordnung kennt zwei Arten der Kündigung: die ordentliche (fristgemäße) und die außerordentliche (fristlose) Kündigung. Von einer besonderen Art der Kündigung, der Änderungskündigung, war bereits oben die Rede.

Ordentliche Kündigung

Fristgemäße Kündigung

Die ordentliche Kündigung beendet das Arbeitsverhältnis nicht sofort, sondern erst nach Ablauf der Kündigungsfrist. Die Fristen sind im Bürgerlichen Gesetzbuch (§ 622 BGB) geregelt. Tarifverträge, die kirchlichen sowie die diakonischen und caritativen Vertragswerke können längere Fristen vorsehen. Das Recht des Arbeitgebers, eine ordentliche Kündigung auszusprechen, ist durch das Kündigungsschutzgesetz (KSchG) erheblich eingeschränkt.

Außerordentliche Kündigung

Fristlose Kündigung

Gemäß § 626 Abs. 1 BGB kann das Arbeitsverhältnis aus einem wichtigen Grund ohne Einhaltung der Kündigungsfrist gekündigt werden. Das gilt auch für ein befristetes Arbeitsverhältnis. Ein wichtiger Grund ist gegeben, wenn Tatsachen vorliegen, aufgrund derer dem Kündigenden unter Berücksichtigung aller Umstände des Einzelfalles und unter Abwägung der Interessen beider Vertragspartner die Fortsetzung des Arbeitsverhältnisses bis zum Ablauf der Kündigungsfrist nicht mehr zugemutet werden kann.

Beispiel 7
Schwere Beleidigungen, Tätlichkeiten, sexueller Missbrauch, grobe Aufsichtspflichtverletzung, Austritt aus der Kirche bei kirchlichen, diakonischen oder caritativen Trägern.

Wann genießt ein AN Kündigungsschutz?

Voraussetzungen für die Geltung des Kündigungsschutzes sind: Das Arbeitsverhältnis muss gemäß § 1 Abs. 1 KSchG beim gleichen Anstellungsträger länger als 6 Monate ohne Unterbrechung bestanden haben und die Einrichtung muss in der Regel mehr als 10 Arbeitnehmer ausschließlich der Praktikanten beschäftigen (§ 23 Abs. 1 KSchG).

Personenbedingte ... verhaltensbedingte ... betriebsbedingte Kündigung

Wenn diese Voraussetzungen gegeben sind, ist eine Kündigung nur möglich, wenn sie sozial gerechtfertigt ist, d. h. wenn Gründe in der Person (z. B. häufige Erkrankungen ohne Aussicht auf Besserung) oder im Verhalten des Arbeitnehmers (Pflichtverletzungen) oder dringende betriebliche Erfordernisse (z. B. Schließung einer Gruppe mangels Kindern) es dem Arbeitgeber unzumutbar machen, den Arbeitnehmer weiter zu beschäftigen.

Abmahnung

In der Regel setzt eine verhaltensbedingte Kündigung eine möglichst schriftliche Abmahnung voraus. Das ist eine Rüge eines bestimmten Fehlverhaltens mit der Androhung arbeitsrechtlicher Konsequenzen bis hin zur Kündigung bei Wiederholung oder Fortsetzung des Fehlverhaltens. Eine Abmahnung ist nur dann nicht erforderlich, wenn von vornherein feststeht, dass sie keinen Erfolg verspricht oder wenn das Vertrauen durch die Pflichtverletzung so stark beeinträchtigt ist, dass die Abmahnung jeden Sinn verliert (z. B. bei einer Tätlichkeit gegenüber der Leiterin oder dem Träger).

Kündigungsschutzklage

Binnen 3 Wochen

Sofern sich ein Arbeitnehmer gegen die Kündigung zur Wehr setzen will, weil sie seines Erachtens sozialwidrig ist, muss er innerhalb von drei Wochen seit Erhalt der Kündigung Klage beim Arbeitsgericht mit dem Antrag erheben, die Sozialwidrigkeit der Kündigung festzustellen, sonst wird die Kündigung wirksam (§ 4 KSchG).

Freizeit zur Stellensuche

Lohnzahlungsverpflichtung

Nach § 629 BGB muss der Arbeitgeber nach der Kündigung dem Arbeitnehmer, wenn er es verlangt, angemessene Zeit zur Suche einer neuen Arbeitsstelle gewähren. Für diese Zeit steht dem Arbeitnehmer Anspruch auf Lohnzahlung zu.

Anspruch auf ein Zeugnis

Einfaches und qualifiziertes Zeugnis

Der Arbeitnehmer hat nach § 630 BGB auch Anspruch auf ein Zeugnis, das Art und Dauer der Beschäftigung – auf Wunsch auch Leistung und Führung (soziales

Verhalten) des Arbeitnehmers – bescheinigt, und das zwar wohlwollend, dennoch aber wahr sein muss.

Zusammenfassung

Die Erzieherin steht als Angestellte meistens in einem Arbeitsverhältnis. Das Arbeitsverhältnis entsteht durch einen Arbeitsvertrag. Die Arbeitsbedingungen (Rechte und Pflichten aus dem Arbeitsverhältnis) können zwischen Arbeitgeber und Arbeitnehmer frei vereinbart werden. Zwingende gesetzliche Regelungen oder ein einschlägiger Tarifvertrag gehen den vertraglichen Vereinbarungen vor. Zur näheren Festlegung der Vertragsverpflichtungen des Arbeitnehmers hat der Arbeitgeber ein Weisungsrecht. Besondere Pflichten des Arbeitnehmers aus dem Arbeitsverhältnis sind die Arbeitspflicht und die Treuepflicht. Der Arbeitgeber hat vor allem Lohnzahlungs- und Fürsorgepflichten. Beendigt werden kann das Arbeitsverhältnis durch Zeitablauf oder durch einen Auflösungsvertrag, in der Regel jedoch durch Kündigung. Dabei müssen die gesetzlichen Kündigungsfristen eingehalten werden. Eine vom Arbeitgeber ausgesprochene Kündigung muss, sofern der Arbeitnehmer Kündigungsschutz genießt, sozial gerechtfertigt sein. Die Wirksamkeit der Kündigung kann vom Arbeitsgericht geprüft werden. Aus wichtigem Grund kann ein Arbeitsverhältnis auch ohne Einhaltung einer Kündigungsfrist von beiden Vertragsparteien gekündigt werden. Der Arbeitnehmer hat Anspruch auf ein Zeugnis.

Quellen und Literatur zum weiteren Studium

1. Vorschriftensammlungen und Kommentare

Eisenberg, U.: Jugendgerichtsgesetz, Kommentar, München (insbes. für Kap. 14)
Frankfurter Kommentar zum Kinder- und Jugendhilfegesetz, Hrsg. Münder, Weinheim (insbes. für Kap. 8–10)
Maunz/Dürig: Kommentar zum Grundgesetz, München (insbes. für Kap. 2, 3 und 10)
Palandt/Bearbeiter: Bürgerliches Gesetzbuch, München (insbes. für Kap. 1, 3–7, 15)
Schmidt/Bleibtreu/Klein: Kommentar zum Grundgesetz, Neuwied (insbes. für Kap. 2, Sund 10)
Schwarz/Dreher: Strafgesetzbuch, München (insbes. für Kap. 11)
Seipp/Fuchs: Handbuch des gesamten Jugendrechts, Rechts- und Verwaltungsvorschriften, Neuwied (insbes. für Kap. 2–4, 7–10, 12–14)
Seipp/Schnitzerling/Siegfried: Sammlung jugendrechtlicher Entscheidungen, Neuwied (insbes. für Kap. 2–4, 7–10, 12–14)

2. Lehrbücher und Bücher für die Praxis

Fieseler, G.: Rechtsgrundlagen sozialer Arbeit, Stuttgart (insbes. für Kap. 1)
Fieseler/Herborth: Recht der Familie und Jugendhilfe, Heidelberg (insbes. für Kap. 2–4, 7–10)
Gastiger, S.: Die Bedeutung des Rechts in der sozialen Arbeit, Freiburg (insbes. für Kap. 1)
Gernert, W., Hrsg.: Freie und öffentliche Jugendhilfe, Stuttgart (insbes. für Kap. 8–10)
Hundmeyer, S.: Aufsichtspflicht in Kindertageseinrichtungen. Rechtlich begründete Antworten auf Fragen der Praxis zur Aufsichtspflicht, Haftung und zum Versicherungsschutz, Kronach (insbes. für Kap. 7)
Münder, J.: Beratung, Betreuung, Erziehung und Recht, Münster (insbes. für Kap. 3, 4, 7, 8–10, 11)
Gastiger, S, Oberloskamp, H, Winkler, J: Recht Konkret Teilband 1
Schleicher, H.: Jugend- und Familienrecht, München (insbes. für Kap. 1–10,14)
Seipp, R: Rechts-ABC für den Jugendgruppenleiter, Neuwied (insbes. für Kap. 2–13)
Wagner, H.: Einführung in das Recht für Sozialarbeiter und Sozialpädagogen, Heidelberg (insbes. für Kap. 1, 5 und 6)

3. Zeitschriften

Forum Jugendhilfe, AGJ-Mitteilungen
Jugendschutz heute, Fachzeitschrift für Jugendschutz
Jugendwohl (JugWo), Zeitschrift für Kinder- und Jugendhilfe
Kindergarten heute
KiTa aktuell, Fachzeitschrift für Leiterinnen der Kindergärten, Horte, Krippen
Recht der Jugend (RdJ)
Unsere Jugend (UJ), Zeitschrift für Jugendhilfe und Wissenschaft
Welt des Kindes
ZKJ – Kindschaftsrecht und Jugendhilfe

Abkürzungsverzeichnis

Abs.	Absatz
AGG	Allgemeines Gleichbehandlungsgesetz
Art.	Artikel
AVR	Arbeitsvertragsrichtlinien
ArbZG	Arbeitszeitgesetz
BetrVG	Betriebsverfassungsgesetz
BGB	Bürgerliches Gesetzbuch
BVerfG	Bundesverfassungsgericht
e. V.	eingetragener Verein
f.	folgender § oder folgende Seite
ff.	mehrere folgende §§ oder Seiten
FamFG	Gesetz über das Verfahren in Familiensachen und in Angelegenheiten der freiwilligen Gerichtsbarkeit
FeV	Fahrerlaubnis-Verordnung
GG	Grundgesetz der Bundesrepublik Deutschland
h. A.	herrschende Ansicht
h. M.	herrschende Meinung
i. V. m.	in Verbindung mit
KJHG	Kinder- und Jugendhilfegesetz
JArbSchG	Jugendarbeitsschutzgesetz
JGG	Jugendgerichtsgesetz
JMStV	Jugendmedienschutz-Staatsvertrag
JuSchG	Jugendschutzgesetz
MuSchG	Mutterschutzgesetz
Nr.	Nummer
RelKErzG	Gesetz über die religiöse Kindererziehung
S.	Satz, Seite
s.	siehe
SGB I	Sozialgesetzbuch Erstes Buch
SGB VII	Sozialgesetzbuch Siebtes Buch
SGB VIII	Sozialgesetzbuch Achtes Buch
SGB X	Sozialgesetzbuch Zehntes Buch
SGB XII	Sozialgesetzbuch Zwölftes Buch
StGB	Strafgesetzbuch
StPO	Strafprozessordnung
TV-L	Tarifvertrag für den öffentlichen Dienst der Länder
TVöD	Tarifvertrag für den öffentlichen Dienst
TzBfG	Teilzeit- und Befristungsgesetz
u. Ä.	und Ähnliches
VO	Rechtsverordnung
Ziff.	Ziffer
ZPO	Zivilprozessordnung

Stichwortverzeichnis

(Die Ziffern sind Seitenangaben.)

Arbeitsaufgaben

Kapitel 1 bis 15

HINWEISE zu den Arbeitsaufgaben und Ausarbeitungen für die Leser

Die Arbeitsaufgaben und Ausarbeitungen dienen der Selbstkontrolle des Studierenden. Sie sollen auch dazu anregen, den Stoff von einem anderen Gesichtspunkt her zu durchdenken, um somit eine bessere Verfügbarkeit des Gelernten zu erreichen.

Jeder Rechtssuchende und Rechtsanwendende sollte sich vor Augen halten, dass das geschriebene Recht eine Art Werkzeug ist, mit dessen Hilfe man Konfliktfälle oder Interessengegensätze lösen kann. Durch das Recht werden einem aber nicht Entscheidungen abgenommen. Es gibt nur Auskunft über die Zulässigkeit oder Unzulässigkeit von getroffenen Entscheidungen.

Die Fragen und Fälle orientieren sich an diesen Zielen. Sie greifen die wesentlichen Punkte, die zum Verständnis der Einzelinformationen notwendig sind, auf und sollen einen nochmaligen Überblick über den Teil des Rechts geben, der in der erzieherischen Praxis von besonderer Bedeutung ist.

Weiter sollen sie dazu anregen, das bisherige erzieherische Handeln zu reflektieren und das künftige Handeln nach den rechtlichen Erfordernissen auszurichten.

Simon Hundmeyer

Arbeitsaufgaben zum **Kapitel 1**

1. Welche Funktion hat das Recht in unserer Gesellschaft? Ist Recht gleichbedeutend mit Gerechtigkeit?
2. Was haben die Rechts-, Sitten- und Moralordnung gemeinsam und was unterscheidet sie?
3. Wenn die Verwaltung Rechtsnormen erlassen darf, besteht dann nicht die Gefahr, dass das Recht der Gesetzgebungsorgane zum Erlass von Rechtsnormen ausgehöhlt wird?
4. Was unterscheidet das öffentliche Recht vom privaten Recht? Welche praktische Bedeutung hat diese Unterscheidung?
   Suchen Sie in Ihrer Gesetzessammlung Beispiele für öffentliches und privates Recht.

Arbeitsaufgaben zum **Kapitel 2**

1. Was sagt das Grundgesetz der Bundesrepublik Deutschland zum Elternrecht aus? Wie wird dieses Elternrecht vom Bundesverfassungsgericht interpretiert? Woran haben sich die Eltern bei der Ausübung ihres Elternrechts zu orientie-

ren? Unter welchen grundsätzlichen Voraussetzungen darf der Staat in das Elternrecht eingreifen?

2. Welcher Zusammenhang besteht zwischen der Grundrechtsmündigkeit und den Erziehungszielen? Ist ein 16-jähriger Jugendlicher grundrechtsmündig?

Arbeitsaufgaben zum **Kapitel 3**

Welche Rechte und Pflichten umfasst die Personensorge? Wer sind die Inhaber der Personensorge? Hat der Berufserzieher ebenfalls die Personensorge über die ihm anvertrauten Kinder?

Arbeitsaufgaben zum **Kapitel 4**

1. Ein Vater verbietet seinem 17-jährigen Sohn, an einer genehmigten Demonstration teilzunehmen, bei der mehr Kindergärten in einem Stadtviertel gefordert werden. Ist dieses Verbot rechtens? Begründen Sie Ihre Antwort.

2. Ist die körperliche Bestrafung durch die Eltern eine strafbare Handlung? Welche Auswirkungen auf die Personensorge können sich aus einer solchen durch die Eltern ergeben? Was soll der Berufserzieher tun, wenn ihm körperliche Bestrafungen bekannt werden?

Arbeitsaufgaben zum **Kapitel 5**

1. Kann ein Minderjähriger gültige Rechtsgeschäfte abschließen?

2. Ein 17-jähriger Studierender kündigt sein Zimmer und mietet ein anderes. Müssen seine Eltern davon wissen bzw. braucht er deren Zustimmung?

Arbeitsaufgaben zum **Kapitel 6**

1. Haftet ein Minderjähriger für seine unerlaubten Handlungen?

2. Wann spricht man von Deliktsfähigkeit, wann von Strafmündigkeit?

Arbeitsaufgaben zum **Kapitel 7**

1. Was muss ein Aufsichtspflichtiger tun, um seiner Aufsichtspflicht zu genügen?

2. Der neunjährige J. hält sich seit drei Wochen in einer heilpädagogischen Einrichtung der Stadt D. zur Beobachtung auf. Er hat bei einem Verkehrsunfall eine Hirnschädigung erlitten.
   In der Beobachtungszeit äußert er mehrfach Selbstmordabsichten. Während des Tages lebt er in einer Gruppe mit weiteren 16 Buben und Mädchen ungefähr

gleichen Alters. Für die Gruppe sind die 26-jährige Heilpädagogin H. und der 21-jährige Student S., der in dieser Einrichtung seinen Zivildienst ableistet, verantwortlich.
Während H. einen Buben zum Beobachtungsarzt begleitet und S. gerade einen Streit auf dem Flur des 1. Stocks schlichtet, öffnet J. das Fenster des im 1. Stock gelegenen Gruppenraumes, springt hinaus und verletzt sich dabei schwer. Haben S. und H. die Aufsichtspflicht verletzt?

Arbeitsaufgaben zum **Kapitel 8**

1. Welches sind die Ziele der Jugendhilfe?

2. Wer nimmt die Aufgaben der Jugendhilfe wahr?

3. Das Jugendamt besitzt eine dualistische Verfassung – was heißt das?

4. In der Stadt W., Landkreis M., haben sich Gewerbebetriebe angesiedelt, die vorwiegend angelernte Frauen beschäftigen. In diesen Betrieben sind Arbeitsplätze unbesetzt, während eine größere Zahl von meist geschiedenen oder alleinerziehenden Frauen von der Sozialhilfe lebt, gern aber in solchen Betrieben ganztags oder halbtags arbeiten würde, wenn sie ihre Kinder während der Arbeitszeit untergebracht wüsste. Es gibt aber weder eine Kinderkrippe noch einen Hort in W. Die beiden katholischen Kindergärten sind überfüllt. Weitere Gruppen wollen sich nicht einrichten. Diese Situation war Thema einer Veranstaltung des »Frauentreffs« der Stadt W. Dabei stellten sich folgende Fragen:
   1. Wessen Aufgabe ist es, verbindlich festzustellen, ob eine Krippe und/oder ein Hort in W. notwendig sind?
   2. Ist die Stadt W. verpflichtet, diese Kindertageseinrichtungen zu errichten?
   3. Können die katholischen Kindergärten verpflichtet werden, weitere Gruppen einzurichten?
   4. Welche Wege sind einzuschlagen, um zu neuen bzw. weiteren Kindertageseinrichtungen zu kommen?
   5. Kann auch der Träger der »Frauentreffs« (ein eingetragener Verein) eine Kindertageseinrichtung errichten und betreiben?

Arbeitsaufgaben zum **Kapitel 9**

1. Welche rechtlichen Voraussetzungen müssen für eine behördliche Heimunterbringung erfüllt sein?

2. Welches sind die Voraussetzungen für die Hilfe zur Erziehung?

3. Die Polizei greift die 16-jährige J. um Mitternacht in München-Schwabing auf und macht dem zuständigen Jugendamt in München davon Mitteilung. Eine Sozialarbeiterin des Jugendamtes besucht daraufhin die Mutter M. der J. und erfährt u. a. Folgendes:
   J. treibe sich öfter mit Halbwüchsigen herum. Wenn sie spät nachts nach Hause komme, stünde sie am nächsten Morgen nicht auf und lasse sich von ihrer

Mutter beim Ausbildenden wegen Unpässlichkeit entschuldigen. Bei ihrem Ehemann E., dem Stiefvater von J., finde J. dafür immer Verständnis. Sie (M.) wisse, dass J. zu E. Beziehungen unterhalte, »die über das Erlaubte hinausgingen«. Sie hätte beide schon einige Male überrascht. Um E. nicht zu verlieren, hätte sie bisher geschwiegen.
Sie habe auch schon daran gedacht, J. bei der Schwester unterzubringen. E. und J. seien aber damit nicht einverstanden gewesen.
An welche Hilfen ist hier aus sozialpädagogischer Sicht zu denken? Sind die gesetzlichen Voraussetzungen dafür erfüllt?

Arbeitsaufgaben zum **Kapitel 10**

1. Hat der Gruppenleiter eines Erziehungsheimes über einen Jugendlichen, der sich im Rahmen der Hilfe zur Erziehung in seiner Gruppe befindet, die elterliche Sorge?

2. Der 15-jährige S. befindet sich in einem Erziehungsheim. Nachdem er bei einem Ausgang in das nahe gelegene Dorf in eine Rauferei verwickelt und deshalb mit der Polizei in Berührung gekommen war, sprachen seine Eltern beim Leiter des Erziehungsheimes vor und äußerten u. a. Folgendes: Das Heim sollte S. den Ausgang streichen, damit er nicht mehr in Versuchung käme, sich mit anderen herumzuschlagen. Es würde S. auch nicht schaden, wenn er manchmal »ein paar hinter seine Löffel bekäme«. Vielleicht wäre er dann weniger aufsässig. Zur Berufsausbildung ihres Sohnes meinten sie, die von S. gewünschte Ausbildung zum Gärtnergehilfen entspränge einer vorübergehenden Schwärmerei, die sicher nicht lange anhielte. Sie wünschten daher, dass ihr Sohn eine Schlosserlehre beginne. Muss das Heim den Wünschen der Eltern von S. entsprechen?

3. Was ist das Ziel des Sozialdatenschutzes, woraus leitet er sich ab? Wo ist der Sozialdatenschutz gesetzlich geregelt?
   Welche Fragen darf ein gemeindlicher Kindergarten bei der Aufnahme eines Kindes stellen, nach welchen Prinzipien?
   Darf die Leiterin eines Kindergartens dem Jugendamt im Rahmen eines Sorgerechtsverfahrens Auskünfte über Kinder geben?

Arbeitsaufgaben zum **Kapitel 11**

1. Der Gesetzgeber hält für die Entwicklung des Jugendlichen bestimmte Bereiche für besonders schutzwürdig; er stellt diese Bereiche unter strafrechtlichen Schutz. Welche Bereiche sind dies?

2. Im Zusammenhang mit welchen strafrechtlichen Regelungen wird von einem »Erziehungsprivileg« gesprochen? Wen »privilegiert« das Gesetz? Geben Sie eine kurze Begründung für Ihre Aussagen.

Arbeitsaufgaben zum **Kapitel 12**

1. Worin liegt der Schutz der Jugendlichen beim Jugendschutzgesetz?

2. Eine Gruppe der kath. Jugend der Pfarrei X (20 Jugendliche zwischen 14 und 17 Jahren) feierte mit ihrer Gruppenleiterin im Pfarrjugendheim eine Faschingsparty mit Tanz. Die Party begann um 19.00 Uhr und endete um 24.00 Uhr. Die letzten Jugendlichen verließen um 0.30 Uhr das Haus. Die Jugendlichen hatten vor der Veranstaltung innerhalb der Gruppe für die Party gesammelt. Mit diesem Geld kaufte ein Gruppenmitglied, ein 15-jähriges Mädchen, Getränke (auch Spirituosen), Würstchen und Dekorationsartikel in einem Supermarkt. Am Konsum der Getränke und Würstchen beteiligten sich alle; geraucht wurde ebenfalls.
   Einige Tage darauf beschwerten sich eine Mutter und ein Vater von verschiedenen Partyteilnehmern, dass ihre Kinder (14 und 16 Jahre alt) erst gegen 1.00 Uhr allein nach Hause gekommen und offensichtlich nicht mehr ganz nüchtern gewesen seien. Sie meinten, die Gruppenleiterin hätte die Jugendschutzgesetze verletzt. Was halten Sie von diesen Vorwürfen?

Arbeitsaufgaben zum **Kapitel 13**

Wodurch versucht das Jugendarbeitsschutzgesetz zu erreichen, dass der Jugendliche als Arbeitnehmer vor Schädigungen weitgehend bewahrt bleibt?

Arbeitsaufgaben zum **Kapitel 14**

1. Wann ist ein Jugendlicher für seine Straftat verantwortlich?

2. Welches Amt leistet Jugendgerichtshilfe und welche Funktion haben die Vertreter der Jugendgerichtshilfe? Kann das Amt die Aufgabe delegieren?
   Kann das Amt zur Mitarbeit am Jugendgerichtshilfebericht auch Erzieher heranziehen, die den jugendlichen Delinquenten kennen? Wo liegen die Grenzen einer eventuellen Mitarbeitspflicht?

Arbeitsaufgaben zum **Kapitel 15**

1. Ist der Praktikant in einer sozialpädagogischen Einrichtung Arbeitnehmer?

2. Wie entsteht ein Arbeitsverhältnis und welche Bedeutung hat ein einschlägiger Tarifvertrag für das Arbeitsverhältnis?

3. Der Arbeitgeber hat ein Weisungsrecht, was heißt das?

4. Was versteht man unter Treue- und Fürsorgepflicht bei einem Arbeitsverhältnis?

5. Wie kann ein Arbeitsverhältnis wirksam gekündigt werden?